DECODIFICANDO O
METAVERSO

CHRIS DUFFEY

UM DOS MAIORES NOMES DO MUNDO
EM EXPERIÊNCIAS DIGITAIS

DECODIFICANDO O
METAVERSO

Blockchain • Realidade Virtual
Criptomoeda • Web3 • NFTs
Tokenomics • Ética

São Paulo
2023

Grupo Editorial
UNIVERSO DOS LIVROS

Decoding the metaverse: expand your business using Web3
Copyright © Chris Duffey 2023

© 2023 by Universo dos Livros

Todos os direitos reservados e protegidos pela Lei 9.610, de 19/02/1998. Nenhuma parte deste livro, sem autorização prévia por escrito da editora, poderá ser reproduzida ou transmitida, sejam quais forem os meios empregados: eletrônicos, mecânicos, fotográficos, gravação ou quaisquer outros.

Diretor editorial
Luis Matos

Gerente editorial
Marcia Batista

Assistentes editoriais
Letícia Nakamura
Raquel F. Abranches

Tradução
Daniela Tolezano

Preparação
Ricardo Franzin

Revisão
Nathalia Ferrarezi
Plínio Zuni

Arte e capa
Renato Klisman

Diagramação
Beatriz Borges

Dados Internacionais de Catalogação na Publicação (CIP)
Angélica Ilacqua CRB-8/7057

D911d	
	Duffey, Chris
	Decodificando o metaverso / Chris Duffey ; tradução de Daniela Tolezano. -- São Paulo : Universo dos Livros, 2023.
	352 p.
	ISBN 978-65-5609-342-0
	Título original: *Decoding the metaverse: expand your business using Web3*
	1. Tecnologia 2. Internet
	I. Título II. Tolezano, Daniela
23-3530	CDD 004

Universo dos Livros Editora Ltda.
Avenida Ordem e Progresso, 157 — 8º andar — Conj. 803
CEP 01141-030 — Barra Funda — São Paulo/SP
Telefone: (11) 3392-3336
www.universodoslivros.com.br
e-mail: editor@universodoslivros.com.br

Para minha família, que preencheu esta experiência que chamamos de vida com felicidade, amor e propósito.

Para meu amigo John D. Seibert, por ser um exemplo perfeito de força, bondade e sucesso.

Sumário

Introdução 11

Parte um 13

01 **Web 1.0, Web 2.0, Web 3.0_** 15
    Hardware 16
    Software 18
    Dispositivos inteligentes 19
    A nuvem 20
    A internet 23
    Web 1.0 — a web estática 24
    Web 2.0 — a web dinâmica 30
    Web3 — a web descentralizada 32

02 **O metaverso** 44
    Recursos do metaverso 45
    Pontos de diferenciação 47
    Conceito: a proposição de valor do metaverso . 48
    O relacionamento da Web3 com o metaverso 51
    O prático: elementos do metaverso 52
    Os problemas que o metaverso está resolvendo . 58
    Vamos resumir tudo 60

03 **Blockchain: o pilar fundamental
    do metaverso** 62
    Quais as origens da tecnologia blockchain? ... 63
    O que é blockchain? 70
    Armazenamento de dados de transações 77
    O que é criptomoeda? 80
    Fundamentos de segurança 85
    Impactos setoriais 91
    Resumo 96

Parte dois............................ 98

04 Tokens não fungíveis 99
O que é fungibilidade? 99
O que são NFTs? 100
Como os NFTs funcionam 111
Estratégia de negócios e marca para NFTs 119
Qual blockchain escolher? 126
Segurança dos NFTs 131
Resumo 139

05 Jogos 141
Uma breve história dos jogos de computador .. 141
A psicologia do jogo 145
A economia do jogo 151
O que é um jogo baseado em blockchain? 156
Resumo 162

06 Entretenimento 163
Uma breve história do entretenimento 163
Conectando-se por meio do entretenimento 166
O metaverso e o entretenimento 167
Game-tainment 174
As marcas no metaverso 184
Arte no metaverso 187
Resumo 187

07 Moda digital 189
Revisando o que sabemos até agora 190
Como chegamos até aqui 192
Autoexpressão 194
Identidade digital 195
Visão geral da moda digital 196
Metaverso como um serviço 205
O desafio da interoperabilidade 205
Resumo 206

08	**Tokenomics** **208**
	O que é tokenomics? 209
	Qual o papel do tokenomics no metaverso? 210
	Tokenomics 101 211
	Como a blockchain ajuda o metaverso 212
	Os pagamentos cripto são feitos sob demanda 212
	Onde os tokens do metaverso podem ser comprados? 213
	Tipos de tokens no metaverso 214
	Economia de tokens/economistas de NFT 220
	Criando experiências encantadoras com tokenomics 221
	Resumo 226
09	**Mundos 3D** **227**
	Mundos virtuais 3D 227
	Acessibilidade, privacidade e segurança 233
	Conectando-se ao metaverso 234
	Resumo 235
10	**Infraestrutura** **237**
	Visão geral 238
	Pontos de extremidade 239
	Conclusões 257
	Sistemas centrais (descentralizados, baseados em nuvem e não baseados em nuvem) ... 257
	Redes 263
	Software 269
	Inteligência artificial e aprendizagem de máquina 275

Parte três..........................283

11 Ética, privacidade,
    segurança e padrões 285
    Ética 287
    Privacidade/segurança 291
    Padrões, governança e regulamentações 297
    Resumo 301

12 Conexão, unidade e comunidade 302
    O poder das conexões 303
    Conexões: a solução 310
    Unidade: inteligência de enxame 315
    Comunidade 317
    Resumo 317

13 Conclusão: mundo de empoderamento ...319
    Valor econômico e social 320
    Crescimento dos negócios 321
    Criatividade e inovação 322
    Estratégia 323
    Mundo de empoderamento 323

Notas..325

Introdução_

Estamos à beira da expansão mais significativa do potencial social e empresarial na história da humanidade.

O metaverso está virando o mundo dos negócios de cabeça para baixo, mudando o cenário de todas as maneiras possíveis. No passado, os modelos de estratégia de negócios convencionais e as novíssimas tecnologias podem ter conquistado nosso imaginário coletivo, mas, ainda assim, no futuro, o avanço influente do metaverso nos liberará. Essa revolução audaciosa exigirá uma forma completamente diferente de pensar, e as empresas deverão ter a coragem de saltar para o novo horizonte: o metaverso – uma amplitude dominante de mundos em 3D, onde a humanidade se teleportará por entre vastas experiências compartilhadas.

No paradigma do metaverso, o crescimento dos negócios não se fundamenta na monetização do tempo e da atenção dos clientes. Em vez disso, trata-se de recompensá-los. Não tem mais a ver com:

- Autoridade centralizada, e sim com descentralização.
- Abdicar da propriedade, e sim com soberania individual.
- Uma economia singular, e sim com uma economia compartilhada.
- Abdicar do controle, e sim com autonomia.
- Isolamento, e sim com interoperabilidade.
- Insegurança, e sim com segurança.
- Separação, e sim com uma economia compartilhada.
- Experiências unidimensionais, e sim com experiências imersivas.

Ao longo deste livro, abordaremos esses atributos para fornecer o próximo passo nesse novo cenário. Revolucionando a construção de relacionamentos tradicionais para empresas, produtos, marcas e consumidores. Redefinindo a excelência criativa para criar novas maneiras de gerar valor para o consumidor e para os negócios. Capacitando de forma eficaz a humanidade para liberar suas habilidades criativas e libertar sua imaginação. Em última análise, gerando um subproduto de experiências imersivas bem-sucedidas que evocam emoção e empatia em grande escala. O metaverso está dando início a uma nova ordem mundial, construindo empresas e marcas de baixo para cima e digitalmente de dentro para fora, por meio de uma estrutura flexível que não se baseia em lugares, mas em espaços.

Chamamos essa abordagem de *Persistent Utility Loop* [loop utilitário persistente], uma metodologia empresarial voltada para o futuro, que revoluciona as estratégias tradicionais de marketing, produtos e vendas tanto para empreendedores, pequenos e médios negócios, quanto para empresas que estão entre as 500 da revista *Fortune*. É um método de geração de valor baseado no conceito *flywheel* de adequação do produto ao mercado e que prioriza os clientes para catalisar o crescimento dos negócios no metaverso.

Na física, o conceito teórico de buracos de minhoca propõe que os caminhos pelo espaço-tempo poderiam se tornar estradas para encurtar as longas viagens de anos-luz a outros mundos. Quase da mesma forma, o metaverso transportará a humanidade a um universo de inventividade ilimitada, criatividade desimpedida e uma expansão inigualável dos negócios.

Neste livro, faremos juntos uma viagem pelas várias dimensões do metaverso, compreendendo as oportunidades comerciais que ele apresenta.

Parte um_
Decodificando a plataforma_

01 >Web 1.0, Web 2.0, Web 3.0_

O metaverso é um amálgama complexo de tecnologias diversas trabalhando juntas para criar um ambiente no qual as pessoas possam trabalhar, jogar e interagir umas com as outras. Ele começa com uma ambição grandiosa de combinar os mundos físico e virtual, geralmente aproveitando a realidade aumentada e virtual. Conceitualmente, por meio do metaverso, as pessoas podem entrar em mundos virtuais de forma tão fácil e com a mesma frequência com que acessam as mídias sociais em seus smartphones. Em outras palavras, o metaverso se tornará cada vez mais uma parte fundamental da vida de todos.

É tentador pensar sobre o metaverso em termos técnicos, mas isso seria subestimar seu valor. É claro, a tecnologia está por trás do metaverso, mas não se trata simplesmente de tecnologia, e sim de fazer jornadas, colaborar, comunicar-se e socializar. O tema central do metaverso é a criação de uma sociedade aberta e diversa que não seja controlada por uma autoridade centralizada, na qual as pessoas serão livres para liberar todo o seu potencial.

Esse potencial inclui a criação de novas possibilidades para negócios, que antes eram consideradas impossíveis. As habilidades criativas humanas serão irrestritas, levando a novos e empolgantes avanços na geração de valor. As empresas não estarão mais presas ao mundo físico, criando uma expansão ilimitada para novos produtos, serviços e ofertas.

Antes de embarcarmos em nossa jornada pelo metaverso, devemos primeiro examinar as tecnologias de base que o tornam possível.

Pense no metaverso como um bolo de camadas, no qual várias tecnologias se juntam. A camada inferior é a base. Portanto, nenhuma camada vai funcionar se as inferiores não estiverem em ordem.

Normalmente, os especialistas e engenheiros de computação conhecem o conceito de "pilha de redes" ou protocolos, também conhecido como modelo de Interconexão de Sistemas Abertos (OSI). Essa pilha de redes consiste em sete camadas, nas quais o hardware está localizado na parte inferior, e os aplicativos na parte superior.[1]

Nas seções a seguir, ilustraremos os fundamentos do metaverso usando a analogia de um bolo em camadas para esclarecer os conceitos. Os fundamentos do metaverso serão apresentados a seguir.

Independentemente da forma como escolhemos ilustrar o metaverso e seus fundamentos, você precisará de hardware para que tudo funcione, e é por isso que ele é a base do bolo. Nas camadas superiores, temos o software, os dispositivos inteligentes, a nuvem, a internet, a Web (1, 2 e 3) e outras tecnologias e aplicativos de suporte que trabalham juntos para criar o mundo digital.

Cada camada é crucial por si só. Você não pode remover uma camada do meio e esperar que toda a estrutura funcione. Vamos começar discutindo hardware, a camada inferior do bolo.

Hardware

Preliminares à parte, pode-se argumentar que os computadores existem há milhares de anos, desde a invenção do ábaco, mas, realisticamente, eles começaram a ser usados por volta da Segunda Guerra Mundial. Para que um exército daquela época funcionasse, as mensagens precisavam ser enviadas e recebidas por rádio e linhas telefônicas. Era relativamente fácil para um inimigo interceptar essas mensagens, lê-las e agir.

Para impedir que os inimigos lessem mensagens confidenciais, os combatentes usavam formas primitivas de criptografia de dados – primitivas, pelo menos, para os padrões modernos. Máquinas complexas (para aquela época) permitiam a criptografia e descriptografia de mensagens com a esperança de que o inimigo não descobrisse a matemática por trás dos algoritmos usados. Esses dispositivos de computação primitivos formavam a espinha dorsal da segurança de mensagens, embora não fossem perfeitos, porque os combatentes de ambos os lados podiam quebrar o código e reagir às mensagens. Os Aliados fizeram um trabalho particularmente eficiente, utilizando as informações que obtiveram dessas mensagens secretas para vencer batalhas em muitas ocasiões.

A tendência de inventar computadores para fins militares continuou após a Segunda Guerra Mundial e se acelerou com base na necessidade de criar sistemas de orientação para foguetes e satélites. Com o passar do tempo, o uso de computadores se estendeu ao mundo comercial, para contabilidade e outros fins. À medida que os computadores foram se tornando mais avançados e menores, eles chegaram às mãos dos consumidores, na forma de computadores pessoais e videogames.

É difícil imaginar a vida sem os computadores. Praticamente todo mundo usa smartphones todos os dias, e muitas pessoas têm consoles de videogames, tablets e televisores inteligentes. Os consumidores, os militares, os governos e as empresas se beneficiam desses dispositivos, seja em suas casas ou nos escritórios.

Os hardwares atuais superam de longe os equipamentos de apenas alguns anos atrás. Não havia nem como sonharmos em executar os aplicativos de jogos, inteligência artificial, realidade aumentada (AR), realidade virtual (VR) e óculos holográficos de hoje nos velhos computadores desktop da década de 1990.

A velocidade e a capacidade de armazenamento em disco aumentaram de forma exponencial. Em 1956, 1 megabyte (MB) de espaço em disco custava 10 mil dólares, necessitava de 50 discos rígidos de 24 polegadas e ficava armazenado em um gabinete do tamanho de duas geladeiras. Em 1979, o preço baixou para 233 dólares por megabyte e, em 1983, um dispositivo foi lançado com suporte para 10 MB, e custava 2,7 mil dólares. Já em 2011, você poderia encontrar um disco de 4 terabytes (TB) por 399 dólares.[2]

A proliferação de tamanhos e tipos de desempenho não se limitou aos a discos tradicionais. A potência dos chips de memória e das CPUs aumentou drasticamente, enquanto o tamanho dos dispositivos foi reduzido ao ponto de computadores extraordinariamente avançados, completos com memória e armazenamento, puderam ser incorporados a um smartwatch ou smartphone. Ademais, o preço dos computadores potentes despencou, levando a uma abundância sem limites de dispositivos em residências, fábricas e automóveis.

Examinando mais de perto, os usos de hardware pela internet são comumente conhecidos e incluem dispositivos de computação móvel, como smartphones, tablets ou laptops; computadores desktop; servidores, memória e unidades de disco na nuvem e roteadores. Para habilitar realmente o metaverso, é necessário que haja uma conexão que dê suporte a simulações 3D, como óculos e luvas sensoriais. A Internet das Coisas (IoT) vestível – ou seja, sensores e outros dispositivos embutidos em roupas – viabilizará sensações táteis. O Departamento de Defesa dos EUA e outras empresas estão fazendo experimentos com implantes cerebrais diretos, permitindo que o cérebro humano interaja com tecnologias de computador e com o metaverso diretamente.[3]

O hardware é a base do bolo em camadas. Sem ele, o metaverso simplesmente não pode existir. No entanto, uma vez que o hardware esteja instalado, podemos prosseguir para a camada seguinte: o software.

Software

Devemos reconhecer que, sem conexão com dispositivos isolados via software, o hardware não passa de uma pilha inerte de metais. Sua unidade de disco não saberia o que fazer se o software não lhe desse as instruções. Pense no software como uma série de comandos que dizem ao hardware ou a outro software o que fazer. Geralmente, referimo-nos ao software como "programa", embora hoje seja bastante comum o termo "aplicativo".

O firmware é um tipo de software que existe dentro do hardware e o gerencia. Uma unidade de disco, por exemplo, contém firmware que controla o giro das unidades, o cache do disco e o movimento dos dispositivos de gravação e leitura (entre outras coisas).

O sistema operacional (também conhecido como software do sistema) controla o computador e seus periféricos, incluindo unidades de disco, monitores e impressoras. Entre alguns exemplos comuns estão o Windows, o sistema operacional da Apple e o Android.

Os programas com que as pessoas mais lidam no dia a dia são conhecidos como aplicativos. Eles permitem que os usuários se divirtam com jogos, trabalhem em uma folha de pagamento ou façam propaganda. Outros aplicativos são executados em segundo plano, desempenhando tarefas que não necessitam de intervenção do usuário.

Se você já usou um smartphone, um computador desktop, um laptop ou até mesmo um assistente virtual, como a Alexa, então já está familiarizado com o uso de software. Tudo o que você faz, desde ligar um telefone celular até acessar o aplicativo do banco, só é possível graças ao software projetado para uma finalidade específica.

O metaverso requer softwares muito mais avançados, como programas específicos para execução de gráficos em 3D e aplicativos de interface humana, aplicativos bancários que criam caixas 3D virtuais que funcionam da mesma forma que os caixas reais, além de inúmeros aplicativos para controlar seu avatar digital e criar simulações e experiências. Aliás, é possível ir muito além: o software opera as conexões entre essas simulações, cada um dos mundos digitais (ou seja, "silos"), comunicações e qualquer outra coisa que você faça depois de entrar no universo digital do metaverso.

Em última análise, software de todos os tipos são um pré-requisito para o metaverso. O softwares pode ficar complicado, mas, na melhor das hipóteses ele é quase invisível para o usuário. Qualquer pessoa que usa o metaverso pode experimentá-lo, por meio de seu avatar digital, com todos (ou a maior parte) dos seus sentidos e, como vamos descrever mais profundamente neste livro, a realidade aumentada (AR) é uma rampa de acesso emergente para o metaverso, fazendo com que as imagens digitais se sobreponham a objetos físicos do mundo real; neste caso, não há sequer a necessidade de nenhum avatar digital. Mas, antes de falar sobre isso, devemos discutir a próxima camada do bolo: os dispositivos inteligentes.

Dispositivos inteligentes

Houve uma explosão da popularidade dos dispositivos inteligentes (que usam a Internet das Coisas). Do lado do consumidor, é comum vermos indivíduos equipando suas casas com dispositivos inteligentes, como alarmes, lâmpadas, tomadas elétricas, entre vários outros. Fábricas e instalações de manufatura modernas dependem de sensores inteligentes e equipamentos automatizados, e até mesmo os automóveis se tornaram plataformas totalmente equipadas com uma gama completa de dispositivos de entretenimento, segurança e desempenho. O mundo moderno é construído com dispositivos inteligentes onipresentes que detectam e controlam praticamente tudo.

Devem-se considerar também os assistentes virtuais automatizados, como a Alexa, a Siri e o Google Home, que servem como centros de controle para as residências e locais de trabalho dos consumidores. Esses assistentes possibilitam que os consumidores utilizem comandos de voz simples para controlar a televisão, a iluminação da casa, o sistema de alarme e inúmeras outras tarefas.

Em 2021, 46 bilhões de dispositivos inteligentes existiam no mundo. Até 2030, esse número deve aumentar para impressionantes 125 bilhões de unidades, com o volume de dados de todos esses equipamentos rondando 79,4 zettabytes (ZB).[4] Esses números significativos demonstram como esses dispositivos inteligentes se tornaram úteis.

À medida que seu uso doméstico aumenta, eles controlam uma ampla variedade de coisas, como o sistema de aquecimento, ar-condicionado, iluminação, televisões e assim por diante. Nas fábricas, dispositivos inteligentes de capacidade industrial, como robôs, detectam falhas em equipamentos, abrem e fecham válvulas, classificam o estoque e gerenciam sistemas de computador. Não demorará muito para que as cidades inteligentes usem milhões de dispositivos inteligentes para manter os fluxos de tráfego, monitorar os níveis de água e até detectar a aparência de buracos nas ruas para que os trabalhadores de manutenção sejam despachados de forma automática. A IoT também se estende a dispositivos inteligentes de vestuário, que podem monitorar a pressão arterial e o açúcar no sangue, mudar as cores das roupas e detectar quando o perigo se aproxima.

Por sua vez, o metaverso se conectará a muitos desses dispositivos, permitindo que o mundo físico e o virtual interajam. Imagine visitar um centro de controle virtual por meio de seu eu digital para verificar a situação de sua casa e controlar sua temperatura, configurações de alarme e qualquer outra coisa que você desejar. Do seu ponto de vista virtual, você pode se sentar na sala de controle da sua casa – uma sala completa, com mostradores e telas, que existe inteiramente dentro do metaverso e que está conectada à sua casa por meio de dispositivos inteligentes.

A operação desses dispositivos depende da próxima camada do bolo: a nuvem.

A nuvem

Há consenso sobre como a computação em nuvem está rapidamente se tornando o alicerce que sustenta a sociedade moderna. Empresas como a Amazon, IBM, Microsoft e Google, entre muitas outras, oferecem espaço em disco, memória e unidades centrais de processamento (CPUs) quase ilimitados a um custo extremamente razoável. A Microsoft, por exemplo, oferece, a cada usuário de PC doméstico, um TB inteiro de armazenamento em nuvem. Os consumidores podem, então, usar esse armazenamento para fazer back-ups, guardar fotos ou qualquer outra coisa que desejarem.

Essas nuvens públicas estão incluídas em nossa definição de computação em nuvem. Bancos de dados e outros ativos descentralizados não necessitam de recursos da nuvem pública. Em vez disso, eles usam diretamente a funcionalidade de vários computadores diferentes (por exemplo, smartphones e computadores desktop), formando um ambiente semelhante à nuvem distribuída, que agrupamos na definição de nuvem para fins de conveniência.

As nuvens públicas sempre disponibilizam espaços de armazenamento, como discos, memória e CPUs, oferecidos a empresas e consumidores com base no pagamento conforme o uso. Dispositivos IoT, como a Alexa da Amazon, utilizam a nuvem para executar várias funções, como tradução por voz. As empresas usam esses recursos para eliminar a necessidade de equipamentos *in loco*, tendo a garantia de crescimento ilimitado. Uma vantagem significativa do uso dos recursos da nuvem é que torna-se muito mais simples projetar soluções para casos de recuperação de desastres e de alto desempenho em aplicativos, porque a nuvem é uma rede de data centers conectados à rede. Se um data center tornar-se indisponível ou for destruído, outro pode simplesmente assumir o controle. Esses data centers podem estar localizados em qualquer lugar do mundo.

A Web3 e o metaverso não podem funcionar sem a nuvem e seus mecanismos e serviços associados. A nuvem concede acesso a dispositivos inteligentes, jogos, aplicativos e todas as outras tecnologias descentralizadas possíveis, fornecendo acesso às configurações. Poderíamos escrever um livro inteiro sobre a nuvem, mas basta dizer que o "trabalho" do metaverso, da Web3, dos dispositivos inteligentes e jogos modernos é executado na nuvem. Seu computador, smartphone, laptop, Alexa e inúmeros outros dispositivos inteligentes transferem grande parte do trabalho para a nuvem.

Tendo isso em mente, o metaverso se aproveita da nuvem. O seu eu digital deve interagir com mundos e pessoas digitais e, portanto, é preciso que esteja conectado aos recursos da nuvem. Todo dispositivo inteligente e, no futuro, habilitado para metaverso, é considerado "frágil" até certo ponto, o que significa que os dispositivos apenas possuem hardware e software eficientes o bastante para funcionar na nuvem. Afinal, as pessoas não podem usar suas mídias sociais, internet banking e videogames com jogadores em rede sem uma conexão com a internet, porque esses aplicativos precisam usar recursos que se encontram fora de seus dispositivos.

De muitas formas, a infraestrutura da nuvem e a computação descentralizada são cruciais devido à necessidade de distribuir quantidades significativas de dados com muita rapidez para vários usuários.

O modelo de nuvem tradicional estipula acesso medido sob demanda a componentes como armazenamento em disco, memória, CPUs e bancos de dados. Esses serviços são acessíveis pela internet e usam tecnologias de virtualização para garantir segurança, privacidade e isolamento. Os provedores de nuvem mantêm ativos de nuvem, o que significa que empresas, indivíduos e dispositivos não precisam acessar essas instalações localmente.

A computação em nuvem descentralizada convencional distribui a carga de trabalho em diferentes nuvens. Portanto, seu aplicativo pode usar simultaneamente recursos de computação de um provedor de nuvem no Colorado, em Houston e em Nova York. No que diz respeito ao usuário, é um único conjunto de configurações.

A maior vantagem dos serviços em nuvem é que os usuários (ou seja, empresas, dispositivos e dispositivos móveis) não precisam criar e manter seus servidores, nem mesmo torres de servidores, permitindo que seus aplicativos façam o uso mais eficiente possível dos serviços.

Por exemplo, suponhamos que o seu jogo on-line favorito utilize um sistema de nuvem distribuído para operar. Esse jogo pode ser executado na nuvem do provedor do jogo na maioria das vezes. No entanto, suponha que seja mais rápido acessá-lo em uma outra nuvem, que está armazenada em um local diferente. Nesse caso, o jogo pode usar a extensibilidade de nuvem mais eficiente. Ele pode usar recursos de outros computadores, smartphones, laptops e computadores desktop, e nada disso irá afetar a sua jogabilidade. Na verdade, você nem perceberá que está usando uma nuvem em Denver em vez da que está localizada em Nova York.

Relativamente falando, isso pode se tornar complexo. Seu jogo pode ser armazenado na nuvem que está localizada em um provedor em Denver, mas usar propriedades de computação de um servidor na Califórnia e de outro em Nevada. Tudo depende do que é mais eficiente. Obviamente, as regras são criadas para considerar o custo dos diferentes ativos em cada provedor, e esses custos são cobrados do provedor do jogo.

Quando, além ou ao invés do uso de provedores de nuvem, você adiciona a *descentralização* à equação, o resultado é que potencialmente milhares de computadores em toda a internet estarão acessando o conteúdo armazenado. A ideia é que seu jogo seja executado da maneira mais rápida e eficiente possível, dadas as devidas circunstâncias. Para o metaverso, esse tipo de troca de recursos facilita muito a implementação de experiências virtuais síncronas, porque a capacidade de suporte pode ser acessada quando e onde for necessário.

Sem a nuvem e a computação descentralizada, o metaverso não pode existir. Ele requer a funcionalidade da nuvem pública e dos recursos descentralizados. Portanto, a nuvem e a executabilidade descentralizada são realmente uma camada fundamental de nosso bolo.

A internet

Nas décadas de 1970 e 1980, o Departamento de Defesa dos EUA (DOD) financiou a Rede da Agência para Projetos de Pesquisa Avançada (ARPANET), predecessora da internet moderna. A ideia era conectar universidades e órgãos governamentais em rede para que pudessem se comunicar livremente. Na década de 1990, a Linguagem de Marcação de Hipertexto (HTML) estreou, e a internet nasceu oficialmente. As pessoas daquela época se lembram de serviços como AOL e CompuServe, que conectavam residências em uma rede de comunicação baseada em modems de linha discada. Muitos se lembram da alegria de finalmente receber um modem super-rápido de 19.200 bauds de alta velocidade, o equivalente a 4.800 bits/600 bytes por segundo. Compare isso com a internet de hoje em dia, quando as pessoas acham que estão enfrentando lentidão caso a conexão doméstica chegue a 57.600 bits/segundo. Muitas casas até possuem planos de internet com gigabites de velocidade que equivalem a quase 1 bilhão de bits por segundo.

De qualquer modo, no mundo digital de hoje, a velocidade da internet é de primordial importância. É cada vez mais comum que as pessoas trabalhem em casa, assistam a filmes em streaming e joguem videogames usando a mesma conexão de internet, tudo ao mesmo tempo. Um dos fundamentos por trás do metaverso é a comunicação de alta velocidade entre empresas, residências, lojas virtuais e tudo mais. Sem comunicação de alta velocidade, o metaverso continuaria a ser um sonho que não poderia ser realizado.

A internet é muito mais do que apenas largura de banda rápida e confiável. É um conjunto de protocolos e padrões que trabalham juntos para criar um tecido unificado que permite que as pessoas comprem em suas lojas on-line favoritas, joguem, conversem nas redes sociais, leiam notícias, assistam a vídeos em streaming, além de uma imensa variedade de outras tarefas.

Vejamos alguns desses protocolos de forma mais detalhada. O protocolo mais básico é conhecido como *Transmission Control Protocol/ Internet Protocol* [protocolo de controle de transmissão/protocolo de internet] (TCP/IP) e é a base para o funcionamento da internet. Cada dispositivo conectado recebe um endereço, tal como o endereço residencial de uma pessoa, que é exclusivo e serve para identificá-lo para o mundo exterior. Os endereços TCP/IP permitem que esses dispositivos sejam encontrados. Existem duas versões do TCP/IP: IPv4 e IPv6. O IPv4 é o endereço original e mais curto, enquanto o IPv6 é a forma mais longa e muito superior, porque suporta mais dispositivos e várias outras funções.

Como esperado, os humanos não consideram os endereços numéricos muito amigáveis. Assim, os nomes de domínio foram inventados para converter endereços TCP/IP em palavras mais assimiláveis, que podem ser digitadas em navegadores da web e outros aplicativos. Eles permitem que o usuário comum consulte sites de forma rápida e eficiente.

Juntamente com esses protocolos e endereços, chegamos à web, que é construída sobre a camada de internet do bolo. A invenção do já mencionado HTML – uma "linguagem de marcação" conceitualmente relacionada a uma linguagem de marcação de revisão, possibilitou a criação de sites e outros objetos que se apresentam de forma estruturada e organizada. Um dos principais recursos do HTML é a capacidade de vincular um objeto a outro. Por exemplo, um site contém links para gráficos, documentos, vídeos e arquivos de áudio. Estes são combinados e organizados por meio de códigos HTML, formando lojas de e-commerce, blogs e tudo o mais que for necessário.

Largura de banda, TCP/IP, nomes de domínio e HTML juntos cumprem os requisitos mínimos absolutos para a criação de uma rede utilizável e dinâmica de informações interligadas. Todo o resto se baseia nesses protocolos, padrões, software e hardware relacionados.

A Lei de Moore afirma que o número de transistores em um circuito integrado denso dobrará a cada dois anos. Com isso, tem-se que a velocidade do hardware e a densidade da memória aumentarão simultaneamente. A invenção de hardware mais rápido, de memória mais densa e eficiente e de unidades de disco com quantidades enormes de armazenamento tem seguido a Lei de Moore, e isso explica como se tornou possível que as pessoas agora carreguem consigo o equivalente a um supercomputador de vinte anos atrás.

A internet é uma camada adicional do bolo. No entanto, sem uma interface de algum tipo, a internet não é muito útil para uma pessoa comum. Isso nos leva à próxima camada: a Web 1.0, ou web estática.

Web 1.0 – a web estática

Se você é como a maioria das pessoas na era moderna, acha a web a coisa mais normal do mundo. Você sabe que pode ligar seu computador ou smartphone, usar um navegador da web para encontrar seu varejista preferido e gastar dinheiro para que os produtos sejam enviados diretamente à sua porta. Você provavelmente também aproveita os mecanismos de busca como o Google várias vezes ao dia e passa horas se comunicando nas redes sociais.

No entanto, nem sempre foi esse o caso. Na década de 1960, os militares financiaram, por meio da Agência de Projetos de Pesquisa Avançada de Defesa (DARPA), um projeto chamado Rede da Agência para Projetos de Pesquisa Avançada (ARPANET). A intenção principal era conectar locais militares para permitir que eles compartilhassem informações por e-mail e outros protocolos. Não demorou muito para que as instituições educacionais se juntassem à ARPANET, expandindo o número de nós (ou seja, sistemas) para mais de mil.

Um grande marco da ARPANET foi a criação dos três protocolos:

- `Transmission Control Protocol` [protocolo de controle de transmissão] *(TCP)*. Este protocolo forneceu os meios para que dois postos (ou seja, três dispositivos) estabelecessem uma conexão e depois trocassem dados. Ele garantia a entrega dos dados e que os pacotes seriam recebidos na mesma ordem em que foram enviados.

- `Internet Protocol` [Protocolo de Internet] *(IP)*. Este protocolo define como os dados são divididos em pacotes e como são endereçados para que sejam transmitidos e recebidos.

- `Hypertext Transfer Protocol` [protocolo de transferência de hipertexto] *(HTTP)*. Este protocolo é usado para distribuir informações pela Rede Mundial de Computadores (World Wide Web, ou WWW), simplesmente conhecida como web.

A ARPANET se transformou na internet e passou a ser amplamente utilizada. Enquanto sistemas maiores se comunicavam entre si por meio de links de comunicação permanentes, computadores menores usavam modems de linha discada, permitindo que os usuários se conectassem diretamente por linhas telefônicas. Serviços como AOL e CompuServe surgiram rapidamente, servindo como gateways para acesso via modems de linha discada conectados a linhas telefônicas para fornecer acesso a vários serviços, incluindo comunicações como aquela feita por e-mail. Esses serviços normalmente usavam protocolos proprietários com recursos mínimos.

Naqueles primórdios, a internet era mantida por voluntários. Essas pessoas acreditavam fortemente no conceito de software aberto e passavam incontáveis horas criando protocolos e programas, que eram compartilhados abertamente com outras pessoas sem custo e sem remuneração. Sua influência ainda pode ser sentida hoje, porque os resultados de seus esforços formam a base da web e da internet. A maioria das principais ideias, protocolos e conceitos que esses voluntários projetaram e implementaram ainda estão em uso em maior ou menor grau.

Antes da web, as pessoas se comunicavam usando grupos de notícias UseNet, que eram quadros de avisos dinâmicos compostos por grupos, cada um deles cobrindo um tópico específico. As pessoas criavam e liam mensagens, faziam e respondiam perguntas nesses fóruns. Os grupos podiam ser moderados ou não. Esses quadros foram extremamente populares até o início dos anos 2000, quando blogs, sites e grupos de notícias de mídias sociais os suplantaram.

Por fim, a internet mudou para sempre entre 1989 e 1990, quando Tim Berners-Lee criou a web. Ele projetou um padrão conhecido como *HyperText Markup Language* [linguagem de marcação de hipertexto] (HTML), que se tornou a base para a exibição de informações e conteúdo. Esse padrão levou à criação de sites e rapidamente se fundiu à Rede Mundial de Computadores.

A princípio, os usuários se conectavam diretamente aos sistemas pelos quais nutriam interesse. Mais tarde, eles passaram a se conectar a provedores de serviços que lhes concediam acesso a uma rede de computadores para navegar na internet. Nessa época, nasceram a AOL, o Yahoo, o AltaVista e o Netscape.

Os anos seguintes se tornaram um período de incrível entusiasmo, inovação massiva e tremendo investimento. O período foi descrito como uma era de ouro da inovação, em grande parte devido aos serviços de código aberto construídos por voluntários não remunerados. Contudo, suas criações geralmente eram limitadas a somente leitura, com apenas um mínimo de recursos de leitura e gravação.

Você pode pensar na versão inicial da web como uma revista quase on-line. Os editores produziam conteúdo para ser lido pelos usuários. A trajetória das mídias sociais, sites dinâmicos e personalização só apareceu muito mais tarde durante a Web 2. Naquela época, o conteúdo dinâmico existia em quadros de mensagens, livros de visitas e carrinhos de compra, mas não havia a web totalmente dinâmica de hoje.

Essa edição inicial da orientação da web era centrada no fornecimento de informações, comunicações e transações. Sua saída principal era um método de publicação unidirecional e suportava apenas transações com interação mínima do usuário. A Web 1 é, portanto, frequentemente chamada de web *somente leitura*.

Os protocolos abertos dominavam a Web 1. Já discutimos o HTTP e o TCP/IP, mas havia muitos outros. Aqui estão alguns exemplos:

- SMTP, POP3 e IMAP: e-mail. O envio de e-mails é feito por intermédio do *Simple Mail Transfer Protocol* [protocolo de transferência de correio simples] (SMTP), enquanto o recebimento é feito pelo *Post Office Protocol 3* [protocolo dos correios 3] (POP3) e pelo *Internet Message Access Protocol* [protocolo de acesso a mensagens da internet] (IMAP).
- USENET: grupos de notícias. Praticamente obsoleto hoje em dia. Pense em grupos de notícias como mensagens encadeadas em grupo.
- FTP e SFTP: o *File Transfer Protocol* [protocolo de transferência de arquivos] (FTP) e o *Secure File Transfer Protocol* [protocolo de transferência segura de arquivos] transferiam arquivos.
- TELNET: protocolo de aplicativo para suporte remoto a terminal.

Acredite ou não, esses protocolos ainda são atualmente a base da web e da internet, embora venham se desenvolvendo ao longo do tempo para incluir camadas de segurança e outros recursos.

Na década de 1990, Tim Berners-Lee estabeleceu alguns dos conceitos cruciais da web:[5]

- *Descentralização*. Não é necessário que haja permissão de uma autoridade central para se postar algo na web. Ela foi projetada para operar sem um sistema de controle central, portanto, não há um ponto único de falha. O conceito original afirmava que a web não deveria ter um "botão de emergência" e estar livre da vigilância da censura. A web, conforme implementada atualmente, atende a alguns desses objetivos: é descentralizada e sem um ponto único de falha. No entanto, devido à falta de um modelo de segurança integrado, é difícil evitar a vigilância (ou seja, vá-

rios mecanismos foram projetados para adicionar camadas de segurança à web, com resultados mistos). Além disso, acredita-se que alguns países construíram "botões de emergência" para isolar suas partes da web e da internet da World Wide Web, o que vai contra a descentralização.
- *Projeto de baixo para cima.* A web foi inicialmente criada para ter o código aberto, o que significa que seu desenvolvimento e codificação não foram feitos para serem controlados por uma corporação ou um grupo. O código, especificações e design da web foram abertamente desenvolvidos para que todos pudessem fazer alterações e trabalhar sobre eles. Essa filosofia de projeto ainda é seguida, com algumas exceções.
- *Neutralidade da rede.* Todos podem acessar a web no mesmo nível com base em suas conexões à internet. Se você paga por 100 MB de serviço, deve ser capaz de se comunicar nessa velocidade independentemente do conteúdo ou com quem esteja se comunicando, desde que essa pessoa esteja pagando por um acesso igual ou superior.
- *Universalidade.* Todo computador ou sistema envolvido deve falar a mesma "linguagem" universal, o que significa que todos devem usar os mesmos protocolos subjacentes para se comunicar (ou seja, HTTP, TCP/IP).
- *Consenso.* Todos devem concordar em utilizar os mesmos padrões da web, ou o conceito inteiro de web deixa de funcionar. Isso ocorre no processo transparente apresentado no World Wide Web Consortium (W3C), que projetou os novos padrões para que qualquer um possa participar.

Com base nesses conceitos, as empresas, governos e pessoas começam a se expandir para o novo mundo da Web 1.0, também conhecida como World Wide Web. Primitiva para os padrões atuais, a Web 1.0 era tão valiosa que se tornou a base de uma revolução no modo como as pessoas se comunicam, fazem negócios e socializam, modo este que prevalece até hoje.

Naquela época, as empresas criavam principalmente sites estáticos nos quais apresentavam informações que os usuários podiam pesquisar e ler. A interação mínima consistia em livros de visitas, formulários de pedidos e quadros de mensagens. A ênfase recaía na busca e em serviços de diretório, e não em formas dinâmicas para usuários e empresas interagirem. Você pode pensar no início da web como um modelo de comunicação de um para muitos.

Os serviços desse estágio inicial da web foram projetados para uma orientação de apresentação com páginas da web principalmente estáticas. Nesse início, as páginas em HTML eram codificadas manualmente em sua maior parte e não possibilitavam muita interação com os usuários.

Quando todos esses protocolos são combinados, temos as bases da Web 1.0 (ou seja, a internet inicial). As páginas da web estáticas e o comércio eletrônico limitado podem parecer primitivos hoje em dia, mas, naquela época, eram empolgantes e permitiam uma inovação incrível.

No início, os voluntários criaram vastos diretórios feitos à mão, que consistiam em arquivos HTML codificados manualmente que categorizavam um grande número de sites. Tim Berners-Lee gerou a Biblioteca Virtual da World Wide Web – o diretório on-line mais antigo – e, a partir daí, iniciou as primeiras tentativas de organizar e dar sentido aos primórdios da web.

Formado em 1998 por dois engenheiros da Sun Microsystems, o DMOZ multilíngue, um projeto de diretório aberto, rapidamente se tornou a maneira padrão de as pessoas encontrarem informações na web. Os moderadores adicionavam, modificavam e excluíam manualmente sites do diretório, que em seu pico continha mais de 5 milhões de *Uniform Resource Locators* (localizadores uniformes de recursos, ou URLs).

Pode-se dizer que os diretórios eram ótimos para encontrar conteúdo, mas não chegavam nem perto de indexar toda a web. Os mecanismos de pesquisa apareceram para preencher esse nicho. Em 1993, o W3Catalog (também conhecido como Jughead) foi lançado para indexar os diretórios existentes.

Um exemplo semelhante conhecido como WebCrawler foi lançado em 1994, sendo o primeiro mecanismo de pesquisa real projetado para indexar o conteúdo das páginas da web em sites de toda a rede. O Lycos, um portal/mecanismo de pesquisa na web, foi criado. Em 1995, vários novos mecanismos de busca surgiram para fins comerciais, entre eles o Excite, o Altavista e o Yahoo.

Em 1997, Larry Page e Sergey Brin, com um investimento de US$ 100 mil da Sun Microsystems, obtiveram US$ 1 milhão e lançaram o Google. Os outros mecanismos de busca sofriam com problemas de spam, já que as pessoas lançavam mão de truques para mover seus sites para o topo da lista. Para combater isso, o Google introduziu tecnologias para detectar esses truques. Em 1999, a empresa mudou novamente a web para sempre ao introduzir o AdWords em seu mecanismo de pesquisa, levando possibilidades comerciais para o mundo das buscas. Em 2005, a Microsoft lançou seu mecanismo de pesquisa, chamado Bing.

Ao longo dos anos, as pessoas passaram a identificar as múltiplas utilidades da Web 1.0 e ela mudou o mundo. Ainda assim, a tecnologia era limitada em suas possibilidades comerciais. As pessoas queriam mais, as empresas queriam oferecer experiências mais dinâmicas e centradas nos usuários, e a natureza estática da Web 1.0 não atendia a esses desejos. Era o momento certo para uma nova experiência na web: a Web 2.0.

Web 2.0 — a web dinâmica

Darcy DiNucci, uma consultora de arquitetura de informação, publicou um artigo em janeiro de 1999 intitulado *Fragmented Future* [Futuro fragmentado], no qual descrevia a Web 2.0. Nesse artigo, ela disse:

> A web, como a conhecemos agora, é uma coisa passageira, a Web 1.0. A relação da Web 1.0 com a web de amanhã é aproximadamente equivalente [à relação] de *Pong* com *Matrix*. A web de hoje é essencialmente um protótipo. Esse conceito de conteúdo interativo, universalmente acessível por meio de uma interface padrão, provou ser tão bem-sucedido que uma nova indústria está decidida a transformá-lo, capitalizando-o em todas as formas possíveis. A web que conhecemos agora, que funciona em uma janela do navegador em telas estáticas, é apenas um embrião da web que está por vir.[6]

Em 2004, a O'Reilly Media e a MediaLive organizaram a primeira conferência de Web 2.0, durante a qual John Battelle e Tim O'Reilly esmiuçaram sua visão sobre a web do futuro. Eles falaram sobre o desenvolvimento de aplicativos que seriam executados na web em vez de no desktop — um conceito revolucionário na época.

Eles relacionaram a Netscape a essa nova visão. A Netscape concentrou-se na criação de um navegador da web que produzisse um mercado para produtos baseados em servidor, criando um "webtop" que substituiu o desktop típico. De forma vantajosa, a Netscape criou um software e o forneceu aos usuários para que eles pudessem preencher o webtop com aplicativos.

O Google, por outro lado, vendia serviços baseados em dados. A empresa indexou a web, criando um banco de dados de links para sites e conteúdo gerado por usuários. Seu banco de dados foi constantemente atualizado para adicionar, excluir e modificar esses links.

Esses conceitos desvincularam os aplicativos do computador dos usuários. Em vez disso, os aplicativos foram movidos para a web e os usuários os acessavam por meio do webtop do navegador. Eles encontravam sites por meio de índices montados de forma dinâmica, em vez de diretórios codificados manualmente.

Em 2006, a Pessoa do Ano escolhida pela revista *Time* foi "Você", uma representação das inúmeras pessoas que contribuíram para a criação de conteúdo gerado por usuários de forma anônima. Na reportagem de capa dessa edição, Lev Grossman explicou:

> É uma história sobre comunidade e colaboração em uma escala nunca vista. Ela trata do compêndio cósmico de conhecimento da Wikipédia; da rede popular de milhões de canais do YouTube; e da metrópole on-line do Myspace. Uma história sobre como a maioria disputava o poder que antes pertencia a alguns poucos, ajudando-se mutuamente sem pedir nada em troca, e sobre como isso não vai apenas mudar o mundo, mas também a maneira como o mundo muda.[7]

Quando falamos em Web 2.0, estamos nos referindo a mídias sociais, ao comércio eletrônico e a sites com recursos personalizáveis que podem mudar de aparência com base em conjuntos de dados internos de produtos e serviços. Em outras palavras, a Web 2.0 era vista como uma nova era de "leitura e gravação".

As principais qualidades da Web 2.0 foram resumidas pelo WebAppRater:[8]

- Classificação livre de informações (também chamada de *Folksonomy*).
- Aplicativos baseados na web.
- Provisão de experiências de usuário avançadas, com o uso de ferramentas como o Ajax e HTML5.
- Informações fornecidas pelos usuários, como avaliações de produtos e publicações em mídias sociais.
- Serviços oferecidos sob demanda e cobrados de acordo com o modelo "pague conforme o uso".
- Crowdsourcing (financiamento coletivo).
- Conteúdo compartilhável.
- Distribuição de conteúdo omnichannel.

Mesmo assim, a Web 2.0 apresenta algumas desvantagens, entre elas:

- A confiança é maleável, podendo ocorrer de uma plataforma remover um recurso inesperadamente.
- As plataformas estão em silos, o que dificulta a movimentação de ativos entre elas.
- Às vezes, pode ocorrer "exclusão financeira", quando os criadores de conteúdo não são pagos pelo valor que geraram.

A Web 2.0 foi um avanço enorme em relação à Web 1.0. Ademais, à medida que o uso da internet se popularizou, tornou-se evidente que mudanças eram necessárias, especialmente em relação a propriedade, privacidade, segurança e comércio. Independentemente disso tudo, a ideia de uma outra versão da web, que veio a ser conhecida como Web3, começou a ser introduzida. Posteriormente, a criação de uma blockchain, que é um banco de dados que armazena informações em formato eletrônico, permitiu que um novo paradigma central para o metaverso fosse desenvolvido – mais descentralizado, protegido, privado e seguro, central.

Web3 — a web descentralizada

A Web 2.0 é aquela que a maioria de nós conhece, usa e ama hoje em dia. Seu propósito original era manter os dados armazenados em silos centralizados. No entanto, isso evoluiu com o tempo.

Em sua discussão com a CMSWire, um provedor de plataforma de desenvolvimento baseada na nuvem, Matt Biilmann, CEO da Netlify, explicou que:

> A web começou como um sistema descentralizado baseado em DNS e na habilidade de qualquer pessoa para comprar, possuir e gerenciar seu próprio nome de domínio, bem como de ser capaz de movê-lo de um host para outro conforme desejasse, com total controle e propriedade de todos os dados subjacentes. Consequentemente, à medida que a web cresceu, nossa presença on-line se tornou cada vez mais centralizada em plataformas corporativas. Por exemplo, quando alguém registra um identificador do Instagram, não há como simplesmente mover esse identificador com todo o seu conteúdo e seguidores para outro lugar, porque estão vinculados àquela rede.[9]

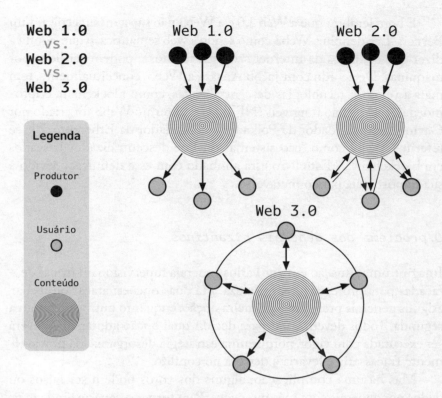

A Web3 foi concebida para resolver esse problema, mediante a criação de uma rede descentralizada ponto a ponto de propriedade dos usuários. Nesse paradigma, seus dispositivos conectados à internet armazenam seus dados, executam seus aplicativos e hospedam seus sites. Tudo isso é distribuído em dezenas, centenas ou até milhares de computadores.

Então, como é possível fazer com que as pessoas se coordenem e trabalhem juntas mesmo sem se conhecerem? E, se não se conhecem, como fazer com que confiem umas nas outras? Os criadores da Web3 resolveram esse problema fundamental.

Desde os primeiros dias da internet, a confiança sempre foi um problema, que foi abordado com uma série variada de protocolos, melhores práticas e camadas de segurança. Então surgiram as redes sociais e outras empresas, e impuseram sua versão de confiança a qualquer pessoa que quisesse usar seus serviços.

De muitas formas, tudo se resume à questão de como estranhos passam a confiar uns nos outros. A Web3 pretende, entre outras coisas, resolver essa questão de confiança.

É bom lembrar que a Web 3.0 e a Web3 não são a mesma coisa. Tim Berners-Lee definiu a Web3 como sendo a web semântica, o que significa dizer que os dados da internet são estruturados e podem ser lidos por máquinas. De acordo com Jacob Ansari, a Web3, conceitualmente, tem mais a ver com tecnologias descentralizadas, como blockchain, criptomoedas, tokens não fungíveis (NFTs) etc. O termo Web3 foi criado por Gavin Wood, fundador da Polkadot e cofundador da Ethereum. Ele se referiu à Web3 como "ecossistemas on-line descentralizados baseados em blockchain".[10] Este livro está alinhado com essa definição, devido à sua importância para o metaverso.

O problema dos generais bizantinos

Imagine uma situação em que vários generais supervisionam tropas destacadas para proteger uma fortaleza. Há duas opções: atacar ou recuar. Alguns generais preferem a primeira opção, enquanto outros preferem a segunda. Todos devem votar para decidir qual opção adotar, que deverá ser executada com vigor, porque uma estratégia desorganizada provavelmente fracassaria e levaria à derrota no conflito.

Mas há uma complicação: alguns dos votos podem ser falsos ou dados por generais com más intenções. Para tornar o cenário ainda mais intricado, os votos são enviados por mensageiros, que podem ser interceptados, resultando na exclusão ou alteração de algumas mensagens. Essa analogia ilustra o problema da confiança entre desconhecidos. Como é efetivamente possível que haja coordenação entre indivíduos que não confiam uns nos outros?

O conceito conhecido como "tolerância bizantina contra falhas" é um sistema de defesa projetado para atingir um "estado de consenso" mesmo que ocorram problemas entre seus componentes. Qualquer componente que não consiga entregar uma mensagem não pode votar. Um valor padrão pode ser usado se essas tentativas malsucedidas forem a maioria.

No mundo da computação, os generais são os computadores e as mensagens são as comunicações entre esses sistemas. Em eletrônica, essa solução é usada para filtrar os componentes que apresentam mau comportamento ou que não estejam funcionando. Este sistema permite que várias CPUs operem em conjunto, mesmo que uma ou mais apresente problemas.

Essa solução também pode ser aplicada a pessoas, de modo a solucionar o problema de coordenar indivíduos que não se conhecem e, portanto, não confiam uns nos outros. As pessoas devem realizar o trabalho para ter um voto de confiança. Quem não fez o trabalho, não vota.

A Web3 possibilita substituir controles centralizados por um sistema em que aqueles que o utilizam obtêm um voto de confiança se participarem conforme as regras. Em outras palavras, as pessoas realizam o trabalho honestamente e não tentam burlar o sistema.

Hashcash

Hashcash é um sistema de prova de trabalho (*Proof of Work* – PoW) construído para reduzir os e-mails de spam e os "ataques de negação de serviço" (*Denial-of-Service attacks* – DoS), e agora faz parte do algoritmo de mineração para bitcoin e outras criptomoedas. O Hashcash requer que uma certa quantidade de trabalho verificável seja computada. No e-mail, um carimbo Hashcash é aplicado a uma mensagem para provar que o remetente empregou esforços (ou seja, recursos da CPU) para calcular o carimbo, indicando que provavelmente ele está enviando uma mensagem válida (e não spam). A teoria é de que, se os spammers possuem a capacidade de enviar milhões de e-mails com pouco ou nenhum custo, então adicionar a sobrecarga da criação um carimbo Hashcash a cada mensagem aumentaria o custo de geração de spam e, subsequentemente, desencoraja os spammers.

A Web3 expande esse conceito ao exigir que os administradores da rede invistam dinheiro, equipamentos ou provas de trabalho, gerando uma forma de operação que é simultaneamente sólida e descentralizada.

A Web3 é definida como uma internet descentralizada que é baseada em blockchain (vamos explorar o conceito de blockchain mais adiante) e economia baseada em tokens. É importante entender que a Web3 é diferente da Web 1.0 e até mesmo da Web 2.0. Ela não se baseia em plataformas centralizadas e serviços financeiros regulados. Em vez disso, a Web3 é descentralizada e se concentra nos usuários e em sua propriedade de dados e de patrimônio.

O design da Web3

O design da Web3 inclui os seguintes recursos de descentralização: blockchains, finanças descentralizadas (DeFi), aplicativos descentralizados (dapps), contratos inteligentes, organizações autônomas descentralizadas (DAOs) e tokens não fungíveis (NFTs). Você provavelmente reconhecerá muitos deles nos conceitos originais de Tim Berners-Lee que foram discutidos anteriormente. A Web3 se baseia na Web 1.0 e na Web 2.0, e todas existem simultaneamente na World Wide Web.

Entraremos em mais detalhes sobre esses conceitos ao longo deste livro, já que eles são as bases da Web3 e ajudam a viabilizar o metaverso. No entanto, neste momento, vamos analisá-los brevemente.

1. Descentralização

Na Web3, os dados podem ser armazenados em uma rede distribuída de centenas, milhares ou até mesmo milhões de sistemas de computação (ou seja, smartphones, desktops e assim por diante). Essa rede de armazenamento é baseada em um sistema de redundância, porque os recursos não estão armazenados em um local central. A redundância é um recurso que protege contra ataques e falhas na rede.

A descentralização é essencial para a Web3. Em contraste, na Web 2.0/1.0, as informações são armazenadas em um único local fixo, geralmente um servidor único, e sua localização é baseada no endereço TCP/IP e no nome de domínio. Na Web3, os dados são normalmente distribuídos entre vários sistemas em muitos locais de forma simultânea.

2. Blockchain

As criptomoedas constituem o fundamento das transações financeiras na Web3. Essas moedas são baseadas em blockchain, descentralizadas, e constituem entidades autossuficientes. No momento em que este livro é escrito, a capitalização de mercado das criptomoedas está estimada em US$ 2 trilhões.

Blockchains são um método de manter um registro de transação descentralizado e seguro, garantindo a fidelidade e a segurança das informações contidas ali. Em uma blockchain, os dados são coletados em grupos conhecidos como *blocos*. Quando esses blocos são preenchidos até a capacidade máxima, novos blocos são criados. Em seguida, eles são conectados, formando uma cadeia, e é daí que vem o nome blockchain (cadeia de blocos, em português). Eles são organizados em ordem cronológica e os dados dentro deles não podem ser alterados (ou seja, são imutáveis).

Além das criptomoedas, as blockchains são úteis para quaisquer outros tipos de dados. Elas podem guardar registros médicos, árvores genealógicas e contratos, para citar apenas alguns exemplos. Devido à sua natureza flexível e descentralizada, as blockchains são a estrutura fundamental tanto da Web3 como do metaverso.

Por exemplo, registros médicos podem ser armazenados em uma blockchain. Quando uma criança nasce, uma blockchain relativa a ela é gerada. Um novo vínculo é então adicionado à blockchain para cada exame médico, teste, vacina, medicamento prescrito e informação sobre as suas condições físicas. Esses registros referentes às condições de saúde da criança se acumularão ao longo de sua vida. Eles não podem ser alterados, são extremamente seguros e são de propriedade da criança. Ela pode atribuir permissões de acesso a qualquer parte de sua blockchain médica ou até mesmo a ela por completo. Também pode revogar o consentimento, estabelecer limites de tempo e especificar que tipo de informação pode ser adicionada (por exemplo, o oftalmologista pode adicionar apenas informações sobre visão).

A blockchain é uma das principais habilitadoras tecnológicas do metaverso porque permite que as informações sejam armazenadas de forma segura, ao mesmo tempo que dá ao proprietário a capacidade de estabelecer limites de segurança e regras que determinem como os dados poderão ser usados e acessados.

3. Finanças descentralizadas

Finanças descentralizadas (DeFi) são uma estrutura digital projetada para eliminar a exigência de uma autoridade central para regular as finanças. Elas são baseadas em blockchain e, fundamentalmente, removem a necessidade de uma única entidade para controlar registros de transações.

4. Aplicativos descentralizados

Aplicativos descentralizados (dapps), baseados em blockchain, são executados em smartphones, laptops e outros computadores. Eles usam blockchain para armazenar dados e manter sua privacidade. Os criadores desses aplicativos não controlam o modo como eles são usados. Os dapps fazem uso de contratos inteligentes, que serão discutidos na próxima sessão. A criação de dapps é fácil, e essa é uma das principais finalidades de blockchains como o Ethereum, que servem como um host para esses aplicativos digitais.

Um dapp é simplesmente um aplicativo que seja descentralizado, o que significa que seu código back-end é executado em uma rede descentralizada. O back-end de aplicativos "normais" é geralmente executado em um servidor central. Os dapps têm as seguintes características:

- São descentralizados e executados em uma plataforma pública sem controle central.
- Podem executar qualquer ação, caso tenham acesso aos recursos necessários.
- São isolados e executados em um ambiente virtual para evitar que bugs no código do dapp afetem qualquer outra coisa.
- São determinísticos, o que significa que funcionarão da mesma forma em qualquer ambiente.

Os dapps têm as seguintes vantagens:

- Por serem descentralizados, não estão sujeitos a tempo de inatividade.
- Por serem baseados em contratos inteligentes, são considerados privados.
- Por serem baseados em blockchain, os dados em um dapp não podem ser modificados.
- Não dependem de uma autoridade central.
- São resistentes à censura.
- São infinitamente escaláveis.
- São resistentes a falhas.

Entre os exemplos de dapps que atualmente existem estão:

- Bitcoin (que, tecnicamente, foi o primeiro dapp).
- Ethereum.
- EtherTweet.
- Melonport.

5. Contratos inteligentes

Contratos inteligentes são aplicativos executados como parte de uma blockchain para registrar e impor as regras de um contrato. Por exemplo, uma autora pode criar um contrato inteligente que dê a ela um pagamento por direito autoral para cada livro eletrônico vendido e que aumente o valor desse pagamento após uma quantidade específica de unidades vendidas. O contrato inteligente pode também definir os termos para direitos autorais (por exemplo, como o conteúdo do livro pode ser usado por outras pessoas e entidades) e os direitos para trabalhos derivados, como roteiros de filmes baseados na obra. Todo esse trabalho é feito automaticamente pelo código do contrato inteligente.

Vitalik Buterin, fundador do Ethereum, escreveu em seu blog sobre os contratos inteligentes, em um artigo intitulado "DAOs, DACs, DAs and More: An Incomplete Terminology Guide" (DAOs, DACs, Das e mais: um guia incompleto de terminologia):

> Um contrato inteligente é um mecanismo que envolve ativos digitais e duas ou mais partes, em que algumas ou todas incluem os ativos, e estes são automaticamente redistribuídos entre elas de acordo com uma fórmula baseada em certos dados que não são conhecidos quando o contrato é iniciado.[11]

Os contratos inteligentes funcionam sob uma determinada condição que automatiza acordos, o que significa dizer que não é necessário um intermediário para fazê-los cumprir o combinado. Eles também podem automatizar fluxos de trabalho quando determinadas condições são atendidas.

Internamente, um contrato inteligente é composto de instruções do tipo "se/então" escritas em uma blockchain. As ações podem ser de qualquer natureza, como vender um carro, comprar entradas para um evento, transferir dinheiro para pessoas e assim por diante. Uma vez criado, um contrato inteligente não pode ser alterado. Apenas as pessoas com permissão podem ver os resultados da execução do contrato.

Os contratos inteligentes podem incluir quantas cláusulas "se/então" forem necessárias. Elas definem as regras (ou seja, os termos) do contrato. Além disso, qualquer condição de exceção deve ser especificada. Isso define a estrutura para resolução de disputas.

Os contratos inteligentes estão se tornando progressivamente mais fáceis de serem criados com interfaces de web modernas. São rápidos, eficientes e precisos. Também são transparentes, já que todas as partes envolvidas podem ver e entender todos os termos. Não há necessidade de intermediários, advogados, juízes ou qualquer outra pessoa para decifrá--los. Eles operam simplesmente como foram programados. É importante observar que muitas cortes ainda não reconhecem a validade de contratos inteligentes, embora isso deva mudar com o passar do tempo.

No entanto, eles são muito seguros porque são criptografados e existem em blockchains, que são inerentemente seguras e não podem ser modificadas uma vez que o contrato seja executado.

6. DAOs

Baseada em tecnologia de dapp, uma organização autônoma descentralizada (DAO) cria um quadro organizacional e elimina hierarquias, pois estabelece as suas regras por meio de um sistema de votação ponderado. O poder de voto é baseado em tokens, e a pessoa que possuir mais tokens tem mais direitos de voto. Portanto, aqueles que investiram mais tempo, esforço e recursos na organização, terão mais poder.

As DAOs possibilitam que pessoas e entidades digitais operem juntas. Elas definem as regras de governança sobre tomada de decisões, propriedades conjuntas, participação na economia e reuniões em grupos, entre outras. Qualquer coisa que envolva pessoas ou entidades interagindo entre si pode ser governada pelas regras definidas em uma DAO.

Em uma DAO, as decisões são concluídas de baixo para cima, o que significa que os membros do grupo (ou seja, a comunidade) governam com base nas regras definidas e impostas por uma blockchain. As pessoas obtêm direitos de voto dependendo de quanto investiram na DAO e, por conta disso, têm influência sobre ela. As DAOs possuem as seguintes características:

- São gerenciadas por seus membros, e não por uma autoridade central.
- Possuem uma tesouraria interna e os fundos só podem ser acessados com aprovação dos membros da DAO.
- Não utilizam uma estrutura hierárquica de gerenciamento.
- São de propriedade dos membros de um grupo.
- São totalmente autônomas.
- São transparentes.
- São baseadas em blockchains de código aberto.

As DAOs resolvem o problema de confiança entre as partes; os membros de uma DAO não precisam confiar em ninguém mais dentro dela, já que as regras tão totalmente definidas (e visíveis) em um contrato inteligente.

As partes interessadas, aquelas que investiram tokens em uma DAO, podem votar para usar fundos da tesouraria e alterar as regras.

A rede de bitcoins (BTC) é o mais antigo exemplo de DAO. Os mineradores de bitcoin e os nós dentro dessa rede são as partes interessadas que votam no que querem apoiar.

7. NFTs

As criptomoedas são fungíveis, ou seja, elas podem ser trocadas. O bitcoin, uma das primeiras criptomoedas, é um exemplo de ativo fungível, pois um bitcoin tem o mesmo valor de qualquer outro bitcoin. Essa é a verdade fundamental das criptomoedas: elas são como dinheiro, no sentido de que um dólar pode ser permanentemente trocado por outro dólar, já que ambos têm o mesmo valor.

Os NFTs, por outro lado, não são fungíveis. Cada unidade, ou token não fungível (NFT), é único, e um ativo não fungível *não* é igual a outro. Cada token é exclusivamente identificado e contém informações de propriedade. Os NFTs são geralmente comparados a passaportes: eles podem parecer semelhantes, mas cada passaporte é diferente dos demais e identifica de forma exclusiva seu proprietário. Além disso, os NFTs podem ser estendidos, o que significa que um pode ser combinado com outro para criar um terceiro NFT.

Os NFTs são vitais para a Web3 e para o metaverso porque sustentam a representação de ativos físicos como ativos digitais. Essa sustentação permite que os NFTs sejam referenciados, usados, negociados, vendidos, possuídos e representados no universo digital. Eles serão discutidos em detalhes mais adiante neste livro.

Um NFT é um item exclusivo que não pode ser substituído por nada. Por exemplo, uma nota de dólar é fungível, ou seja, é possível trocar um dólar por outro porque ambos são a mesma coisa. No entanto, um vaso antigo único não é fungível, uma vez que, se ele for trocado por outro vaso antigo, será substituído por um objeto diferente, com características distintas e valor diverso.

A finalidade de um NFT é representar digitalmente bens como músicas, obras de arte, vídeos, livros e outros itens. Os proprietários são associados a um NFT, criando o conceito de propriedade no mundo digital. Assim, os NFTs levam a capacidade de propriedade e valor de itens físicos ao metaverso.

Digamos que você e sua banda gravem uma nova música. Caso simplesmente a lancem na internet, os ouvintes poderão baixá-la e copiá-la. No passado, tentou-se, por meio da tecnologia de gestão de direitos digitais (*Distributed Rights Management* – DRM) e outras semelhantes, adicionar uma camada de criptografia e de propriedade aos arquivos de mídia, mas elas acabaram sendo decifradas e burladas. Em alguns casos, há aplicativos que conseguem remover a DRM totalmente.

Agora, no entanto, você pode associar a sua música a um NFT, concedendo-lhe propriedade, pois um NFT pode ter apenas um dono (ainda que essa propriedade possa ser transferida). Isso permite que os proprietários de conteúdo e artistas obtenham renda com suas criações.

Eles não precisam mais depender de intermediários, como uma loja ou casa de leilões, para vender o item. Em vez disso, podem vender suas músicas (ou qualquer item/conteúdo que desejem) diretamente ao público. De muitas formas os NFTs vão simplificar os processos de entrada no mercado para criadores de conteúdo.

Os NFTs definem a propriedade do ativo, dando ao proprietário o direito de estabelecer as regras do que pode ser feito com aquela música. Um NFT também pode ser programado para fazer um pagamento por direito autoral ao proprietário toda vez que um item for usado ou até mesmo visualizado, dando a ele uma porcentagem do preço toda vez que o objeto é vendido a outra parte.

Vejamos mais de perto como isso funciona. Suponha que uma artista criou uma obra e agora quer vendê-la. Primeiro, ela criaria um NFT para a obra de arte e depois programaria o preço de compra e uma quantia por direitos autorais. Se alguém comprar a obra, ela receberá o preço estabelecido. Se alguém revender sua arte, como uma loja ou site de downloads, ela receberá uma quantia por direitos autorais. O pagamento é automático e está incluído no projeto do NFT da arte.

Baseados em tecnologia blockchain, os NFTs podem ser itens tangíveis ou intangíveis. Por exemplo, um NFT pode ser qualquer uma destas coisas:

- Músicas.
- Obras de arte.
- Imagens.
- Itens colecionáveis.
- Um toque de telefone.
- Um vestido.
- Uma estampa de vestido.
- Coreografias de dança.
- Postagens em mídias sociais (sim, até uma única postagem).
- Itens em um jogo de videogame.
- Um videogame.

Resumo

Discutiremos mais a fundo as tecnologias de tokens não fungíveis (NFTs), organizações autônomas descentralizadas (DAOs), blockchain e o sistema econômico de Finanças Descentralizadas (DeFi) ao longo dos capítulos a seguir. Essas tecnologias são a fundação da Web3 e possibilitam que os elementos do metaverso proporcionem experiências a consumidores e empresas.

A Web3 muda o paradigma da Web 1.0 e da Web 2.0 ao descentralizar as finanças, a governança, as organizações e até os aplicativos e bancos de dados. Ela é baseada em blockchain e redistribui o controle e os direitos a indivíduos de várias maneiras. As pessoas se tornam proprietárias dos dados na Web3, os aplicativos podem ser executados em qualquer lugar e os contratos inteligentes e NFTs governam as finanças.

O metaverso é o próximo avanço: ele adiciona mundos virtuais em 3D às Webs 1.0, 2.0 e 3.0. Nele, os usuários podem interagir entre si. Seus feitos são imersivos: eles podem experimentá-los usando seus sentidos de visão e audição – e provavelmente outros no futuro.[12]

O metaverso reúne tudo que veio antes dele: a internet e as Webs 1.0, 2.0 e 3.0 – e adiciona uma interface sobre isso, tornando-se útil e acessível a todos. Ele pode ser considerado uma cola que segura todas as tecnologias e conceitos originados antes dele.

Agora que você compreende os fundamentos, vamos ao próximo capítulo, no qual definiremos o metaverso. O que é? Por que é necessário? Que problemas ele resolve?

02 >O metaverso_

O metaverso está se concretizando, mas há muito debate sobre exatamente o que ele se tornará. Em seu estado atual, o metaverso ainda está em fase alfa, ou seja, é uma prova de conceito (*proof of concept* — PoC) para uma nova realidade que mescla os mundos físico e digital. Essencialmente, o metaverso é o sucessor da internet, baseado em tecnologias fundamentais anteriores: hardware, software, os dispositivos inteligentes, a nuvem e as Webs 1.0, 2.0 e Web3.

De muitas formas, o metaverso é uma evolução esperada, já que nós, como civilização, ansiamos por experiências mais imersivas. Este crescente desejo é impulsionado de maneira significativa pela visão de se mover além da tela.

Neste capítulo, vamos explorar em mais detalhes todo o barulho e a empolgação sobre o metaverso, descrevendo e analisando-o a partir de duas lentes: a conceitual e a prática.

O metaverso pode ser descrito como a convergência entre os mundos digital e físico, possibilitando experiências imersivas que incrementam a expansão de negócios e o valor do consumidor com utilidade persistente, criando uma nova era, na qual serão necessárias cada vez mais habilidades criativas, técnicas e pessoais.

Conceitualmente, o metaverso se baseia nas construções de mídias sociais, entretenimento, jogos e comércio eletrônico para criar propostas de valor na forma de comunidades, comércio e jornadas conjuntas.

Do ponto de vista prático, o metaverso será baseado em vários traços elementares: 3D imersivo, tempo real, propriedade, interoperalidade, experiência compartilhada, economia compartilhada e persistente. Esses elementos são desenvolvidos com base em tecnologias anteriores, bem como aproveitam os recursos da Web3.

Usando essa descrição e essa estrutura conceitual e prática, o metaverso será composto do zero diante de nossos olhos, permitindo que todos sejamos seus criadores para reimaginar experiências ideais do ponto de vista técnico e centrado no usuário. Nós, os construtores do metaverso, deveremos nos unir para ajudar a criar o futuro. Um futuro centrado na solução colaborativa de problemas, fazendo perguntas, superando desafios e, por fim, gerando inspiração. Tudo feito com responsabilidade e respeito. O metaverso mudará o mundo como o conhecemos.

Aqui está um vislumbre de apenas alguns recursos do metaverso antes de nos aprofundarmos nas proposições de valor conceitual e nos elementos práticos do metaverso.

Recursos do metaverso

Reuniões imersivas

É inegável que participamos cada vez mais de reuniões virtuais para nos conectarmos com outras pessoas por meio de nossos dispositivos móveis, laptops e computadores desktop. Apenas alguns anos atrás, essas reuniões eram um tanto quanto unidimensionais, com um senso moderado de todas as texturas da interação humana. As plataformas de reunião virtual tentam apresentar informações de forma intuitiva, devido ao espaço limitado na tela e à largura de banda. Mas mesmo esse modelo ainda pode ser cansativo, uma vez que os participantes não estão socializando totalmente com as pessoas.

Imagine que você está agora em uma sala de reuniões mais imersiva, com muitas pessoas interagindo, algo mais próximo de um encontro físico. Você pode ver todos os participantes ao mesmo tempo, talvez em uma mesa flutuante que desafia a gravidade ou acomodados em espreguiçadeiras rodeadas por uma vista serena. Os participantes podem ser representados por um avatar digital personalizado em 3D. Você pode ouvir as outras pessoas falarem por meio de sinais especiais e direcionais, perceber suas reações emocionais e apertar as mãos dos presentes por meio do recurso de feedback háptico. Tudo isso enquanto a reunião acontece em um mundo totalmente virtual.

Metaférias

Falando de forma especulativa, seria possível comprar "metaférias" para locais exóticos aproveitando o metaverso. Você pode optar por experiências fascinantes, como viajar para a Índia e escalar o Himalaia, surfar no Havaí ou subir ao topo de uma das pirâmides do Egito. Ou, se preferir, pode visitar o Marte fictício de Edgar Rice Burroughs, voar com os alienígenas espaciais de *Tropas Estelares* ou sentar-se ao lado de Neil Armstrong enquanto ele pousa na Lua. Tudo sem sair do conforto da sua casa.

Medicina

As possibilidades vão muito além de meras férias e conferências avançadas. O metaverso também será capaz de auxiliar médicos na realização de cirurgias complexas a partir de um ponto de vista virtual de dentro do corpo dos pacientes. A microcirurgia robótica, apoiada pelas percepções multissensoriais do metaverso, desencadeará descobertas médicas, levando a diagnósticos e tratamentos muito mais precisos. A cirurgia exploratória, por exemplo, não consistirá em cortar de forma aleatória os tecidos do corpo de uma pessoa. Em vez disso, seu médico poderá movimentar-se em uma simulação de seus órgãos, verificando cada um deles para buscar obstruções que eventualmente precisem ser tratadas.

Manufatura

As perspectivas para a manufatura são igualmente transformadoras. Imagine fábricas totalmente robóticas, construindo máquinas complexas em escala. Os sensores, todos parte da Internet das Coisas, são posicionados estrategicamente no chão de fábrica, permitindo que os técnicos monitorem cada robô e máquina em tempo real em toda a instalação. Como alternativa, imagine um avião com problemas no motor. Sensores, também conectados à Internet das Coisas, permitirão aos controladores de tráfego aéreo ver e sentir o que os pilotos e passageiros vivenciam em tempo real, ou mesmo mais tarde, ao investigar uma queda ou acidente.

Metaverso do mundo real

A realidade aumentada oferece mais um vislumbre do que está por vir com o metaverso. Imagine andar por uma rua em Paris e ver pequenas mensagens pop-up aparecerem sobre pontos de referência locais conforme você passa. Cada exibição fornece informações personalizadas e contextualizadas de acordo com seu interesse específico. Em seguida, você para em uma loja e olha as roupas na vitrine. Você vê uma camisa de que gosta e, com um simples comando de voz, um espelho virtual mostra uma imagem sua vestindo essa camisa. Essa é uma instância do mundo de realidade mista da realidade aumentada, em que imagens virtuais são sobrepostas e mapeadas sobre o mundo real.

Se você já jogou *Pokémon GO* ou acessou um aplicativo em seu smartphone para visualizar como móveis novos ficariam em sua casa antes de fazer uma compra, você usou as primeiras iterações de realidade aumentada. Em muitos depósitos de mercadorias, os funcionários já usam óculos de realidade aumentada, por meio dos quais podem visualizar setas digitais no chão que levam aos produtos. A interface de um monitor de alertas digital (*heads-up display* – HUD) aparece sobre os contêineres do estoque com informações sobre o conteúdo.

Esses exemplos não são ideias fantasiosas tiradas de um romance ou filme de ficção científica, e sim extrapolações do potencial do metaverso, que está nos conduzindo a uma nova realidade.

Pontos de diferenciação

O metaverso abarca todas as tecnologias, do hardware ao software, passando pela inteligência artificial, realidade virtual e Internet das Coisas, em uma representação virtual coerente.

Além disso, a influência dos videogames no metaverso não deve ser subestimada. Alguns jogos possuem um visual muito avançado graças aos gráficos 3D, à inteligência artificial e a outras tecnologias, permitindo que os jogadores mergulhem totalmente em um mundo virtual que muitas vezes parece real, com objetivos, ferramentas, finanças e outras diferentes características, em um futuro próximo, você poderá ver no metaverso. Sem dúvida, essa realidade aproveitará muitos dos conceitos usados nos videogames modernos e certamente reunirá recursos de jogo avançados. Contudo, é importante notar que os videogames não são o metaverso em si.

De maneira geral, muitas tecnologias e diferentes tipos de experiência ajudarão a compor o metaverso; individualmente, muitos desses componentes são seus predecessores. Mesmo assim, o metaverso é algo inteiramente novo que transformará para sempre a sociedade humana e o mundo. As pessoas vivenciarão diretamente o metaverso por meio de uma série de simulações 3D interconectadas, com o objetivo de que plataformas e empresas criem um metaverso expansivo, aberto e acessível.

Vamos agora examinar a proposição de valor conceitual do metaverso.

Conceito: a proposição de valor do metaverso

Comunidades cultivadas

O metaverso será, para todos os efeitos, um mundo virtual funcional que não dependerá da localização para criar um senso de comunidade. Ele incluirá videogames, educação, reuniões remotas, experiências culturais e esportes, sendo que muitos dos aspectos que estarão nele são impossíveis de existirem no mundo material devido a limitações de espaço e tempo e às leis da física. O metaverso é a nova onda de interação digital. Essas experiências fascinantes serão interações ricas, persistentes e compartilhadas, tendo a colaboração e a cocriação como pontos centrais. Tim Sweeny, CEO da Epic Games, disse:

> Esse metaverso será bem mais penetrante e avançado do que qualquer outra coisa. Se uma empresa obtiver o controle disso, ela se tornará mais poderosa do que qualquer governo e será como um deus na Terra.

Construção de comunidades

As comunidades no metaverso serão centradas em interesses e atividades em comum, resultando em influência compartilhada. O espectro de habilidades do metaverso, da educação ao entretenimento, criará um vasto panorama de comunidades. De uma perspectiva de negócios, será mais necessário que criadores e gestores de comunidades desenvolvam novas formas de conexões autênticas com membros da comunidade que tenham pensamentos semelhantes entre si. Essas experiências comunitárias compartilhadas aumentarão a fidelidade e a retenção dos usuários, além de fazer do metaverso uma plataforma cada vez mais importante para experiências de alto nível com empresas e marcas.

Fandom

Um subproduto que emerge das comunidades cultivadas no metaverso é a noção de "fandom", isto é, comunidades que formam laços profundos em torno de interesses compartilhados, dando origem a "superfãs". Esses superfãs podem servir como impulsionadores de crescimento para empresas, sejam grandes ou pequenas. A influência compartilhada da comunidade não pode ser ignorada. Quando os fandoms são adequadamente liberados, eles incentivam a cocriação e abrem oportunidades de equidade compartilhada para fãs e marcas. Eis a economia criativa em ação: clientes e fãs são convidados a construir mundos juntos no metaverso. Isso está dando início a um novo sistema de recompensa e fidelidade, no qual os recursos da Web3 e do metaverso viabilizam a propriedade conjunta e a colaboração. Quando comunidades cocriam com marcas no metaverso, ocorre um modelo de monetização compartilhado com casos de uso como NFTs, jogos, entretenimento e moda digital. O fandom no metaverso oferece uma janela para oportunidades de negócios e geração de receita da Web3 e do metaverso. Explorar os negócios do fandom ampliará a participação impulsionada pela equidade e encorajará a construção do mundo para benefício mútuo compartilhado.

Jornadas conjuntas

O metaverso é, em essência, uma interface que conecta o mundo físico e o virtual, revelando a oportunidade de sermos transportados para uma experiência imersiva que lembra o filme *Matrix*. Os videogames atuais oferecem um vislumbre de como o futuro do metaverso pode parecer e agir. Além disso, no metaverso existirão civilizações virtuais totalmente funcionais. Você poderá fazer compras em shopping centers digitais, visitar uma biblioteca para ler livros e viajar para terras distantes.

Os mundos digitais no metaverso, em muitos casos, serão sobrepostos ao mundo físico, usando-se realidade aumentada e IA para fundir os dois, criando, assim, várias novas dinâmicas. Como uma evolução do conceito de jornadas do cliente da Web 2.0 (que compreende todas as interações que o cliente tem com uma marca, produto ou serviços, desde a compra e o consumo e até a etapa de pós-compra), a jornada conjunta no metaverso será cocriada e de propriedade conjunta com os consumidores.

Formas emergentes de engajamento

Essas novas jornadas conjuntas imersivas permitirão que as empresas se conectem com seu público de maneiras completamente novas. À medida que as expectativas e a atenção dos clientes evoluírem, o espaço do metaverso será impulsionado, exigindo rapidamente que empresas e marcas atuem e apareçam de maneiras inovadoras para permitir e incentivar a cocriação e a propriedade conjunta. O metaverso possibilitará que empresas e consumidores aproveitem a oportunidade para criar formas contínuas e significativas de engajamento.

A narrativa além do físico

Dentro do metaverso, as marcas ficarão mais imaginativas, impulsionadas significativamente pelo fato de as limitações físicas e digitais anteriores terem sido eliminadas. Essa chance de aprofundar as conexões acelerará os negócios quando a autenticidade estiver no centro. Recentemente, tem havido muita discussão sobre conteúdo gerado pelo usuário (*user-generated content* – UGC); no metaverso, a narrativa gerada pelo usuário (*user-generated storytelling* – UGS) será a nova norma, permitindo que as pessoas construam juntas a história de uma marca. Ao ativar as comunidades de novas maneiras no metaverso, as marcas cocriarão jornadas imersivas, memoráveis e valiosas.

Um novo espaço para agir

Essas novas formas de jornadas imersivas no metaverso são uma oportunidade incrível de se desencadear a criatividade como um multiplicador econômico e de se interagir com as comunidades de formas inesperadas para impulsionar e dimensionar a fidelidade.

Novos sistemas de comércio

Os modos como o metaverso impulsiona a Web3 envolve mais do que apenas gráficos 3D cativantes, realidade aumentada e efeitos especiais. Nele, as pessoas terão um maior senso de controle e propriedade. Da mesma forma, empresas e empreendedores terão acesso a novos modos de comércio.

Novas formas de comercializar

Com o surgimento do metaverso, novos modelos comerciais também nascerão: serão maneiras revolucionárias, totalmente inovadoras e inventivas de comprar, possuir e usar ativos. O conceito de sermos donos de nosso tempo terá um novo significado no metaverso, pois os consumidores poderão monetizar seu tempo e ser recompensados por sua atenção e ações. A infraestrutura do metaverso com a Web3 permitirá que as marcas estabeleçam novas ferramentas e tecnologias para criar propriedade conjunta de ativos e propriedade intelectual (PI) com seus consumidores e comunidades.

Cadeias de valor
As blockchains da primeira camada ativarão e sustentarão contratos inteligentes como formas de compensação. Por exemplo, à medida que os membros da comunidade do metaverso compartilham e contribuem para a PI de uma marca, eles não terão apenas a oportunidade de explorar sua criatividade, mas também de serem monetizados. Isso ativa o centro dos recursos da Web3 para alimentar a economia criativa no metaverso. Essas novas cadeias de valor vão muito além de apenas comprar e vender ativos, pois permitem que as pessoas sejam recompensadas por movimentar ativos e fazer contribuições nas comunidades do metaverso. Marcas que criam ambientes que agregam valor, em vez de apenas buscarem vender, serão autenticamente as vencedoras do amanhã.

Carteiras do metaverso
O metaverso e a Web3 criam novas formas de sistemas de recompensa, alavancando conceitos como tokens e carteiras digitais. De certa forma, as carteiras digitais podem agir como a evolução dos cookies da Web 2.0. De forma semelhante a um cookie, uma carteira pode ser um identificador exclusivo. Ao transcrever o histórico de compras, ela possibilitará a construção e modelagem de personas com base em afinidades de personalização.

O relacionamento da Web3 com o metaverso

Para deixar claro, o metaverso não deve ser confundido com a Web3, pois eles são claramente distintos e atendem a diferentes necessidades. No entanto, a Web3 é um habilitador central que libera todo o potencial do metaverso.

Mark Minevich, estrategista cognitivo digital global, escreveu: "A Web3 é a terceira geração da internet. Baseia-se na filosofia de que a internet deve ser uma rede descentralizada de computadores em vez de uma rede centralizada. Isso significa que não há um ponto único de falha nem uma autoridade central controlando o fluxo de informações".[13]

A Web3 é a sucessora da Web 1.0 e da Web 2.0, enquanto o metaverso proporciona uma interação atrativa aproveitando a internet e as tecnologias da web em mundos 3D. A Web3, por outro lado, implementa conceitos como blockchain, contratos inteligentes, aplicativos descentralizados e identidade digital. O metaverso pode (e deve) aproveitar os recursos avançados da Web3.

Agora, vamos nos aprofundar e discutir os elementos práticos do metaverso.

O prático: elementos do metaverso

O metaverso é composto de vários elementos essenciais. Sem esses elementos práticos, a implementação completa do metaverso simplesmente não funcionará e não atenderá às crescentes expectativas dos usuários. O metaverso torna-se existente e utilizável se cada um desses elementos for totalmente definido e implementado. Para isso, eles dependem das tecnologias fundamentais da internet e das Webs 1, 2 e 3. Quais são esses elementos?

1. 3D imersivo.
2. Tempo real.
3. Propriedade.
4. Interoperabilidade.
5. Experiência compartilhada.
6. Economia compartilhada.
7. Persistência.

Esses elementos diferenciam o metaverso de tudo o que veio antes dele. Com cada um desses elementos no lugar, um metauniverso totalmente funcional poderá ser criado, isto é, um universo completo que simula e expande o mundo real composto de identidades digitais, experiências, economias, sistemas de governo e recursos colaborativos completos.

Vamos explorar brevemente cada um desses elementos do metaverso.

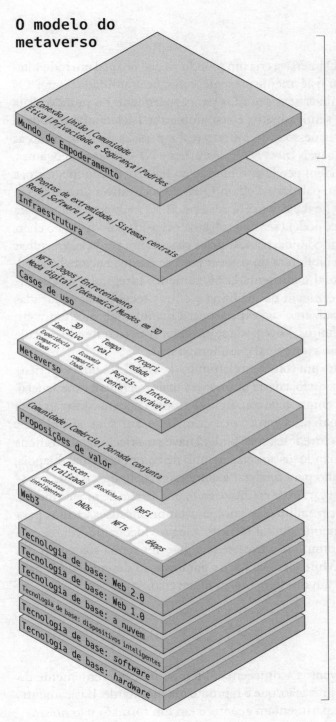

1. 3D imersivo

Uma experiência 3D imersiva cria um mundo virtual no qual um indivíduo ou grupo sente estar fisicamente presente, como uma entidade digital. Os usuários podem utilizar seus sentidos para experimentar o mundo à sua volta, manipular e sentir objetos e seu ambiente. Eles também podem interagir com outras pessoas do mundo real e pessoas digitais, como as personagens não jogáveis (*non-player characters* – NPCs) nos videogames.

Os usuários podem perceber o mundo ao seu redor usando a visão, a audição, o tato e até o paladar e o olfato. Quando você estiver no metaverso em sua configuração final, ele parecerá um mundo 3D multidimensional para todos os efeitos. Você poderá sentir os objetos, pegá-los, colocá-los no chão, cheirar flores, provar comida, passear pelas ruas de uma cidade, vasculhar prateleiras em uma biblioteca ou passear por um parque nacional virtual.

Realidade virtual e aumentada plenamente integrada, inteligência artificial, aprendizagem de máquina e outras tecnologias avançadas ampliarão e personalizarão sua experiência à medida que você entra em mundos virtuais infinitos. Você pode se envolver com o conteúdo de cada mundo em uma base contextual e em tempo real.

A diferença entre um comércio eletrônico da Web 2.0 e uma experiência de metaverso é que a loja deste último será mais imersiva e experiencial. No metaverso, uma empresa de comércio eletrônico poderá construir uma loja digital personalizada para você com base em suas afinidades. Uma loja por cujos corredores você poderá navegar, selecionando os itens que deseja e adicionando-os ao seu carrinho de compras virtual. Depois, você leva seu carrinho para finalizar a compra e a cobrança é feita automaticamente em seu cartão de crédito/débito ou carteira de moeda digital.

Isso pode parecer familiar se você já usou um headset Oculus para experimentar seu mundo digital favorito e jogar videogame. Tenho certeza de que você notou que a experiência descrita acima soa como um jogo, e com razão. Muitos conceitos de gamificação desenvolvidos para videogames se aplicam diretamente ao metaverso.

2. Tempo real

No metaverso, os eventos acontecem em tempo real, diferentemente do que ocorre em uma gravação, que é reproduzida mais tarde. Basicamente, o que os usuários experimentam acontece em um formato não linear.

Os eventos no metaverso ocorrem em tempo real, o que significa que acontecem ao vivo e simultaneamente para todos os usuários. O jogo em um videogame ocorre simultaneamente (ao mesmo tempo) para todos os jogadores e a ação avança sem atrasos. Compare isso com um jogo de xadrez tradicional: os jogadores se revezam e cada um espera a jogada do outro. Essa é uma abordagem linear baseada em reação, não em simultaneidade. Essas complexidades associadas à necessidade de rapidez e escala de experiências em tempo real no metaverso dependerão significativamente da nuvem e da infraestrutura distribuída para oferecer suporte a experiências imersivas totalmente em tempo real.

3. Propriedade

O conceito de "autocustódia" no metaverso está ancorado na crença de que os indivíduos possuem os direitos sobre seus ativos digitais. É um conceito semelhante ao de propriedade no mundo físico. A pessoa que possui uma casa ou carro tem o direito de morar e usar sua casa e carro como quiser, além de possuir o título legal que comprova e demonstra sua posse.

No metaverso, as pessoas serão donas de suas posses e ativos e proprietárias dos direitos de uso sobre eles, conforme concedidos por contratos como os NFTs (dos quais falaremos em breve). A propriedade é um princípio fundamental do metaverso e da Web3.

A posse e a custódia de ativos são conceitos atraentes tanto para o metaverso quanto para a Web3, porque permitem que as pessoas possuam ativos digitais sem a necessidade de recorrer a um sistema burocrático complexo ou à autoridade concedida por um indivíduo. Por exemplo, um comprador potencial não obtém a propriedade mediante permissão de uma pessoa específica quando compra uma criptomoeda como o bitcoin. Ele compra o bitcoin e obtém sua posse.

Isso importa no metaverso porque ele possibilita que haja direitos de propriedade sem uma autoridade central. É possível possuir ativos e ser livre para fazer o que quiser com eles. Você pode mantê-los, vendê-los ou transferi-los para alguém. Você decide porque é o dono.

Em outras palavras, a "autocustódia" é uma forma descentralizada de possuir ativos. Ela está relacionada aos NFTs porque eles a autorizam; é tudo baseado na tecnologia blockchain. Os usuários controlam suas chaves privadas, o que dá a eles o direito e o controle sobre suas finanças, ativos, registros e qualquer outra coisa que possuam.

4. Interoperabilidade

Uma das crenças centrais do metaverso é a interoperabilidade, que permitirá uma gama de transportabilidade de ativos como avatares entre mundos virtuais: as pessoas terão a opção de serem representadas por uma versão digital de si mesmas, conhecida como avatar. Esses avatares incorporam a aparência, as posses e tudo mais em uma versão digital da pessoa, capacitando os usuários do metaverso a operar sem atrito em mundos virtuais.

Para serem interoperáveis, avatares e ativos devem ter a capacidade de se mover entre os mundos do metaverso. Em outras palavras, eles devem ser capazes de se mover perfeitamente entre diferentes plataformas (mundos), de forma semelhante ao que as pessoas fazem no espaço físico. Por exemplo, um avatar pode caminhar por uma rua digital do banco até um shopping center. Ele pode se "teletransportar" para lá se quiser e, depois de fazer algumas compras, passear em outro mundo virtual para ter sua interação diária nas mídias sociais. Quando terminar, ele pode assistir a um show de comédia ou a um jogo de futebol ao vivo no mundo real.

É importante observar que os avatares não são limitados à mera representação de humanos reais. Os avatares também serão criados para entidades digitais (*AI Synths*). Alimentados pelos recursos avançados de inteligência artificial e aprendizagem de máquina, os avatares de IA vão interagir com base nas formas intricadas como nos relacionamos com pessoas reais. Por exemplo, uma empresa pode contratar "funcionários digitais" para executar tarefas rotineiras, como um representante direto de atendimento ao cliente. Esses funcionários digitais podem trabalhar com funcionários físicos como assistentes em tarefas mais complexas.

5. Experiência compartilhada

Uma experiência compartilhada no metaverso significa que as pessoas veem, sentem e ouvem as mesmas coisas simultaneamente.

Um facilitador crítico de experiências compartilhadas é um ambiente imersivo, criado por meio de renderizações 3D dos arredores para adicionar um maior senso de realidade. Uma loja virtual 3D completa com um caixa não é necessariamente essencial para viabilizar compras no mundo virtual, mas pode tornar a experiência mais real e envolvente ao proporcionar um atalho visual identificável. A construção do mundo cria oportunidades para o desenvolvimento de ambientes novos e interessantes que imergem as pessoas em experiências sensoriais completas e que se interrelacionam de maneiras significativas. Isso gera áreas de colaboração e cocriação entre marcas e clientes para interagirem por meio de experiências compartilhadas.

Os jogadores de videogame há muito estão cientes da importância do ambiente do jogo, como o design de cavernas, túneis, estradas, lagos e rios, à medida que socializam no mundo virtual. O ambiente (cenário de fundo) aprimora as experiências compartilhadas, pois as pessoas podem ver e ouvir as mesmas coisas ao mesmo tempo.

O filme *WiFi Ralph: Quebrando a Internet* ilustra esse ponto. Ralph e Vanellope vivem em videogames. Um dia, eles são forçados a visitar a internet para encontrar uma peça de reposição para um de seus jogos. Juntos, eles compartilham uma jornada por vários mundos virtuais da internet e vivem algumas aventuras interessantes. Os dois visitam empresas do mundo real. Vanellope, para começar, interage com todas as princesas da Disney em uma grande sala circular com móveis, cortinas e teto, mas a sala existe apenas no mundo virtual.

As experiências compartilhadas permitirão que nos identifiquemos com outros indivíduos e criemos uma maior sensação de proximidade conforme somos transportados pelos ambientes do metaverso.

6. Economia compartilhada

O metaverso exige um sistema econômico funcional com suporte onipresente no mundo virtual. Sem uma economia compartilhada, os mundos do metaverso simplesmente não são tão valiosos quanto poderiam ser.

Para permitir isso, a Web3 proporciona um sistema econômico completo com moedas (criptomoedas), produtos e serviços que podem ser comprados, vendidos e negociados no metaverso. Você pode colocar seu dinheiro digital em um banco criptográfico ou uma fintech para custódia, investir no mercado de ações (ou em uma versão digital dele) e fazer muitas coisas que também faria com o dinheiro no mundo físico.

De forma similar, o dinheiro obtido e guardado no mundo digital, dependendo de como é definido, pode ser usado no mundo físico (e vice-versa). Essas moedas podem ser válidas em qualquer lugar, tanto dentro como fora das plataformas do metaverso.

Um sistema econômico totalmente funcional envolve muito mais do que moedas cibernéticas, assim como a economia do mundo físico abarca muito mais do que apenas dólares ou outras moedas. Entre alguns aspectos de uma economia abrangente estão:

- Confiança em que a moeda reterá seu valor, seja uma cédula de dólar ou uma criptomoeda.
- As pessoas devem ser capazes de utilizá-la para comércio: compra e venda.
- A moeda deve ser universalmente (ou pelo menos localmente) aceita.
- Uma unidade da moeda é igual a outra unidade (um dólar equivale a um dólar).
- A moeda pode ser guardada ou gasta.

Essas características econômicas serão descritas em maior profundidade no capítulo sobre Tokenomics. Esse termo se refere às qualidades de um criptotoken que o tornam útil e valioso.

7. Persistência

Um dos principais conceitos do metaverso é a persistência, que significa estender a existência da experiência para além do tempo em que ela está sendo vivenciada, dando-lhe um lugar "persistente" e duradouro no mundo. Em outras palavras, as experiências continuam a avançar no tempo mesmo quando os usuários não as estão mais vivenciando. Pense na persistência como continuidade em vez de reinício, pausa ou fim, assim como o tempo é vivenciado no mundo real.

Os problemas que o metaverso está resolvendo

A promessa fundamental do metaverso é capacitar a humanidade a acessar oportunidades infinitas, como, por exemplo, a capacidade de colaborar virtualmente com colegas de trabalho em uma conferência, embarcar em uma aventura com amigos nas cavernas do Parque Nacional das Grutas de Carlsbad, escalar as montanhas mais altas ou nadar em um oceano cristalino e atravessar o planeta.

Essa visão parece intrigante, mas você pode estar se perguntando: por que não fazer essas coisas no mundo físico? Qual é a vantagem de fazê-las no metaverso? São questões que atingem o cerne da mudança mental necessária para entender o metaverso: não se trata necessariamente de haver um ou outro, de físico *versus* digital; eles não são adversários. Em vez disso, o metaverso amplifica esses dois mundos, pois é uma mistura dos dois. Vamos explorar três exemplos de como o metaverso, mesclando o físico e o digital, pode ajudar a resolver vários problemas urgentes.

O problema do tamanho das salas de aula e de engajamento dos estudantes

Para começar, vamos olhar a educação. Durante os lockdowns provocados pela pandemia da Covid-19, os alunos tiveram que assistir às aulas de casa, usando ferramentas de webconferência. Alunos e professores levaram tempo para se adaptar à solução porque, de várias maneiras, ela removia muito da interação social e da sensação de presença que fazem da educação algo valioso.

Isso pode ser resolvido com o metaverso. Além de falar pessoalmente com algumas dezenas de alunos em plataformas de webconferência, os alunos podem vestir óculos 3D e se ver sentados em uma cadeira em uma sala de aula virtual, cercados por outros alunos. Eles podem ouvir os professores, colaborar em grupos de estudo e entrar em salas individuais para conversar socialmente com os amigos.

Além disso, a IA no metaverso pode aprimorar as aulas, permitindo que um professor habilitado para IA personalize a interação com os alunos e responda a perguntas. Os professores podem ter assistentes digitais para auxiliar os alunos que precisem de mais atenção individual. Esses avanços significam que o tamanho das salas de aula deixaria de ser um problema; aulas assistidas por milhares de alunos se tornarão rotina.

As possibilidades de entretenimento são infinitas

As ferramentas fornecidas pelo metaverso viabilizam a criação de mundos de entretenimento totalmente funcionais, que facilitarão para que ele seja mais autodeterminado sem ser cuidadosamente roteirizado. A inteligência artificial e a aprendizagem de máquina adicionam novos níveis de profundidade ao prazer, pois fazem com que os personagens de um jogo ou filme pareçam ganhar vida, respondendo de maneiras originais e realizando ações que não foram consideradas pelo criador do filme ou jogo. Os videogames e os filmes provavelmente se fundirão em um tipo de filme interativo, no qual os espectadores estarão na cena e poderão vê-la de todos os pontos de vista e direções, além de fazer perguntas aos "atores" e obter mais informações à medida que o filme avança.

O potencial para documentários é imenso. Hoje, um documentário é um produto cuidadosamente roteirizado, com um narrador e materiais como vídeos e imagens que, juntos, contam uma história. Um documentário habilitado pelo metaverso traz os espectadores para dentro dos eventos, permitindo que se sintam como se estivessem na era dos dinossauros, na selva africana ou em uma colmeia. Em vez de ver uma imagem achatada em 2D de um dinossauro, os espectadores podem caminhar até a versão virtual da criatura, olhar para cima e ter uma ideia de sua altura e força descomunais, praticamente tocando a sua pele.

O metaverso criará uma revolução no entretenimento que modificará a indústria para sempre ao proporcionar uma participação extremamente envolvente a um custo muito menor.

O metaverso transforma o mundo on-line em uma experiência imersiva

O metaverso abre novas oportunidades de interação social ao criar mundos virtuais repletos de avatares de pessoas. Alguém que participe de um concerto, reunião na prefeitura ou sala de aula por meio do metaverso experimentará uma versão 3D completa do evento, criando um senso de comunidade com outras pessoas que também estarão presentes. Você poderá se relacionar com elas, socializar e vivenciar experiências de uma forma muito menos unidimensional.

Vamos resumir tudo

Agora que você foi apresentado adequadamente ao metaverso, já consegue vislumbrar o que ele pode fazer e como opera. Como vimos, as pessoas podem se engajar em infinitas novas interações no mundo virtual, por exemplo, na forma de um avatar. Esses avatares começam como telas em branco, à espera de que alguém lhes dê vida, concedendo às pessoas a flexibilidade de expressar livremente todas as facetas de sua identidade e personalidade. O valor imensurável do metaverso não tem a ver com passarmos mais tempo on-line, e sim em nos oferecer maneiras mais significativas de nos conectarmos e construirmos comunidades com outras pessoas.

Do ponto de vista de negócios, o metaverso oferecerá novos fluxos de receita de longo prazo, modelos de negócios inventivos e oportunidades revolucionárias de comércio. Esses avanços já estão acontecendo, e o futuro da expansão dos negócios nunca foi tão promissor. No entanto, não se pode ignorar que as estratégias do metaverso devem trabalhar em sinergia com a estratégia de negócios geral para obtenção dos melhores resultados.

A única coisa certa é que o metaverso revolucionará nosso mundo para sempre.

O capítulo a seguir examinará a blockchain em mais detalhes. Em seguida, exploraremos vários casos de uso do metaverso.

03 >Blockchain: o pilar fundamental do metaverso_

Neste capítulo, você aprenderá sobre blockchain: o que é, qual é a sua finalidade, como funciona e qual é a sua relação com o metaverso e as criptomoedas. De início, você pode achar o conteúdo e as especificidades discutidas neste capítulo muito acadêmicas e detalhadas. No entanto, é necessário que tenhamos uma compreensão profunda a respeito de blockchain e criptomoedas porque elas são a base da Web3 e do metaverso. Se você está ansioso para descobrir casos de uso no metaverso, sinta-se à vontade para avançar para o próximo capítulo sobre tokens não fungíveis (NFTs) e retornar a este depois. Não tenha dúvidas, a blockchain tem o potencial de transformar o nosso mundo, como observado por William Mougayar em seu livro *Blockchain para os negócios*: "A blockchain não pode ser descrita apenas como uma revolução. É um fenômeno semelhante a um tsunâmi, avançando de forma lenta e gradual, envolvendo tudo pelo caminho com a força de sua progressão".[14]

A blockchain é um banco de dados distribuído em blocos de dados ordenados, projetados para funcionar como um registro digital com suporte para proteger e transferir ativos sem a necessidade de uma autoridade central. Os blocos são criptografados, vinculados e não podem ser alterados (ou seja, são imutáveis). Eles contêm informações de propriedade e podem ser usados para representar muitos tipos de dados, como moedas, registros médicos e até material genealógico. A blockchain é a tecnologia fundamental do metaverso porque apoia a propriedade e a interoperabilidade e é infinitamente escalável.

As características a seguir descrevem uma blockchain:

- É uma fonte única de verdade.
- É um registro distribuído.
- É imutável (ou seja, não pode ser alterada).
- Contém contratos inteligentes.
- É descentralizada.
- É ponto a ponto.
- É aberta (ou seja, não necessita de permissões).

Como a blockchain nasceu? Por que foi criada? Vamos explorar mais a fundo.

Quais as origens da tecnologia blockchain?

A blockchain é normalmente incompreendida, e o termo, geralmente envolto em mistério, é incorretamente usado como uma forma intercambiável com o conceito de criptomoeda. Mas, falando de maneira simples, como Anthony Scaramucci descreveu no livro *Engineering and Operations of System of Systems* (Engenharia e operações de um sistema de sistemas):

> O conceito de blockchain foi criado dentro do contexto da criptomoeda bitcoin, mas os engenheiros imaginaram muitas outras maneiras para a tecnologia de registro distribuído simplificar o mundo. As bolsas de valores e os grandes bancos, por exemplo, veem sistemas do tipo blockchain como plataformas de acordos de negociações.[15]

Em 2008, Satoshi Nakamoto (pseudônimo) publicou um white paper descrevendo o bitcoin em detalhes técnicos e as motivações por trás do conceito. Essa publicação argumentava em favor de um sistema de pagamento on-line inteiramente novo e ponderava sobre os métodos para realizar transações, recompensar indivíduos e usar a rede.[16]

No entanto, é controverso dizer que Satoshi inventou as blockchains, porque as evidências sugerem que elas existiam antes do bitcoin, embora com um nome diferente. Assim, há um debate sobre quando e como a ideia da blockchain surgiu. A publicação de Satoshi faz referência aos white papers do criptógrafo Stuart Haber sobre carimbos de data/hora (timestamping). Em sua publicação, Haber afirma ter criado a primeira blockchain, conhecida como Surety. Ele ainda especula que Satoshi citou seu trabalho (incluindo três das nove citações no white paper do bitcoin) para a tecnologia blockchain. Haber afirma que a sua versão de blockchain era centralizada, enquanto a versão do bitcoin é descentralizada. O ponto aqui é que há algum desacordo sobre as origens da blockchain.

Em 2009, logo após a grande recessão, o sistema ponto a ponto da moeda conhecida como bitcoin foi criado. Ele começou como um experimento, mas, em seguida, rapidamente decolou; no momento em que escrevo este livro, ele tem uma capitalização de mercado equivalente a US$ 758.761.533.328,66. O bitcoin requer um método seguro, escalável e privado de armazenamento de dados e usa blockchain para esse fim.

O termo blockchain foi usado pela primeira vez em um fórum chamado *Bitcoin Talk* um ano após o bitcoin ter sido lançado. O que quer que tenha vindo primeiro, bitcoin e blockchain passaram por várias iterações. A blockchain começou como um banco de dados distribuído, escalável e seguro projetado especificamente para o bitcoin. Não demorou muito para que as pessoas percebessem que ela poderia ser separada do bitcoin. Portanto, poderia ser usada para armazenar uma variedade infinita de outras informações.[17]

Posteriormente, os contratos inteligentes foram criados usando-se um novo (naquele tempo) sistema de blockchain, chamado Ethereum. Essa tecnologia inovadora incorporava programas de computação diretamente na blockchain para dar suporte a conceitos como empréstimos, obrigações e contratos jurídicos sem a necessidade de uma autoridade central.

Depois veio o conceito de "prova de trabalho", um mecanismo de consenso que verifica as transações em criptomoeda. Essa verificação é importante porque autoridades centralizadas não controlam as blockchains. O protocolo de prova de trabalho fornece uma maneira de garantir o pedigree dos dados contidos na blockchain.

O uso de blockchain continua a crescer, mas ainda existem limitações na tecnologia atual. É um desafio dimensionar a blockchain devido à grande quantidade de dados necessários para armazenar informações desde a origem até o bloco mais recente da cadeia. Outros desafios, como taxas de processamento, tamanho do bloco e tempo de resposta, também limitam atualmente sua escalabilidade. No momento em que este livro é escrito, esse problema não foi resolvido, mas muitos pesquisadores estão trabalhando em soluções.

No entanto, a blockchain realmente tenta resolver um dos problemas mais fundamentais da internet: é difícil, se não impossível, incorporar confiança na esfera digital.

Sistemas eletrônicos e confiança

Conforme refletido ao longo deste livro, a confiança não foi construída de forma inerente à internet e à Web 1.0 no início, porque elas foram projetadas principalmente para organizações militares, educacionais e confiáveis. À medida que a internet se popularizou e se expandiu para incluir usuários domésticos, empresas e comércio eletrônico, tornou-se essencial estabelecer as bases para segurança e confiança.

Uma descrição ampliada de confiança é a crença de que alguém (ou algo) é a base de todo relacionamento. Sem confiança, um relacionamento não pode existir, para começo de conversa. No entanto, como as pessoas confiam umas nas outras quando são estranhas? Esse é um dos problemas que a blockchain se propôs a resolver: criar uma estrutura "sem confiança" completamente descentralizada. No caso da blockchain, "sem confiança" significa que não há necessidade de se confiar em terceiros, como um banco. Assim, a blockchain reduz a probabilidade de engano enquanto aumenta as possibilidades de confiabilidade.

No momento em que escrevo, o comércio eletrônico e outras plataformas já priorizam a confiança usando uma organização centralizada e confiável. Essas plataformas são confiáveis e cada organização cobra uma taxa para reunir duas ou mais pessoas nesse ambiente seguro. O comércio eletrônico é um exemplo de relação de confiança. A internet funciona de maneira semelhante, pois uma empresa (ou seja, uma autoridade central) cria uma plataforma que permite que as pessoas socializem, façam compras ou formem comunidades.

Como veremos, essa situação ainda não é totalmente ideal. Seria possivelmente melhor se as conexões e relacionamentos pudessem ser formados sem um terceiro para impor a confiança. A blockchain resolve esse problema porque é:

- Imutável.
- Organizada em cadeias.
- Transparente.
- Descentralizada.
- Sem confiança por padrão.

Os blocos são criados sempre que algo ocorre na cadeia. Por exemplo, se uma blockchain foi criada para registrar um processo de vendas, um bloco inicial é criado no momento da compra (ou mesmo quando o produto é fabricado). Blocos adicionais são então acrescentados conforme necessário ao registro de transações. Esses blocos podem registrar o pagamento final, o envio do produto e o seu recebimento.

Os blocos nunca são excluídos ou modificados. São mantidos perpetuamente. Qualquer alteração na cadeia faz com que cada computador na rede inteira valide a operação na blockchain resolvendo problemas matemáticos complexos (ou seja, prova de trabalho) ou de outras maneiras (as quais exploraremos mais adiante neste capítulo). A blockchain é considerada válida se há um consenso majoritário entre todos os computadores envolvidos. Como os blocos são criptografados e descentralizados, é a comunidade quem valida a blockchain, e é extremamente difícil, se não impossível, invadir o sistema. Em resumo, a comunidade toda responde pela confiança. Não há envolvimento de nenhuma autoridade central ou parte única.

Propriedade e ativos

A confiança é fundamental para o design da blockchain, porque viabiliza a propriedade de ativos. Um *ativo* blockchain é uma representação digital de um item físico ou virtual. Esses ativos podem ser qualquer coisa: moedas cibernéticas, documentos legais, dados médicos, tokens não fungíveis (NFTs) ou qualquer outra coisa passível de ser representada digitalmente.

Como discutimos, a descentralização é um dos conceitos-chave para blockchains públicas; nenhum computador ou organização possui ou hospeda a cadeia. Em vez disso, ela é distribuída para todos os nós (ou seja, computadores) na rede. Contudo, os ativos representados pelos blocos na cadeia são de propriedade de alguém: uma, e apenas uma, entidade. Os registros de propriedade do bloco são mantidos dentro da blockchain em um livro eletrônico. Depois que um ativo é criado na blockchain, um proprietário é atrelado ao bloco. Isso não pode ser alterado, a menos que o proprietário confirme que a alteração é aceitável.

Suponha que você criou uma representação digital de uma pintura original usando uma blockchain (isso seria um NFT, que discutiremos no próximo capítulo). A identidade da proprietária dessa pintura é armazenada em uma blockchain. Se a proprietária quiser vender a pintura, será obrigada a confirmar o novo proprietário da blockchain. Cada procedimento é registrado na blockchain, o que significa que há um registro digital completo de cada mudança de propriedade (e de qualquer outra mudança).

Vejamos o caso dos registros da cadeia de suprimentos. Muitas organizações registram a movimentação de produtos da origem ao destino (ou seja, da fábrica à transportadora, ao navio de carga e ao porto de recebimento). Os dados registrados não serão facilmente acessíveis por quem quiser ver o quadro completo, porque as transações individuais são mantidas em bancos de dados nas várias empresas.

Se os registros da cadeia de suprimentos fossem armazenados em uma blockchain, eles seriam de propriedade da entidade que fabrica o produto, que autorizaria as pessoas (ou seja, as empresas) a visualizar ou adicionar dados à cadeia. A jornada completa do produto estaria sempre disponível para o fabricante e para as entidades autorizadas em um único registro seguro e abrangente. Dessa forma, a blockchain é útil para qualquer coisa que exija um livro para registrar transições de status ou propriedade, desde cadeias de suprimentos até inventários de armazenamento e direitos autorais.

Um uso significativo da blockchain (na verdade, o primeiro caso de seu uso) é a criação de uma moeda digital.

Dinheiro físico e digital

O dinheiro é um meio de troca, que serve como moeda legal para sustentar o comércio de bens e serviços. O dólar americano é um exemplo de moeda, que é um sistema monetário. Em geral, os governos produzem suas próprias moedas, que no passado eram lastreadas em ouro ou outros materiais preciosos. Hoje, a autoridade emissora, geralmente um governo, garante o valor do dinheiro.

No passado, as pessoas trocavam bens e serviços por meio de escambo. Se você precisasse comer, trocaria algo de valor pela refeição. Talvez oferecesse sua força de trabalho por alguns dias ou negociasse um item em troca. O shekel da Mesopotâmia foi a primeira moeda conhecida, tendo surgido por volta de 3000 a.C. As moedas começaram a ser cunhadas por volta de 1250 a.C. Teoriza-se que os governos criaram o dinheiro para facilitar o comércio e a tributação.

O dinheiro representa valor e é vital para o estabelecimento do comércio. É um desafio criar um sistema econômico baseado no sistema de escambo, mas moedas e dinheiro facilitam muito. Em tempos históricos, as moedas que representavam o dinheiro tinham um valor real intrínseco. Muitas eram cunhadas em ouro ou prata, assim, poderiam ser derretidas e vendidas por direito próprio.

À medida que as economias foram estabelecidas e expandidas, o papel-moeda foi introduzido. Essas unidades de troca eram lastreadas em ouro ou outros metais preciosos, o que significa que você poderia exigir que o governo trocasse as notas de papel por seu valor em metal. Assim, a confiança básica no dinheiro residia em ele ser respaldado por objetos físicos que tinham valor por si mesmos.

Hoje, o dinheiro geralmente não é lastreado em algum bem. Em vez disso, ele é respaldado pela confiança na autoridade monetária ou no banco central do governo constituído. O dinheiro só possui valor se for confiável. Em outras palavras, você não pode mais obter o valor de um dólar em ouro em troca de um dólar em papel; sem confiança, os dólares em papel não valem nada.

O sistema monetário é um sistema altamente complexo, que é sustentado por uma autoridade central. Até recentemente, cada país usava seu próprio dinheiro em notas e moedas. Desde a Segunda Guerra Mundial, o dólar americano passou a ser usado em quase todo lugar do planeta; mais recentemente, a União Europeia (UE) passou a emitir notas e moedas, que podem ser usadas em vários países na Europa. Na UE, os países não cunham suas moedas individualmente.

Para muitos, no entanto, as criptomoedas são um novo método de troca. A confiança é descentralizada e não depende de uma autoridade emissora. Ela é parte do design digital das criptomoedas e da base em blockchain.

As criptomoedas são dinheiro, embora não existam em forma física. Como são um método válido de troca, cada unidade monetária tem um valor idêntico a outras unidades monetárias (portanto, um dólar sempre equivale a um dólar), e, desta maneira, formam a base de um sistema econômico que consiste em serviços bancários, ações e obrigações.

Os defensores das criptomoedas afirmam que algumas de suas vantagens são:

- Elas são autônomas e gerenciadas.
- Elas são descentralizadas.
- Elas são seguras e privadas.
- A transferência de fundos é ideal e extremamente rápida.
- As trocas de moeda são eficientes.
- Os custos de transação são baixos.
- Elas são acessíveis a todos.
- Elas são transparentes.
- Elas oferecem proteção contra a inflação.

Vamos examinar em detalhes como as blockchains são protegidas.

Origens da criptografia

Os militares enfrentaram, ao longo da história, um problema comunitário de comunicação com suas tropas, generais e outros líderes. Além disso, os espiões precisavam transmitir suas informações e os banqueiros (ou aqueles que possuíssem grandes fortunas) muitas vezes eram obrigados a ocultar o tamanho e a localização de sua fortuna. Sem dúvida, havia outras razões pelas quais as mensagens também precisavam ser mantidas em segredo.

Vários milhares de anos atrás, as pessoas já tentavam criptografar suas informações para dificultar a divulgação de seus segredos. Júlio César criptografava mensagens secretas para seus generais substituindo caracteres por outros sinais ou símbolos. Esse meio primitivo de criptografia funcionava bem naquela época. Júlio César usava uma cifra de três posições, o que significava que cada caractere era deslocado em três casas. A letra A podia ser representada como D, B como E, e assim por diante. Nas cifras de substituição, a segurança da mensagem é preservada no conhecimento da fórmula utilizada.

Durante o século XVI, foi inventada a primeira cifra que usou uma chave de criptografia. A chave para descriptografar a mensagem era repetida várias vezes dentro da mensagem. Neste método, a segurança da mensagem dependia de se manter em segredo a chave de criptografia.

À medida que os militares se tornaram mais poderosos e surgiram dispositivos eletrônicos, máquinas foram projetadas para usar um ou mais rotores para criptografar e descriptografar mensagens. A chave era armazenada em um disco giratório dentro da máquina. A primeira usava um método de substituição, no qual a substituição de caracteres dependia de entalhes no disco giratório.

Isso levou à máquina Enigma, que Arthur Scherbius inventou perto do final da Primeira Guerra Mundial. Ela usava vários (de três a quatro) rotores, girando em ritmos diferentes para determinar como os caracteres eram criptografados. A Polônia quebrou esse código e informou aos britânicos, que foram capazes de projetar contramedidas. Isso permitiu que os Aliados decifrassem o código e lessem as mensagens criptografadas dos alemães durante a guerra.

Na década de 1970, a IBM patrocinou a criação de um grupo de criptografia que projetou uma cifra chamada Lucifer, que mais tarde foi aceita e renomeada como *Data Encryption Standard* (DES). Um ataque de pesquisa exaustivo quebrou essa cifra devido ao tamanho da chave de criptografia. Em resposta, um novo padrão foi criado, chamado *Advanced Encryption Standard* (AES).

A essa altura, o comércio eletrônico havia aparecido na internet e a criptografia era necessária para manter seguras as informações dos clientes e dos pagamentos. O *Secure Sockets Layer* (SSL), mais comumente conhecido como protocolo de transferência de hipertexto seguro (*HyperText Transfer Protocol Secure* – HTTPS), foi inventado para instalar criptografia no protocolo da web.

Claude Shannon é conhecido como o pai da criptografia matemática. Ele escreveu um artigo intitulado "A mathematical theory of cryptography" [Uma teoria matemática da criptografia] enquanto trabalhava na Bell Labs. Escrito em 1945 e publicado no *Bell System Technical Journal* em 1949, esse artigo é considerado o ponto de início da criptografia moderna. Nele, Shannon definiu os padrões que formam a base da criptografia hoje.

No final da década de 1970, a invenção da criptografia de chave pública mudou a criptografia ao definir duas chaves: a chave privada, que permanece confidencial, e a chave pública, que pode ser compartilhada. As duas são a fundação dos sistemas de criptografia modernos.

Agora que você tem uma compreensão básica da origem da criptografia, vamos seguir em frente para definir melhor uma blockchain.

O que é blockchain?

Como mencionamos, uma blockchain é um banco de dados distribuído que armazena informações compartilhadas em todos os nós de uma rede de computadores. Mais especificamente, é um registro distribuído criptografado ponto a ponto, atualizado apenas por consenso; novos blocos só podem ser adicionados (ou seja, não podem ser excluídos ou modificados). Os dados são coletados em blocos, cada um contendo informações. Quando um bloco é preenchido, ele é fechado e um novo é adicionado, criando-se assim a blockchain. Essas cadeias de dados formam um livro distribuído que registra não apenas informações, mas também o proprietário, data/hora e outras metainformações sobre os dados no bloco.

A finalidade de uma blockchain é oferecer uma maneira segura de armazenar informações que não podem ser editadas. Ela é infinitamente expansível (ou seja, escalável), descentralizada e não precisa de um mecanismo centralizado de controle. As blockchains são um registro imutável de um ativo, além de serem totalmente transparentes. Por padrão, as blockchains reduzem o risco, praticamente eliminam a fraude e têm vários usos.

Cada bloco em uma blockchain contém os seguintes componentes:

- Dados.
- Um nonce, que é um número aleatoriamente gerado de 32 bits. Ele é criado de forma simultânea ao bloco e usado para criar um hash de cabeçalho do bloco (que será descrito mais adiante neste capítulo).
- Um número de 256 bits, conhecido como hash, que é combinado com o nonce. É um número extremamente pequeno.

No momento da criação do primeiro bloco da cadeia, o nonce é gerado, e ele, por sua vez, gera o hash. Portanto, os dados, o nonce e o hash permanecem vinculados para sempre.

A blockchain é um método mediante o qual as informações podem ser armazenadas em um formato organizado. Cada bloco em uma blockchain sumariza todas as transações contidas nela. Eles usam uma estrutura de dados conhecida como Árvore de Merkle (nomeada em homenagem ao seu inventor e também conhecida como árvore de dispersão) porque esse é um método eficiente de resumir e verificar grandes conjuntos de dados.

Há um número infinito de aplicações para a tecnologia blockchain. Além da criptomoeda, algumas aplicações incorporam:

- Rastreamento de direitos autorais para músicas, livros e filmes.
- Votação.
- Processamento e manutenção de registros de imóveis.
- Informações médicas.
- Informações de identidade pessoal.
- Dados da Internet das Coisas (IoT).
- Gerenciamento de portfólio.
- Negociação e acordos.
- Orçamentos.
- Contratos inteligentes.
- Testamentos.

São necessários vários passos para adicionar uma transação a uma blockchain. Eles são realizados independentemente da aplicação. Normalmente, eles são os seguintes:

1. Uma transação é solicitada por meio de uma carteira.
2. Esta transação é enviada a todos os computadores na rede de blockchain específica.
3. Cada um desses computadores usa regras para validar a transação.
4. Uma vez validada, a transação é armazenada em uma trava e selada com um hash.
5. O bloco é adicionado a uma blockchain.
6. A transação é concluída.
7. Deste ponto em diante, o bloco não pode ser modificado.

Quando as pessoas falam sobre blockchain, referem-se usualmente a cadeias públicas. Mas há vários outros tipos de blockchain:

- *Privada*. Neste tipo, os usuários precisam ser convidados a juntar-se à blockchain privada e normalmente usam o modelo de consenso por prova de autoridade. Este é um algoritmo de consenso que oferece uma solução eficiente para avaliar blockchains, especificamente as privadas, de contas aprovadas.

- *Pública*. Trata-se de blockchains em que o consenso é descentralizado e seu código é aberto. Esse tipo está disponível para qualquer pessoa, todos podem validar transações e não há uma autoridade central.

- *Consórcio*. Neste tipo, usuários conhecidos são pré-aprovados por uma autoridade central, que permite que participem do consenso. Essas blockchains são geralmente usadas por entidades como bancos.

A tecnologia blockchain é benéfica para muitos usos. Antes de prosseguirmos com uma aplicação baseada nessa tecnologia, vamos considerar os seus prós e contras. Entre os prós estão:

- Os dados são de alta qualidade, duráveis e seguros.
- A blockchain é imutável e transparente.
- Uma blockchain tem longevidade e é confiável.
- O ecossistema é simples.
- As transações são rastreáveis.

Alguns contras:

- Há preocupações sobre privacidade.
- O custo dos recursos para sustentar a blockchain é alto.
- As regulações estão em fluxo.
- São difíceis de dimensionar.
- O custo para sustentar a blockchain é alto.
- As blockchains não se integram bem com sistemas herdados.
- Blockchains são ineficientes.
- O desempenho das blockchains é redundante.

Agora que você compreende o conceito de blockchain, vamos examinar rapidamente como a propriedade é registrada.

Documentando a propriedade

É fundamental para o design da blockchain que, uma vez que um bloco seja colocado na cadeia, ele não possa ser modificado ou falsificado. Os dados dentro de cada bloco também podem incluir um registro da propriedade dos dados. Com um registro de papel, os dados podem ser facilmente alterados; mesmo registros de computador tradicionais podem ser modificados sem muitos problemas. Porém, com a blockchain é diferente. Por incluir dados de propriedade, as pessoas podem garantir que quaisquer bens que comprem, incluindo criptomoedas, pertencem ao indivíduo registrado na blockchain.

Resumindo: quando dados são publicados em uma blockchain, são assinados digitalmente pela pessoa que a criou. A propriedade (incluindo a de todos os proprietários anteriores) fica visível a qualquer pessoa, a qualquer momento. Cada bloco é identificado por um nonce (como discutimos anteriormente) combinado com um hash.

Hashing de dados

Quando você cria uma cópia de dados ou de um arquivo, como sabe que não houve alteração do original? O hashing é uma técnica geralmente usada na internet e por aplicativos. Por meio dela, as informações são traduzidas em um código, que pode ser usado para comparar as versões e garantir que sejam idênticas. Um hash é simplesmente um método para verificar que o conteúdo de um bloco de dados ou de um arquivo é válido.

Em uma blockchain, um algoritmo converte qualquer comprimento de dados de entrada em uma cadeia de caracteres de comprimento fixo. O bitcoin usa SHA-256 (*Secure Hashing Algorithm*, de 256 bits). O hashing opera por via única: os dados de entrada não podem ser descriptografados com base no código hash. Se os dados de entrada mudam, o hash também muda. A consistência dos blocos em uma cadeia é mantida porque os novos hashes são ligados a códigos hash anteriores.

O hashing de blockchain aceita os bits nos dados (qualquer quantidade deles), executa os cálculos necessários (determinados pelo algoritmo de hashing) e gera uma série de bits de comprimento fixo. Esse resultado é conhecido como hash.

Um número exclusivo é atribuído a cada bloco para identificá-lo e garantir que a blockchain não possa ser modificada. As seguintes informações são armazenadas no cabeçalho de cada bloco:

- Número da versão.
- Carimbo de data/hora UNIX.
- Ponteiros de hash.
- O nonce.
- Um hash de uma raiz de Árvore de Merkle.

Um blockhash é o número de referência de um bloco dentro de uma blockchain. Os blocos são reunidos e formam registros digitais, que discutiremos a seguir.

O que é um registro distribuído?

Um registro descreve ou cataloga transações. Em contabilidade, um livro-razão lista o dinheiro gasto e o dinheiro recebido como renda, juntamente com informações de identificação de cada transação. Os registros podem incluir variados tipos de dados, que devem ser organizados e recuperáveis.

Um registro distribuído é simplesmente um banco de dados em que cada entrada (ou, no caso de uma blockchain, cada bloco) é mantido e atualizado por cada participante da rede. Esses registros são criados e armazenados em cada nó, em vez de serem gerenciados por uma autoridade central. Isso significa que cada nó da rede recebe, armazena, chega a conclusões e vota em cada bloco de uma blockchain.

Usando termos do mundo real, um contador insere informações de débito e crédito em um livro-razão. Se houver uma cópia centralizada dessas informações, ela é conhecida como livro-razão centralizado. Ele se tornaria descentralizado se fosse copiado para cada escritório na empresa e se cada cópia fosse atualizada a cada nova transação.

Há inúmeras vantagens em um registro distribuído:

- Cada nó verifica cada bloco, reduzindo as chances de fraude.
- Cada nó tem poder de voto, eliminando a necessidade de uma autoridade central.
- Se um nó falhar, a blockchain continuará disponível.

No entanto, há algumas desvantagens:

- A prova de trabalho requer um uso pesado do sistema e dos recursos de rede.
- Há preocupações em relação à segurança, em decorrência da complexidade da descentralização.

Há inúmeras vantagens em um registro distribuído:

Topologia de rede

Como mencionado, uma blockchain é composta de Árvores de Merkle, uma estrutura que depende de hashing. Esse método de composição foi escolhido porque se trata de uma estrutura de dados eficiente e segura. Os dados em uma blockchain podem ser rapidamente verificados e movidos de um computador a outro em uma rede ponto a ponto. Os dados também podem ser destilados em um único valor hash conhecido como Raiz da Árvore de Merkle, que permite provar que as informações que produziram o hash não mudaram.

Uma Árvore de Merkle consolida os dados, une-os por meio de hash, dois de cada vez, e os funde em uma raiz no topo. Os blocos usam a raiz do bloco anterior como uma folha (isso também inclui os dados no bloco).

Uma blockchain é uma estrutura de Merkle que consiste em árvores vinculadas. A topologia de uma blockchain é determinada pela ordem em que foram conectadas. Essa topologia é invariável em decorrência da combinação dos seus blocos nos blocos certos na cadeia.

Identificando e protegendo as contas de usuários

Carteiras são o equivalente a contas de usuário para criptomoedas e blockchain. Você pode pensar nas carteiras cripto como versões digitais de carteiras físicas. É nelas que você guarda suas chaves privadas (equivalentes às senhas de acesso às criptomoedas e blockchains) e suas criptomoedas usadas para transações. Você pode usar as carteiras cripto para enviar, receber e gastar criptomoedas.

Essas carteiras contêm dados confidenciais, praticamente da mesma forma que sua conta bancária contém suas movimentações. Você deve seguir as mais altas práticas de segurança ao lidar com sua carteira cripto para garantir que se mantenha segura e evitar que pessoas mal-intencionadas invadam sua conta. Entre as melhores práticas estão:

- Usar senhas complexas (você deve armazenar suas senhas em um gerenciador de senhas como o LastPass, para não ter que anotá-las em nenhum lugar).
- Definir uma autenticação de dois fatores (TFA) para sua conta.
- Garantir que todas as suas contas tenham senhas exclusivas; não compartilhe senhas entre contas.
- Não acessar sua carteira cripto ou outras contas em *wi-fi* público.
- Usar software antivírus/antimalware.
- Usar o maior padrão de segurança no roteador de sua casa.
- Manter seu sistema operacional atualizado no computador, laptop e dispositivos móveis pessoais.

Uma carteira cripto pode ser um hardware como um pen-drive (compatível com a Ledger) ou um aplicativo móvel como o Coinbase.

Assim que tiver sua carteira cripto, você pode começar a autorizar interações.

Autorização de transações

No início, os criadores da blockchain a projetaram para que não precisasse de uma autoridade central. Mesmo assim, ainda há a necessidade de as transações serem autorizadas mediante autenticação. A blockchain usa criptografia de chaves públicas e privadas e carteiras digitais para realizar essa autorização. Os usuários concordam em um assunto, que depois é aprovado por meio de consenso (que será considerado mais adiante neste capítulo). O design da blockchain inclui um método descentralizado para armazenar dados operacionais.

Armazenamento de dados de transações

A blockchain é projetada para armazenar informações em uma rede descentralizada. Os dados são armazenados em espaço não utilizado de discos rígidos, que podem estar localizados em qualquer lugar do mundo. A intenção é ser uma alternativa ao armazenamento de dados tradicional e centralizado, como acontece com a nuvem ou computadores herdados. Os arquivos são divididos em partes, em um processo chamado fragmentação, e cada fragmento é copiado e criptografado. Essa atividade é registrada na blockchain, que permite que os dados sejam sincronizados entre os nós. Trata-se do mesmo protocolo que o BitTorrent usa.

Suponha que um supermercado tenha criado uma blockchain para registrar cada passo de uma pessoa ao longo de sua jornada como cliente. A raiz da cadeia consistiria no primeiro contato identificável, talvez a criação de uma conta na loja virtual ou a compra de um produto em um estabelecimento físico. Cada contato com o cliente (visita à loja virtual, uma compra, um comentário deixado no aplicativo e assim por diante) adiciona outro bloco à blockchain.

Após a criação, cada um desses blocos é dividido em partes menores (fragmentação) e os dados são enviados para todos os nós da rede. Os estabelecimentos de varejo provavelmente configurariam suas blockchains privadas e manteriam um controle centralizado sobre elas para lidar com questões de segurança e privacidade. Dada essa explicação, como um banco de dados descentralizado é usado?

Usando o armazenamento de dados

Um conceito conhecido como tecnologia de registro distribuído (DLT) está na base da blockchain. Essa tecnologia tem a ver com o modo como um banco de dados é criado, rastreado e mantido entre múltiplos sistemas de computadores. Cada bloco na blockchain é duplicado em vários nós na rede de computadores. O sistema de DLT fica então responsável por verificar e sincronizar as transações para todos os vários nós.

Devido à replicação para todos os nós, a blockchain usa uma grande quantidade de armazenamento e largura de banda para transferir e armazenar os dados. Como as blockchains nunca são alteradas ou excluídas, o volume de dados movimentados e armazenados pode sobrecarregar rapidamente os sistemas. Portanto, esses dados vitais devem ser gerenciados.

Por outro lado, uma blockchain não é adequada para armazenar metadados (que abordaremos mais adiante) no caso de informações como imagens, vídeos e parâmetros. Então, o que é feito com esse material?

Distribuindo um armazenamento de dados entre pontos

Quando se trata de tecnologia blockchain, um armazenamento de dados descentralizado *não* é uma boa solução para o armazenamento de dados comuns. As informações transacionais são armazenadas na blockchain (ou seja, na cadeia), enquanto dados relacionados, como vídeos e fotos, são armazenados em outro local (ou seja, fora da cadeia). Isso reduz drasticamente o volume de dados copiados a cada nó.

Muitas soluções estão disponíveis para relacionar os dados fora da cadeia aos que estão nela (ou seja, as transações). A Chainlink é uma tecnologia de rede descentralizada de oráculos cuja finalidade é manter as conexões (é como se fosse a cola) entre os dados mantidos fora e dentro da cadeia.

Escolher um armazenamento de dados correto, que seja rápido, eficiente e escalável, é importante quando se trata de adicionar e verificar transações.

Verificando e adicionando transações

As transações são criptografadas com o uso de chaves públicas e privadas. Cada usuário tem suas chaves privadas, que oferecem um meio de criar uma identidade digital segura. Essas chaves são usadas para criar assinaturas digitais, que, por sua vez, podem desbloquear transações.

A sequência para verificar e adicionar transações é a seguinte:

- Os usuários concordam com uma transação. Cada um deles mantém uma identidade digital segura com assinaturas digitais para autenticar suas carteiras e interações.
- As blockchains públicas usam então o método de consenso para adicionar (ou não) uma transação a uma blockchain. No consenso de prova de trabalho (que será descrito adiante), os recursos do computador são usados para resolver problemas matemáticos complexos. Esse processo é conhecido como mineração, assunto que será abordado neste livro. Os mineradores são recompensados por seu trabalho, ganhando moedas digitais por cada novo bloco desenvolvido Esse método determina quais nós podem adicionar um bloco à blockchain.
- Com base em consenso, os nós vencedores adicionam o bloco à blockchain.

O white paper original, conhecido como white paper de Satoshi, descreveu os conceitos por trás da blockchain em detalhes.

White paper de Satoshi

Como destacamos anteriormente, um programador anônimo (ou um grupo de programadores) publicou um white paper em 2009, sob o pseudônimo de Satoshi Nakamoto, no qual esmiúça um novo tipo de moeda digital, conhecida como bitcoin. Esse white paper descreveu a tecnologia blockchain, a prova de trabalho e um sistema de manutenção de registros em que os dados não podem ser alterados. Assim, o bitcoin nasceu e se tornou um sistema de dinheiro eletrônico ponto a ponto.

O white paper de Satoshi foi publicado depois da grande recessão de 2008. A intenção era descentralizar o controle do dinheiro, na esperança de se evitarem situações econômicas semelhantes no futuro.

O primeiro bloco, conhecido como bloco de gênese, foi minerado em 3 de janeiro de 2009, e a transação inicial ocorreu uma semana depois. No primeiro ano, os bitcoins (BTCs) não tinham nenhum valor real. Então, em 22 de maio de 2010, um homem da Flórida comprou duas pizzas da rede Papa John's, que foram pagas com 10 mil BTC. Em 2010, o bitcoin foi disponibilizado para compra, venda e negociações afins. Em 2011, outras redes, como a Ethereum, foram criadas.

Em fevereiro de 2011, o valor do bitcoin atingiu US$ 1. Em abril de 2013, valia US$ 200; em novembro de 2013, subiu para US$ 1.000. Em novembro de 2017, o valor alcançou US$ 10.000 e, em novembro de 2021, atingiu seu pico: US$ 68.990.

O bitcoin é a primeira criptomoeda (ou uma das primeiras) e continua a crescer em valor e utilidade hoje em dia.

O que é criptomoeda?

Criptomoeda é dinheiro (ou seja, moeda corrente) que existe no formato digital. Ela usa a criptografia para autenticar transações e proteger a reserva. Os fundos são usados para comprar produtos e pagar por serviços.

As criptomoedas foram projetadas com a descentralização em mente. Seus dados são armazenados em espaço não utilizado de discos rígidos no mundo todo. Além disso, os cálculos são feitos em computadores localizados em qualquer lugar do planeta.

Você pode acessar suas criptomoedas com o uso de carteiras cripto protegidas por chaves privadas e públicas para armazená-las, recebê-las e gastá-las. Sua carteira cripto é identificada por um endereço exclusivo, sua localização virtual. As transferências de e para essa carteira são chamadas de *transações*. Você pode comprar e vender suas criptomoedas em corretoras, que são marketplaces digitais on-line.

Negociações on-line em criptomoeda

A criptomoeda é popular em parte porque seu preço varia, o que pressupõe a oportunidade de comprá-la por um valor baixo e vendê-la a um valor alto, obtendo-se lucro.

Antes de alguém se aventurar no mercado de criptomoedas, há alguns passos que devem ser dados:

1. Criar uma conta de corretagem de criptomoedas.

2. Depositar fundos na conta, conectando-a à sua conta bancária. Você pode usar um cartão de débito ou transferência para movimentar os fundos.
3. Decidir em qual criptomoeda investir. Você não está limitado a apenas uma, pode escolher entre vários tipos, incluindo bitcoin, Ether (da Ethereum), Tether, Binance, entre muitas outras.
4. Definir qual estratégia adotar para negociar.
5. Caso deseje, é possível automatizar a negociação de criptomoedas.
6. Seus fundos serão armazenados na corretora de acordo com a sua carteira cripto digital.

Você pode entrar em um contrato por diferença (CFD), o que significa que os vendedores e compradores concordam em negociar a diferença entre a abertura e o fechamento de um contrato de ativos financeiros. Os investidores em CFDs não têm a propriedade dos ativos, sua receita é baseada na mudança de preço dele. Assim como no mercado de ações, você pode fazer operações long (se acredita que o valor aumentará) ou short (se acha que o valor cairá).

Para suas transações em criptomoedas, você pode lançar mão de CFDs ou de uma corretora. No último caso, você negocia criptomoedas, criando uma conta de câmbio, comprando a criptomoeda desejada, armazenando-a em sua carteira (ou seja, sua conta) e depois vendendo-a. Se deseja que alguém faça isso por você, pode contratar uma corretora de criptomoedas para atuar como intermediária. É importante lembrar que, quando você investe em criptomoeda, não está investindo em um ativo físico ou tangível: eles são totalmente virtuais.

Predecessores do bitcoin

O bitcoin é a moeda digital mais conhecida, mas outras tentativas de criar dinheiro eletrônico ocorreram antes do seu advento. Aqui estão algumas:

- *DigiCash:* em 1989, David Chaum criou o DigiCash, uma moeda eletrônica. Ele não conseguiu convencer os bancos a utilizar a tecnologia, então o negócio durou apenas uma década.
- *E-gold:* essa foi uma oportunidade criada pela National Spot Exchange Limited (NSEL). Essa moeda permitia a compra de ouro em formato digital.

- *Hashcash:* na metade da década de 1990, o Hashcash foi desenvolvido e teve muito sucesso. De muitas formas, foi projetado como o bitcoin. Apesar de ter atraído um certo interesse, seus requisitos de processamento levaram ao seu esquecimento.
- *B-money:* um desenvolvedor chamado Wei Dai propôs um "sistema de dinheiro eletrônico distribuído e anônimo" chamado B-Money, cujo design era bem diferente do bitcoin. O conceito, porém, não ganhou força e acabou não sendo lançado.
- *Bit Gold:* Nick Szabo propôs um modelo descentralizado como o bitcoin. Não obteve sucesso, mas foi a inspiração para várias moedas digitais.

Neste momento, milhares de criptomoedas estão disponíveis para negociação. Cada uma tem vantagens e desvantagens únicas. Algumas são lucrativas, enquanto outras mal são lançadas e desaparecem. O mercado de criptomoedas é relativamente novo e algumas querem expandir o paradigma básico do bitcoin. Seja como for, o bitcoin continua sendo a criptomoeda mais importante porque tem muitas vantagens sobre as demais opções.

Bitcoin e suas vantagens

Por ser a primeira e mais famosa criptomoeda, as pessoas têm um interesse natural em investir no bitcoin e vê-lo prosperar. Lembre-se também de que ninguém é dono da tecnologia de bitcoin, então qualquer pessoa é livre para iniciar sua própria criptomoeda quando quiser.

Como você viu, o bitcoin é baseado em uma rede descentralizada, sem confiança e ponto a ponto. Ele tem as seguintes vantagens:

- Sem permissão.
- Resistente à censura.
- Descentralizado.
- Código aberto.
- Anônimo.
- Transparente.
- Imune a capturas.
- Qualquer pessoa com acesso à internet pode participar.

Para gerenciar seus bitcoins, você deve:

- Adquirir uma carteira cripto digital vinculada a um método de pagamento.
- Escolher e se juntar a uma corretora.
- Gerenciar seus ativos.

O bitcoin usa blockchain para gerenciar e armazenar dados. Cada bloco é criptografado com chaves públicas e privadas para garantir a segurança dos dados.

Chaves públicas e privadas e custódia

A criptografia protege a blockchain, e as chaves públicas e privadas são usadas para descriptografar e criptografar os dados. Essas duas chaves são grandes números primos relacionados entre si, mas diferentes. A chave pública é usada para descriptografar dados que foram criptografados usando-se uma chave privada. É importante observar que não é possível inferir a chave privada a partir do conteúdo da chave pública. A chave pública é usada para criptografar dados. As pessoas recebem uma chave privada para descriptografá-los.

A custódia se refere a manter ativos de forma segura. Na blockchain, a custódia se refere às chaves criptográficas que desbloqueiam carteiras.

O modelo de geração de transação não gasta

O modelo de geração de transação não gasta (*Unspent Transaction Output* – UTXO) refere-se ao "troco" deixado após uma transação em criptomoeda. Esse modelo rastreia a propriedade de todas as partes da criptomoeda. Se você gastou 0,005 dos 0,010 que tinha, sobra 0,005, e o valor que foi para outra pessoa é rastreado. O bitcoin usa UTXO, mas a Ethereum, não.

> **UMA HISTÓRIA COMO ALERTA**
>
> Em 2017, Sam Bankman-Fried, então com 25 anos, fundou a Alameda Research, uma pequena empresa cujo modelo de negócio consistia, essencialmente, na compra de criptomoeda em um país por um valor e a sua venda posterior,

por um valor mais alto, em outro, obtendo-se a diferença como lucro (esse modelo é conhecido como negociação de arbitragem). Em 2019, ele fundou a FTX, uma corretora de criptomoedas que permitia que os investidores comprassem, vendessem e armazenassem criptomoedas e ativos digitais como NFTs, em parte para fornecer fundos adicionais para novos investimentos na Alameda. Para gerar ainda mais receita para investimento, ele lançou um novo token, conhecido como FTT, na FTX. A propriedade do token FTT permitia o acesso aos recursos e serviços da FTX, além de oferecer aos proprietários descontos nas taxas.

A Alameda, por sua vez, investiu nos tokens FTT e, por ser um dos principais negociadores, a empresa começou a influenciar o preço dos tokens.

Esse modelo de negócios interconectado dava uma aparência de força financeira a cada uma das empresas, mas, na realidade, elas estavam, de várias maneiras, sustentando umas às outras. Os investidores tinham uma visibilidade mínima do esquema, porque a Alameda e a FTX eram companhias de capital privado.

Simultaneamente, as duas empresas começaram a fundir bilhões de dólares de investimentos para expandir sua influência e reputação para, pelo menos, 246 empresas de criptomoedas em estágio inicial.

Esse castelo de cartas desmoronou quando o valor das criptomoedas caiu de forma inesperada na primavera de 2022. O valor dos tokens FTT despencou drasticamente, os credores pediram que seus empréstimos fossem restituídos e a FTX supostamente começou a usar os fundos dos clientes para isso. Como consequência, as duas empresas entraram com pedido de falência em 11 de novembro de 2022, afetando mais de 1 milhão de credores e investidores, e possivelmente perdendo dezenas de bilhões de dólares.

Essa história de um exemplo a não ser seguido enfatiza a necessidade de uma educação ainda maior sobre os conceitos fundamentais das criptomoedas e da tecnologia blockchain. Ademais, embora muitos investidores acreditem que os ativos cripto sejam uma forma totalmente nova e alternativa de investimento, a realidade não pode ser esquecida: eles também seguem e devem ser avaliados com base nas melhores práticas de contabilidade e investimento. A calamidade da FTX/Alameda foi uma combinação da atual volatilidade do mercado de criptomoedas com ausência de controles financeiros tradicionais, transparência mínima e nenhuma ou quase nenhuma governança.

À medida que a Web3, as criptomoedas e a blockchain se tornam mais prevalentes, é obrigação dos futuros investidores se educarem não apenas sobre ativos de investimento, mas também sobre as organizações que os oferecem.

Fundamentos de segurança

As estruturas de dados de blockchain são inerentemente seguras por padrão. O modelo é baseado em consenso, criptografia e descentralização, e os blocos são conectados de tal maneira que são praticamente imunes a adulteração. O modelo de consenso assegura que cada transação seja verdadeira. Além disso, os registros de taxa de transferência não podem ser alterados.

A proteção da blockchain requer que os sistemas e a rede sigam as melhores práticas de segurança. Violações por agentes mal-intencionados podem permitir que eles destruam, modifiquem ou visualizem dados de blockchain, especialmente se a segurança do sistema for fraca a ponto de lhes dar tempo de invadir a criptografia. Há muitas vulnerabilidades inerentes às blockchains:

- *Ataques ao roteamento*. Esse é um ataque man-in-the-middle, em que os dados são interceptados e redirecionados quando estão a caminho de um provedor de serviço de internet (ISP).
- *Ataques Sybil*. Esses são ataques em que a rede-alvo é inundada por identidades falsas, derrubando o sistema.
- *Ataques de phishing*. Nesses ataques, os usuários são induzidos a abrir suas carteiras digitais por meio de e-mails de phishing.
- *Ataques 51%*. Nesses ataques, mineradores mal-intencionados podem adquirir mais de 50% dos recursos em uma blockchain e, consequentemente, obter o controle dos registros.

As carteiras cripto são protegidas por criptografia; se a chave criptográfica ou a senha se perderem, todos os dados podem ser perdidos também. No entanto, é possível recuperar os dados usando-se um seed ou frase de recuperação. Trata-se de uma lista de palavras (12, 18 ou 24) usada para recuperar uma carteira.

Consenso

O protocolo de consenso é o componente central de uma rede blockchain. É a partir dele que todos os integrantes de uma mesma rede usam os mesmos procedimentos para concordarem com o estado presente de um registro distribuído. O protocolo é vital para o estabelecimento de confiança entre pares que não se conhecem. O consenso assegura que cada bloco adicionado a uma blockchain seja a única versão da verdade.

Há diversas maneiras de se formar um consenso:

- *Prova de trabalho*. Funciona com a resolução de um enigma matemático complexo para se chegar a uma solução. Isso requer recursos, e o primeiro nó a resolver o enigma é designado como sendo o minerador para o bloco seguinte.
- *Prova de participação (Proof of Stake - PoS)*. A participação é garantida por meio do investimento de moedas. É como fazer uma aposta, na qual o minerador pode descobrir um bloco que acredita que será adicionado à blockchain. Recompensas são dadas a validadores com base em suas apostas, o que, consequentemente, aumenta sua participação. A ideia é de que os validadores sejam escolhidos com base em incentivos econômicos.
- *Prova de queima (Proof of Burn - PoB)*. Moedas são enviadas em uma jornada de mão única para um endereço. Os indivíduos que "queimam" ou usam mais moedas têm maior chance de se tornarem validadores.
- *Prova de tempo decorrido (Proof of Elapsed Time - PoET)*. Esse método gera um valor de tempo aleatório para decidir quem ganha os direitos de mineração. Os mineradores aguardam um tempo selecionado de forma aleatória e quem tiver o menor valor de tempo é o vencedor.

Esses são apenas alguns dos métodos usados para formar um consenso. Há muitos mais, e outros estão sempre sendo criados.

A seguir, vamos discutir mais a fundo os contratos inteligentes, um componente central de uma blockchain.

Contratos inteligentes

Um contrato inteligente é simplesmente um aplicativo armazenado em uma blockchain. Esse aplicativo é executado quando condições específicas são cumpridas. Os contratos inteligentes podem ser usados para automatizar contratos, de modo que um intermediário, como um advogado, se torne desnecessário. Eles podem ser usados para automatizar fluxos de trabalho. Nesse caso, a ação seguinte é realizada após o cumprimento das condições anteriores.

No Ethereum, os contratos inteligentes são geralmente escritos em uma linguagem de programação chamada Solidity. Esse código é compilado para que a máquina virtual do Ethereum possa executá-lo.

Apesar do nome, os contratos inteligentes geralmente não são contratos jurídicos. Em vez disso, eles fornecem um meio automatizado de se realizar uma série de ações predeterminadas.

Como se sabe, comprar uma casa é um processo complexo que envolve inspetores, advogados, corretores imobiliários, várias taxas, permissões e todo tipo de papelada. Os contratos inteligentes podem ser projetados para automatizar muitas dessas etapas, eliminando-se ou reduzindo-se a necessidade de haver terceiros envolvidos em sua coordenação. Isso faz com que seja muito menos provável que uma ação ou processo seja esquecido ou feito de forma incorreta.

O que a blockchain resolve e qual é a sua utilidade

A utilidade da blockchain vai além da criptomoeda. Como a blockchain é um registro de informações seguro e não pode ser modificada, pode ser usada para resolver muitos problemas no mundo real. A blockchain é a solução para qualquer aplicativo que:

- Precise de uma segurança excelente.
- Mantenha um registro de transações ou dados.
- Necessite de transparência.

Como as blockchains são descentralizadas, é difícil para agentes desonestos violar a segurança ou sobrecarregar a rede. O sistema de consenso encoraja os nós honestos e desencoraja os desonestos. É isso que faz o sistema democrático operar sem uma autoridade central.

Entre alguns usos da blockchain estão:

- Melhorar o gerenciamento da cadeia de suprimentos.
- Impor direitos autorais e o pagamento por eles.
- Automatizar as transações imobiliárias.
- Compartilhar recursos do governo entre as agências.
- Financiamento coletivo.
- Programa de fidelidade de esportes.
- Tratamento de transações de clientes.

Mineração

A mineração de blockchains é o trabalho (ou outro tipo de prova) que os nós devem fazer para ganhar tokens e o direito de criar novos blocos na blockchain. É o método que a blockchain usa para verificar a integridade das transações.

No modelo de consenso da prova de trabalho, os problemas matemáticos são definidos em um nível difícil e um bloco é minerado a cada dez minutos. Outros modelos usam métodos diferentes para regular a mineração.

Apesar do nome, mineração não tem nada a ver com escavação por moedas do mundo real ou com revirar areia para encontrar ouro. Em vez disso, um modelo de consenso, como resolver problemas matemáticos complexos, controla o processo. Quem vence obtém o direito de publicar um novo bloco; sua recompensa é a taxa de transação e, no caso do bitcoin, uma nova moeda "cunhada".

A mineração é um conceito central à blockchain e existe em cada uma das variantes, de uma forma ou outra. Como Ethereum e bitcoin têm código aberto, qualquer pessoa pode criar uma nova moeda ou até mesmo uma nova implementação de blockchain a qualquer momento. Essas versões alteradas são conhecidas como forks.

Forks, Altcoins e Sidechains

Como a blockchain tem código aberto, pode passar por alterações. Qualquer pessoa pode criar uma versão nova e diferente que execute funções exclusivas ou funcione de maneira distinta. Se você quiser um modelo de criptografia diferente, pode criar uma versão alternativa e modificar sua versão.

A criação de modificações personalizadas no software é conhecida como forking, e não deve ser confundida com o forking da blockchain, que significa criar uma divisão em um registro. Esses termos indicam dois conceitos diferentes, embora utilizem a mesma palavra, então tome cuidado para entender o contexto variável.

Aqui estão alguns dos termos e seus significados:

`Altcoins`. Esta é uma versão forked com diferentes regras de consenso. Entre os exemplos estão Litecoin e Dogecoin. O Ethereum também é conhecido como uma altcoin, embora tenha sido criado do zero. Solana é outro exemplo de um concorrente do Ethereum.

`Sidechain`. É uma blockchain ligada à cadeia principal. Um exemplo é o US Dollar Tether (USDT), que é atrelado ao dólar americano. O objetivo é proporcionar visibilidade ao valor dos dólares americanos que a pessoa possui como uma reserva de seus tokens.

`Multichain`. Uma multichain é um ecossistema que interconecta várias blockchains, incrementando a experiência de usuário e tornando o sistema mais eficiente. As multichains permitem que os dados sejam movidos entre diferentes blockchains. A capacidade de composição oferece os meios para que se combinem vários componentes do sistema para requisitos específicos, eliminando efetivamente as barreiras entre as blockchains.

`Parachain`. Uma parachain é uma blockchain de camada única que funciona nas redes multichain Polkadot e Kasama. As parachains são muito flexíveis e podem ser implementadas de formas diferentes com vários recursos.

O Ethereum é uma blockchain popular que inclui recursos que não estão presentes no bitcoin. Não é um fork do bitcoin, pois foi projetado e implementado do zero.

A evolução do Ethereum

O bitcoin é atualmente a criptomoeda mais popular, mas tem sido desafiada por uma outra mais jovem, de código aberto e público, conhecida como Ethereum. Trata-se de uma blockchain programável criada para suportar contratos inteligentes, DeFi (de cujo conceito trataremos mais adiante) e outras funcionalidades.

Vitalik Buterin interessou-se pelo bitcoin em 2011, quando tinha apenas 17 anos de idade. Em 2013, ele escreveu e publicou um white paper explicando o Ethereum. Essa plataforma usa uma linguagem de script geral e foi criada para suportar mais funcionalidades do que as criptomoedas. O Ethereum foi financiado de forma coletiva em 2014, com o total arrecadado superando os US$ 18 milhões. O resultado foi o Frontier, nome da primeira versão, que se tornou popular e se proliferou.

Os tokens digitais baseados em bitcoin são conhecidos como moedas coloridas. Esse tipo de moeda representa ativos fora da blockchain de bitcoin. A Mastercoin (agora OMNI) é uma predecessora do Ethereum baseada em bitcoin. O projeto do Ethereum elevou os conceitos da Mastercoin a um novo patamar.

Qualquer usuário que deseje executar uma função na blockchain do Ethereum deve pagar uma taxa conhecida como gas fee (taxa de *gas*). *Gas* é a quantia de ether (ETH), a criptomoeda do Ethereum, que deve ser usada para se fazer algo na rede Ethereum.

Um dapp é um aplicativo descentralizado que usa o Ethereum para funcionar. Esses aplicativos são armazenados e executados na blockchain. Eles não estão sob o controle de uma autoridade central e podem ser usados para jogos, finanças, mensagens (como no Twitter), entre outras finalidades. As ferramentas para criação de dapps para blockchains que usam Ethereum estão incluídas no que é conhecido como *Truffle Framework*, um ambiente de desenvolvimento que fornece padronizações e geradores de código.

Mas e se você quiser lançar a sua própria criptomoeda? Nesse caso, você emitiria uma oferta inicial de moeda (*initial coin offering* – ICO).

ICOs de bitcoin

O ICO, quando se trata do lançamento de uma nova criptomoeda, é equivalente a uma oferta pública inicial de ações (*initial public offering* – IPO), só que para criptomoedas. É essencialmente (quando legítima) uma forma de obtenção de fundos para a criação de uma nova criptomoeda. Estas são as etapas de um ICO:

1. Documentar como o sistema funcionará (por meio de um white paper).
2. Criar um site.
3. Explicar os prós e contras do ICO.
4. Apresentá-lo aos investidores.
5. Enviar moedas aos investidores visando sua popularização e valorização.

Plataformas de blockchain

De acordo com a Liquid, "em vez de abarcarem inúmeros sites nos quais as pessoas precisam inserir dados para autenticar sua identidade (e se expor ao roubo dessa identidade), as plataformas de blockchain permitem que o usuário seja dono de sua autenticação e a utilize como desejar".[18] Ao fazer isso, os usuários podem evitar os riscos associados ao uso de diferentes sites para autenticação.

A Fundação Hyperledger apoia o avanço da blockchain com hospedagem de infraestrutura e recursos. Segundo eles,

> a blockchain resolve um problema central: muitas organizações querem compartilhar dados em um banco de dados distribuído, mas nenhum usuário confiará em um proprietário único. As tecnologias blockchain possibilitam transações diretas de uma forma segura e transparente, incorporando a confiança em sistemas que operam com a eficiência de uma rede ponto a ponto.[19]

Para auxiliar no desenvolvimento de aplicativos e soluções, o Hyperledger Fabric foi projetado para oferecer serviços de consenso no formato plug-and-play, que facilita o trabalho porque é modular, escalável, versátil e de bom desempenho. O Hyperledger Fabric pode ser otimizado para diferentes usos, como serviços financeiros e segurança.

A blockchain tem o potencial de impactar muitos setores de várias formas.

Impactos setoriais

Como a blockchain implementa um registro virtual com muitas funcionalidades (como visto ao longo deste capítulo), muitos setores estão encontrando usos para a tecnologia. Entre eles estão:

- Serviços financeiros, como bancos e corretoras de investimentos e ações.
- Serviços de saúde, que podem usar blockchain para o paciente e outros dados médicos.
- Agricultura, para documentar taxas de safra, deficiências e problemas.

- Cadeias de suprimentos, para remover registros em papel.
- Setor imobiliário, para registrar, acompanhar e transferir títulos de propriedade.

Na verdade, qualquer setor imaginável pode usar a tecnologia para melhorar sua capacidade e fluxo de trabalho.

Projetos de blockchain

Inúmeros projetos que dependem da tecnologia blockchain têm sido realizados. Entre eles estão:

- *The R3 Consortium*. Permite a colaboração digital mediante uso de plataformas DLT. Eles possuem um dos maiores ecossistemas de produção de DLT do mundo.
- *T Zero*. Criação de excesso de reservas no mercado de ações. É a criptomoeda da Overstock.com.
- *Blockstream Distributed Systems*. Busca aprimorar o ecossistema de bitcoin.
- *Decentraland*. Um mundo digital que permite às pessoas criar, explorar e negociar.
- *Lighting Networks*. Uma rede projetada para transações em bitcoin e blockchain.

É claro, há muitas centenas, se não milhares, de outros projetos relacionados à blockchain e ao bitcoin.

Agora que você sabe sobre blockchain e criptomoedas, vamos discutir como os governos e serviços financeiros usam a tecnologia.

Como os governos e serviços financeiros respondem à blockchain

Blockchain e criptomoedas estão melhorando a transparência dos pagamentos, aprimorando a confiança e a segurança, aumentando a eficiência e reduzindo custos. Como o setor financeiro lida com trilhões de dólares diariamente, até mesmo pequenas mudanças podem resultar em uma disrupção gigantesca.

Os setores financeiros estão respondendo à blockchain e usando a tecnologia para melhorar suas operações e aumentar a eficiência e a produtividade de seus funcionários. Além disso, estão concentrados em melhorar o atendimento aos clientes, o que os torna mais competitivos, e a blockchain e as criptomoedas são vistas como uma forma de cumprir essa tarefa. A velocidade de implementação é essencial, já que há vantagens competitivas impressionantes aos pioneiros.

Os governos também já enxergaram as vantagens da blockchain e têm feito avanços no sentido de usá-la em áreas como forças de segurança, controle de lavagem de dinheiro e medidas antiterrorismo, além da manutenção de registros, documentação e simplificação das operações. O governo dos EUA até explorou a ideia de criar uma criptomoeda complementar para o dólar, e El Salvador foi o primeiro país a adotar o bitcoin como moeda nacional.

Uma vantagem que os governos veem na blockchain é que sua transparência proporciona um registro transacional completo que não pode ser alterado. Além disso, a blockchain apoia o anonimato.

Usando blockchain para permanecer anônimo

Por padrão, blockchains não são anônimas. Seu endereço de blockchain é seu endereço público e não contém nenhuma informação que possa identificá-lo. Blockchains são registros públicos, e você e qualquer pessoa podem visualizar o histórico de transações sobre a criptomoeda em cada carteira cripto. Isso possibilita que a polícia e os governos examinem e usem esses registros em investigações de crimes e de terrorismo, teoricamente, a qualquer momento que desejarem.

Porém, há várias formas de permanecer anônimo:

- *Coin mixing*. Pense nisso como uma forma de lavagem de dinheiro. Os mixers pegam sua criptomoeda e a misturam com as de outros. Em seguida, retornam as moedas de outra pessoa a você.
- *CoinJoin*. Esse serviço recebe múltiplos pagamentos e os reúne, tornando-os mais difíceis de rastrear.

Até mesmo uma tecnologia tão avançada e útil como blockchain tem suas limitações. Vamos considerá-las agora.

Limitações da blockchain e considerações

Ao ler este capítulo, você pode achar que blockchain é a solução perfeita para muitos problemas. Ela realmente tem muitas vantagens, mas há também algumas limitações, como:

- Ainda é uma tecnologia emergente, e as pessoas geralmente não entendem seu valor tanto para si mesmas como para suas organizações.
- Os registros não podem ser alterados (ou seja, são imutáveis). Porém, isso pode limitar o valor quando alterações ou revisões são necessárias.
- Alguém pode perder o acesso de sua chave privada, o que significa que os dados são irrecuperáveis.
- Como a blockchain mantém cópias de literalmente tudo em todos os sistemas da rede, pode exigir uma enorme quantidade de recursos.
- Chegar a um consenso pode ser um processo oportuno e que demanda muitos recursos.
- Como os dados em uma blockchain nunca são excluídos, eles tecnicamente violam as regras do Regulamento Geral de Proteção de Dados da União Europeia (GDPR), que preconiza que os consumidores possam solicitar a exclusão de seus dados.
- Pode ser possível rastrear chaves públicas e endereços até se chegar a um indivíduo específico, havendo, assim, possibilidade de acesso ao histórico de transações do usuário.
- Como não há uma autoridade central para impor e validar a segurança, agentes mal-intencionados podem ser capazes de invadir blockchains de forma impune.

O futuro da blockchain

O ritmo de desenvolvimento e implementação da tecnologia blockchain está avançando rapidamente. As empresas estão encontrando maneiras de utilizá-la para incrementar suas operações, fornecer melhor atendimento aos clientes e aumentar sua privacidade e segurança. Essas organizações terão melhores resultados e serão mais competitivas no mercado.

As possibilidades da blockchain são, na prática, infinitas. A combinação de blockchain, Web 3.0 e metaverso promete dar ao mundo uma internet descentralizada, sem necessidade de confiança, totalmente transparente e muito mais segura e útil que a atual.

Infelizmente, o problema de dimensionamento da blockchain é significativo e ameaça desacelerar o uso da tecnologia. Atualmente, a Visa processa 1.700 transações por segundo, enquanto a blockchain rasteja com apenas 7. Esse diferencial de velocidade ocorre porque as transações de blockchain são copiadas para cada nó na rede e novamente quando ela é minerada, consumindo recursos consideráveis de disco, CPU e largura de banda.

Entre as soluções práticas estão:

- Melhores mecanismos de consenso poderiam ajudar a resolver esse problema com o uso de menos recursos.
- A fragmentação quebra as transações em pedaços, que são então processados em paralelo, permitindo que várias transações sejam processadas de uma vez.
- A blockchain aninhada poderia usar a blockchain principal para estabelecer parâmetros para a rede.
- zk-STARKs e zk-SNARK, tecnologias de prova de conhecimento zero, podem melhorar o desempenho, pois são sistemas de prova de alta performance.
- O modelo de grafos acíclicos dirigidos (DAG) não demanda que os mineradores tenham de competir por novos blocos ao adicionar a uma cadeia. As redes de DAG não contêm blocos de transação.
- Sidechains criam uma blockchain de várias ramificações. As regras são configuráveis, o que permite que várias ramificações se propaguem de forma simultânea.

Entre outros problemas a serem resolvidos com blockchain e criptomoedas estão preocupações em relação a privacidade, desempenho e segurança.

Todavia, é importante entender que a blockchain é uma tecnologia recente e ainda está sendo desenvolvida e implementada. Como ocorre com todas as tecnologias emergentes, seu desempenho tende a melhorar, assim como sua segurança e eficiência. Do mesmo modo, o uso de recursos tende a diminuir. A tecnologia é fundamental e, em breve, impulsionará governos e diferentes setores no mundo todo.

Resumo

Como demonstramos ao longo deste capítulo, há um tema comum de dualidade ao se analisar o metaverso. Por exemplo, ele cria vantagens transformativas a partir da fusão dos universos físico e virtual. Além disso, quando o metaverso é combinado com blockchain, cria um ambiente de fomento a novos modelos inventivos de negócios.

A blockchain permitirá que as informações digitais sejam registradas e distribuídas para proporcionar eficiência e vantagens econômicas, levando a um aumento da capacidade de reinventar os modos como as pessoas e as empresas convergem. As pessoas se beneficiarão de mais controle e acesso para usar, vender e negociar seus ativos no metaverso. Portanto, a tecnologia de blockchain é central na fundação do metaverso.

Essa nova realidade digital do metaverso será baseada em blockchain ao incorporar e permitir:

- Emergência.
- Autenticidade.
- Rastreabilidade.
- Consenso.
- Capacidade de composição.
- Interoperabilidade.
- Propriedade.
- Criatividade.
- Imutabilidade.
- Descentralização.
- Identidade descentralizada (DID).

A blockchain cria a base técnica para experiências compartilhadas no metaverso e para tecnologias. Como veremos, os tokens não fungíveis (NFTs), que serão analisados em detalhes no capítulo a seguir, usam blockchain como seu repositório de dados.

Parte dois
Decodificando a experiência_

04 >Tokens não fungíveis_

Embora o CryptoKitties, um dos primeiros projetos inovadores de token não fungível (NFT), exista desde 2017, muitas pessoas ainda não entendem tudo que os NFTs podem oferecer. Por sua natureza, eles eliminam a necessidade do controle operacional central que o computador, a internet e as tecnologias da web exigiam até agora. Esse novo paradigma coloca os proprietários de ativos no comando de seu destino e oferece muito mais liberdade e abertura do que os sistemas fechados que dominam grande parte da computação hoje.

Os NFTs geram muita discussão; algumas pessoas acreditam que eles são uma ótima solução para muitos problemas, enquanto outras se preocupam mais com suas desvantagens. Não importa o que você saiba ou pense a respeito dos NFTs: eles são um aspecto central do metaverso. Compreendem ferramentas avançadas não apenas para investimentos, mas para muitos outros usos. Mas o que eles são? Por que alguém que não seja investidor de cripto deveria se importar? Para começar, explicaremos o conceito de fungibilidade, uma palavra interessante que descreve vários conceitos avançados.

O que é fungibilidade?

Um *ativo fungível* pode ser trocado por outros ativos do mesmo tipo. O dinheiro é um exemplo de ativo fungível; você pode trocar um dólar por outro dólar e eles serão tratados equitativamente para todos os fins. Você pode também dividir um dólar em partes – centavos, nickels (5 centavos) e dimes (10 centavos) – e trocá-las em qualquer combinação. Um dime vale o mesmo que outro dime. Em outras palavras, no uso eles são idênticos. Mesmo se uma moeda de dime estiver gasta e opaca e outra for novinha em folha, ambas terão o mesmo valor.

Os ativos não fungíveis são diferentes de outros ativos, embora pareçam iguais. Uma obra de arte original é diferente de outra obra de arte original. Os selos comuns que as pessoas usam para postar cartas são fungíveis. No entanto, eles podem ser não fungíveis se tiverem marcas e outras características que os tornem únicos. Portanto, os selos que você compra no correio são fungíveis porque um é igual ao outro. Eles se tornam não fungíveis apenas quando se transformam em itens exclusivos de colecionador.

Casas não são consideradas fungíveis porque cada uma está em um ambiente ligeiramente diferente, mesmo se tiverem sido construídas de forma idêntica. Talvez o índice de crimes para a casa no final da rua seja maior, ou ela esteja mais próxima à escola, ou tenha sido feita de materiais um pouco variados.

Adicionar um identificador exclusivo, como um número, pode transformar um ativo não fungível em algo que seria considerado fungível. Uma edição limitada pode incluir um número de série em cada exemplar. Esses números tornam único cada exemplar, e os números mais baixos podem ser mais desejados pelos colecionadores e, portanto, valer mais.

A criptomoeda é um ativo fungível porque uma unidade (um bitcoin, por exemplo) é igual a outra. Trigo, petróleo e outras mercadorias são fungíveis. A reprodução de uma obra de arte é fungível (se tal reprodução não for exclusiva de nenhuma forma), mas a obra de arte original, não.

Os ativos não fungíveis são a base dos NFTs, que serão abordados na seção a seguir.

O que são NFTs?

Um NFT é um token *não fungível*, isto é, um token que representa um ativo único. Um NFT pode ser digital, físico ou até uma combinação das duas formas. Isso acontece porque (e isso é importante) um NFT *não* é um objeto em si (seja físico ou virtual). Em vez disso, ele é uma representação digital do objeto.

Os NFTs são atualmente a maior parte da blockchain Ethereum. Eles permitem que os criadores e colecionadores cunhem tokens que representem suas criações exclusivas e usem contratos inteligentes para protegê-los, estabelecer seu valor, definir pagamentos por direitos autorais e comissões e assim por diante.

Qualquer ativo digital pode ser copiado, mesmo se estiver protegido por meio de um NFT. Os direitos de propriedade do ativo são definidos pelo NFT, que é um identificador digital exclusivo, e, por padrão, você não pode copiá-los, subdividi-los ou substituir algo por eles. O NFT certifica a propriedade e a autenticidade de um ativo único.

Qualquer coisa única pode ser representada por um NFT, e isso inclui obras de arte reais, imóveis, obras de arte virtuais, um filme ou qualquer outro ativo exclusivo. Para ilustrar, pense na versão original de um livro eletrônico. Ela é um ativo único. No entanto, você pode copiar o e-book, se isso for permitido pelo contrato inteligente, que abordaremos mais adiante. O NFT especifica quem tem a propriedade da versão original (garantindo a sua autenticidade) e as regras que regem as cópias.

A história dos NFTs

Em 3 de maio de 2014, Kevin McCoy criou o primeiro NFT na blockchain Ethereum. Ele cunhou um token não fungível conhecido como Quantum. Tratava-se de uma imagem pixelada de um octógono com formas oscilantes, uma obra de arte digital única. NFTs adicionais foram feitos para várias obras de arte originais ao longo dos anos seguintes.

Em 2017, a primeira corretora e marketplace descentralizada para compra e venda de colecionáveis digitais (representados por NFTs) foi aberta. Mas foi apenas em 2018 que o primeiro artista produziu um contrato de NFT. Ademais, vários marketplaces de NFT abriram naquela época e em 2020 o mundo dos NFTs se expandiu para incluir todas as formas de criatividade (ou seja, música, arte e objetos físicos). As pessoas continuam a se basear na tecnologia de NFTs e constantemente encontram novas formas de utilizá-la para suas criações.

Antes dos NFTs, chaves coloridas eram pequenas unidades de bitcoin. Essas chaves, que surgiram em 2012, eram identificadas por cores, cada uma especificando um atributo da moeda. Esses atributos eram definidos pela linguagem de script do bitcoin e permitiam que unidades tão pequenas quanto o Satoshi (ou seja, 0,00000001 BTC) representassem ativos. Tratava-se de um conceito avançado, mas não obteve ampla aceitação porque:

- As moedas coloridas nunca foram adotadas oficialmente pelo mercado de bitcoin.
- O tamanho mínimo de transação de bitcoins (naquela época) era grande demais para que as moedas coloridas tivessem utilidade.

- O conceito de NFTs (que apareceu em 2015) tornou as moedas coloridas obsoletas.

Alguns projetos notáveis de NFT estão listados abaixo:

- *Cryptopunks.* São avatares digitais exclusivos.
- *CryptoKitties.* Gatinhos digitais colecionáveis.
- *Bored Ape Club.* NFTs de edição limitada que oferecem associação a um clube de colecionadores de imagens de macacos.
- *Beeple.* Um artista que vende suas obras de arte digitais como NFTs.
- *VeeFriends.* Um projeto de NFT de Gary Vaynerchuk que envolve propriedade intelectual significativa e uma comunidade extraordinária.

Vamos falar sobre a mecânica e a utilidade dos NFTs e como eles podem ser usados para apoiar empresas, a Web3 e o metaverso.

O valor dos NFTs

Os ativos digitais não fungíveis não são novos na internet ou na área de computação. Um nome de domínio, consequentemente, é não fungível porque é um ativo único. Outros itens, como os recursos virtuais comprados em um jogo, avatares digitais, ingressos para eventos e até tweets individuais, são exemplos de ativos não fungíveis.

Sem dúvida, o ritmo da digitalização na sociedade gerou uma demanda por solução para direitos de propriedade e certificação de autenticidade. Vejamos o exemplo de um autógrafo de uma estrela de cinema. No mundo físico, você pode obter um certificado de autenticidade que comprova que o autógrafo é genuíno e estabelece a propriedade de quem possui a assinatura. No mundo digital, esses conceitos eram difíceis de estabelecer e impor, embora tentativas tenham sido feitas (como no caso do *Distributed Rights Management*). Os tokens não fungíveis (NFTs) foram projetados para resolver esses problemas.

A maioria dos NFTs reside na blockchain Ethereum e consiste em tokens individuais que armazenam informações valiosas. Eles podem ser tratados como qualquer outra obra de arte (ou outros colecionáveis); em outras palavras, eles podem ser comprados e vendidos. Como os dados são exclusivos, eles podem ser validados, e sua propriedade, estabelecida.

Os NFTs contêm informações em suas blockchains que registram a propriedade do item virtual ou físico que eles representam. Essas informações incluem um registro completo que documenta qualquer alteração na propriedade.

O valor de um NFT se baseia no tipo de obra de arte, em sua popularidade, no artista, no esforço exigido, na narrativa criativa e outros critérios. O fator mais crucial é sua raridade; o segundo, sua utilidade.

Há muitos termos novos para descrever os recursos e a tecnologia dos NFTs. Vários deles são descritos na seção a seguir.

Terminologia e jargões dos NFTs

Alguns dos termos mais usados quando o assunto são NFTs incluem:

- *Alpha*. Anúncios futuros são mantidos em segredo para evitar a manipulação de preços.
- *NFTs blue-chip*. Coleções de investimentos com bom desempenho no longo prazo.
- *Modelos de consenso*. Os métodos que são usados para garantir a confiança.
- *Interoperabilidade entre cadeias*. Permite operar entre blockchains.
- *Carteiras cripto*. Carteiras em que as chaves criptografadas privadas são mantidas.
- *Aplicativos descentralizados (dapps)*. Aplicativos produzidos e executados em blockchains descentralizadas.
- *Degan*. Um estilo de investimento de alto risco.
- *Carteiras digitais*. Sistemas de armazenamento de dinheiro hospedados por provedores como bancos e plataformas de negociação.
- *Tokens ERC-20*. Contratos inteligentes simples e interoperáveis.
- *Ethereum*. Blockchain de código aberto compatível com contratos inteligentes e blockchain.
- *Flipping*. Comprar ativos e vendê-los por um preço mais alto em um prazo rápido (dias, semanas ou horas).
- *Taxa de gas*. Taxas pagas por ativações de contratos inteligentes.

- *Arte geradora*. Uma tecnologia usada para criar coleções extensas de NFTs.
- *Oferta inicial de jogo (IGO)*. Equivalente aos IPOs.
- *Blockchains de Layer-1*. Funcionalidade básica de uma blockchain.
- *Blockchain de Layer-2*. Outro tipo de funcionalidade de blockchain desenvolvida a partir da *Layer-1* para incrementá-la.
- *Cunhagem*. O ato de comprar um NFT como primeiro proprietário.
- *Not Financial Advice* (NFA).
- *Original (OG)*. Gíria que significa "Original Gangster" [gângster original].
- *OpenSea (OS)*. Um dos maiores marketplaces Ethereum de NFT.
- *Fotos de perfil* (PFP).
- *Jogos play-to-earn* (P2E).
- *Pump-and-dump*. Um tipo de manipulação de preços.
- *Rug pull* [puxada de tapete]. Designa os vários tipos de golpes envolvendo NFTs.
- *Shilling*. Encorajar as pessoas a comprar um NFT por mais do que foi pago. Como em qualquer negócio, vender por um preço mais alto do que o de compra é algo desejável. Esse termo simplesmente significa que você está promovendo seu NFT.
- *To the moon*. Uma moeda que aumentará imensamente de preço.
- *Características*. As propriedades de um NFT que o tornam único.
- *Whitelist*. Uma forma de vender NFTs a pessoas selecionadas, que têm lugar garantido na fila para compra.

O setor de NFTs está crescendo rapidamente devido à sua utilidade.

Qual o tamanho do setor de NFTs e suas vendas?

Em 2021, os NFTs atingiram US$ 17,6 bilhões em vendas, um aumento de 20 vezes em relação a 2020. Esse montante se divide da seguinte forma:[20]

- US$ 2,8 bilhões em arte;
- US$ 523 milhões em utilidades;
- US$ 513 milhões no metaverso;
- US$ 8,47 bilhões em colecionáveis;
- US$ 5,18 bilhões para jogos.

Alguns dos preços pagos por NFTs:

- Mike Winkelmann, conhecido como Beeple, criou uma colagem de 5 mil imagens digitais. O NFT associado a ela foi vendido por US$ 69,3 milhões.
- *Cryptopunks #3100* foi vendido por US$ 7,67 milhões.
- *Cryptopunks #7804* foi vendido por US$ 7,6 milhões.
- O primeiro tweet foi vendido por US$ 2,9 milhões.
- *Cryptopunk #4156* foi vendido por US$ 10 milhões.
- *Not Forgotten, But Gone* foi vendido por US$ 1 milhão.

Até agora, vimos como os NFTs se relacionam a investimentos. Contudo, eles têm outros usos, que os tornam muito mais versáteis do que apenas uma oportunidade de investimento.

Usos e tipos de NFTs

Os NFTs decolaram com os videogames porque eles resolvem muitos problemas enfrentados pelos criadores desses jogos. Ativos exclusivos, como espadas, skins, roupas e até terra, agora podem ser comprados dentro do jogo. Um NFT representa cada um desses itens, o que significa que o ativo pode ser trocado, comprado, vendido e, pelo menos em teoria, transportado a outros jogos e mundos virtuais.

Se você é usuário de vários jogos, um ponto de atrito é que cada um deles exige que você crie e mantenha um avatar digital apenas para aquele jogo (ou para um número limitado de jogos de um provedor). Conceitualmente, os NFTs permitem a criação de avatares digitais que podem viajar de um jogo a outro (e para outros mundos virtuais). Eles também podem ser usados como passaportes digitais.

Os NFTs podem até ser usados para financiar o desenvolvimento de games. Como os jogadores muitas vezes compram os ativos enquanto estão jogando (usando moeda real), eles rapidamente apresentam outros usuários ao jogo. Essa propaganda boca a boca atrai mais jogadores e, como resultado, mais receita para as empresas desenvolvedoras, que podem utilizar isso como fonte de financiamento.

Por fim, o modo play-to-earn [jogue para ganhar] está se tornando uma maneira popular de os jogadores ganharem dinheiro com o tempo que passam jogando. É um incentivo criado para aumentar o tempo que as pessoas passam no mundo dos jogos. Os NFTs são concedidos quando algum objetivo do jogo é alcançado, quando o jogador passa de fase, quando conquista um território e assim por diante.

Alguns jogos notáveis, que foram pioneiros na propriedade de itens baseada em NFTs no mundo dos videogames, incluem:

- *Axie Infinity*: compra de itens no jogo, que podem ser usados em vários jogos.
- *Cometh*: um jogo alimentado por DeFi no qual você pode ter a propriedade de NFTs que geram rendimento.
- *Gods Unchained*: um game que concede ao usuário a propriedade de seus itens no jogo.

Entre outros usos de NFTs, temos:

`Obra de arte`. Hoje, a maioria dos NFTs são obras de arte porque os artistas entenderam rapidamente o valor dessa tecnologia para o seu meio. Alguns tipos de arte que envolvem NFT:

- Arte estática.
- Gifs/vídeos.
- Fotografia.

`Moda virtual`. Esse tipo inclui itens de moda para avatares digitais (ou seja, personagens), geralmente nos jogos. Com o uso de NFTs, você pode comprar um vestido de formatura ou uma armadura (ambos exclusivos) para sua personagem ou seu avatar vestir no jogo.

`Acesso`. Um NFT que pode ser comprado e fornece acesso a um evento ou local. Esses NFTs são programados em contratos inteligentes. Um exemplo é a VeeCon 2022, uma conferência da qual só se pode participar mediante compra de um NFT *VeeFriend*.

`Ativos virtuais`. Você pode usar NFTs que permitem a compra/propriedade a compra de um ativo virtual e fornecem a comprovação de sua propriedade.

`Música`. Álbuns, músicas, letras e até trechos de canções podem ser representados por NFTs. Alguns exemplos específicos de música com NFT:

- A música "Death of the Old Grimes".
- A canção instrumental "One-Hundredth Streams".
- O álbum *When You See Yourself*, da banda Kings of Leon.

- *Jenny*, de Steve Aoki e 3LAU.
- *BeatBoxes*, de Zebblocks.

`Resgatável`. Os NFTs podem ser resgatados por produtos reais e físicos. Um exemplo é o Fridgits, uma coleção de NFTs que consiste em vinte personagens únicos com ativos feitos à mão.

`Identidade`. Um NFT criado para fornecer uma identidade reconhecida entre plataformas.

`Colecionáveis`. Os NFTs podem ser artigos colecionáveis virtuais ou físicos. Alguns exemplos:

- *Cryptopunks.*
- *Hashmasks.*
- *Bored Ape Yatch Club (BAYC).*
- *Measuring Rarity.*

`Esportes`. NFTs colecionáveis digitais e cards referentes a qualquer esporte. Alguns exemplos:

- *NBA Top Shot.*
- *Sorare.*
- *Chiliz.*

`Propriedade digital`. Esses NFTs permitem a obtenção de direitos de propriedade digitais em jogos e mundos virtuais. Entre os exemplos estão:

- *Decentraland.*
- *The Sandbox.*
- *Cryptovoxels.*
- *Somnium Space.*

Agora, vejamos os problemas que os NFTs solucionam.

O que os NFTs solucionam?

A propriedade é um problema significativo que os criadores digitais enfrentam desde o início da era dos computadores. Quando se cria uma imagem digital, um livro eletrônico, uma música ou um avatar em um jogo, como manter os direitos de propriedade do item? Até os NFTs entrarem em cena, iniciativas como o Digital Rights Management tentaram suprir essa necessidade com resultados variados.

Os NFTs foram projetados para confirmar que uma criação digital existe e, com isso, estabelecer sua propriedade. Eles permitem que você reivindique a propriedade e, com a adição de contratos inteligentes, que se definam as regras que outras pessoas devem seguir para usar ou copiar sua criação. Você pode especificar pagamentos por direitos autorais, comissões sobre vendas ou restringir o uso.

As criações físicas também podem ser representadas por NFTs, que possibilitam a mesma gestão de direitos usada nos objetos virtuais.

Quando combinados com contratos inteligentes, os NFTs solucionam muitos dos problemas associados ao sistema atual de direitos autorais, que, na era da internet, fornece um apoio limitado aos criadores de conteúdo. Os direitos autorais oferecem uma proteção legal para suas criações por um determinado número de anos, mas como essas leis foram criadas muitos antes dos NFTs, não oferecem nenhum meio físico para restringir ou obter lucro das cópias. Os NFTs e os contratos inteligentes preenchem esse vazio com um mecanismo de propriedade combinado com uma política de imposição.

A seção a seguir examina algumas das principais propriedades dos NFTs.

Principais propriedades dos NFTs

Os objetos físicos no mundo real são caracterizados por propriedades que os definem. Na verdade, você pode especificar um objeto pelo seu estado (ou seja, sólido, líquido ou gasoso), peso, tamanho e solidez. Os NFTs têm os mesmos tipos de propriedades. Vamos resumir as principais aqui:

Indivisível. Um NFT não pode ser dividido em partes. Não é possível vender partes de uma mesa e dizer que se está vendendo uma mesa; da mesma forma, não é possível cortar um NFT para um vídeo ou gráfico digital.

Ponto a ponto. Os NFTs não precisam ser operados em plataformas. Eles são transferidos diretamente de um nó (ou seja, ponto) para outro.

Programável. Como os NFTs são projetados com blockchains de contratos inteligentes, eles são programáveis e podem definir as regras que serão aplicadas ao seu uso.

Raro. Os NFTs são escassos, o que garante sua valorização.

Seguro. Os NFTs são criptografados e projetados para que suas informações de propriedade não possam ser manipuladas ou alteradas quando uma transação for confirmada. Isso significa que um NFT não pode ser roubado porque o proprietário atual (assim como todos os outros) é mantido na blockchain do NFT.

Rastreável. Como são criados em blockchain, os NFTs contêm um registro completo de propriedade, o que ajuda a evitar falsificação e fraude. Isso também dificulta o roubo e revenda de NFTs, porque o NFT não identificará o criminoso como proprietário.

Transferível. Como seu projeto segue protocolos padronizados e estabelecidos, os NFTs podem ser movimentados entre aplicativos sem dificuldade. Portanto, se você compra um avatar em um jogo, pode transferi-lo a outro se ambos aceitarem NFTs.

Exclusivo. Um NFT contém informações que descrevem suas propriedades e o tornam diferente de qualquer outro.

Propriedade verificável. A propriedade não pode ser modificada e os NFTs são projetados para que não possam ser copiados. Em particular, suponha que você tem a propriedade do NFT para uma pintura digital. Sua propriedade é registrada no NFT para sempre. Qualquer tentativa de criar cópias deve seguir as regras do NFT usando-se o contrato inteligente incorporado. Suas regras podem especificar que qualquer pessoa pode criar cópias, mas você receberá um pequeno pagamento por direitos autorais, ou que cópias não são permitidas.

Com esse entendimento das propriedades principais, vejamos os componentes técnicos dos NFTs de maneira geral.

Visão geral dos componentes técnicos

Como ilustrado anteriormente, os NFTs são projetados para usar redes de blockchain, o que significa que se aproveitam das propriedades da blockchain para manter um registro e certificar que são únicos e não intercambiáveis. Como a blockchain é criptografada, a segurança é garantida e alterações não são permitidas.

O endereço da blockchain, que consiste em um ID único associado ao NFT, é usado para transações como compra e venda de arte digital. O identificador é usado para identificar o NFT quando este é transmitido ou recebido.

Além disso, os NFTs podem ser compatíveis com contratos inteligentes incorporados que definem as regras que regem a criação do NFT, a transferência de sua propriedade e outras ações, como copiar ou exibir a imagem digital. Esses contratos especificam as faixas de preço, pagamentos por direitos autorais e outros critérios. Como os contratos inteligentes são códigos de programação, seu uso é quase ilimitado.

As propriedades de um NFT são descritas por seus metadados, que são armazenados dentro dele. Os dados reais representados pelo NFT são armazenados fora dele, possivelmente na nuvem. Na verdade, o NFT para uma pintura digital se conecta à imagem de origem da pintura armazenada no serviço de nuvem. Isso é necessário porque a blockchain na qual o NFT se baseia é descentralizada, o que significa que a blockchain inteira é copiada a cada nó. A sobrecarga seria tremenda se os dados reais (ou seja, um vídeo, uma imagem ou qualquer outra coisa) fossem incluídos na blockchain (e no NFT).

O que são metadados? A seção a seguir elucida essa questão.

Metadados de NFT

Metadados são informações que registram informações sobre outros detalhes. Em uma chamada telefônica, os metadados incluem os números de quem chama e recebe, a hora, a data e a duração da chamada. Os metadados *não* contêm os dados reais. Em nosso exemplo, a chamada telefônica *não* faz parte dos metadados.

Os metadados são usados para descrever o NFT e as informações associadas a ele. Entre elas estão os tipos de dados, seu tamanho, o nome do(s) artista(s) e a raridade. É importante notar que um NFT geralmente identifica apenas o ativo e outros itens essenciais.

Por exemplo, se seu NFT fosse um videoclipe, ele notaria a localização do clipe (provavelmente em um serviço de nuvem). NFTs geralmente usam hashes de Sistema de Arquivos Interplanetário (*InterPlanetary File System* – IPFS) ou uma URL de HTTP. Internamente, ERC-721s usam um *JavaScript Object Notation* (JSON) padrão para notar a localização. Contudo, como o JSON é relativamente grande, o contrato de Ethereum inclui um identificador de recurso universal (*Universal Resource Identifier* – URI) para registrar o local externo da definição do JSON. Em outras palavras, os metadados são armazenados fora da cadeia (como será visto mais adiante nesta seção).

Os metadados são atribuídos quando o token é cunhado, o que significa que os dados não podem ser alterados. Por causa disso, se o ativo (ou seja, os dados reais) é movimentado ou excluído, o token não será mais válido e *não poderá ser alterado*.

Os metadados de NFT podem ser armazenados de duas maneiras:

- `Na cadeia` *(on-chain)*. Os metadados são armazenados na blockchain e contêm a localização dos dados reais associados a um NFT.
- `Fora da cadeia` *(off-chain)*. Por conta do volume de informações nos metadados, na maioria dos NFTs eles são armazenados fora da blockchain (daí o termo "fora da cadeia") para reduzir a exigência de armazenamento caro e descentralizado.

Como os NFTs funcionam

Antes que um NFT possa ser vendido ou usado, o item virtual ou físico deve ser criado ou adquirido. O processo varia de acordo com a blockchain, mas geralmente segue estas etapas:

1. Um produto, como uma imagem ou vídeo, é desenvolvido.
2. Em seguida, você escolhe uma blockchain para seu NFT. A maioria das pessoas usa Ethereum, mas há outras opções, como Tezos ou Cosmos.
3. Você configura sua carteira digital, que será usada para comprar a moeda destinada ao pagamento das taxas no marketplace, exigidas para financiar o investimento inicial.
4. Então, você seleciona o marketplace do NFT. É necessário escolher aquele que funcione melhor para você e seu ativo.
5. Em seguida, você carrega seu arquivo digital no marketplace selecionado.
6. Depois, conecta sua carteira digital a esse marketplace.
7. Seu objeto digital é cunhado. Durante esse processo, um NFT é desenvolvido e os dados de propriedade do objeto são incluídos no NFT. O marketplace terá instruções sobre como cunhá-lo naquele ambiente.

8. Por fim, o NFT é listado para venda no marketplace, se desejado. O marketplace terá instruções sobre os métodos que você pode usar para vender seu NFT. Normalmente, haverá opções como preço fixo ou leilão (ou seja, uma venda por tempo limitado ou por tempo ilimitado).

Examinemos brevemente como os NFTs são verificados durante o processo de criação.

Criando NFTs: verificação

Quando um NFT é gerado, deve ser confirmado como um ativo em uma blockchain. Se você apenas adicionasse NFTs sem verificar sua validade, criaria a situação perfeita para fraude e falsificação, o que iria contra o propósito de criação de NFTs, para início de conversa.

As transações confirmam que um NFT foi criado e adicionado a um bloco, que é então adicionado à blockchain. O marketplace deve atualizar o saldo da conta para levar em consideração aquele ativo. Uma vez que isso seja realizado, o NFT pode ser negociado ou verificado como eventual propriedade de alguém.

Por fim, cada sistema na rede deve ser informado de que aquele bloco recém-cunhado está correto.

É responsabilidade dos mineradores notificar todos os sistemas na rede sobre seu NFT e sua propriedade. Isso explica por que a mineração inclui provas, como a resolução de equações matemáticas altamente complexas. Se isso não acontecesse, seria fácil para qualquer pessoa assumir o controle de seu NFT e reivindicar a propriedade. Consequentemente, o trabalho de mineração deve ser realizado por entidades de confiança. Além da mineração, os mineradores também são responsáveis por verificar as propriedades do bloco.

Padrões/Bancos de dados de NFTs

A tecnologia moderna se baseia em padrões. Pode-se dizer que os padrões regem o mundo, porque viveríamos no caos sem eles. Para dar um exemplo, todas as televisões do mesmo modelo usam as mesmas peças, voltagens, tamanhos e componentes. O mesmo fabricante pode usar essas mesmas peças em todos os seus modelos de televisão para facilitar sua manutenção e padronizar as cadeias de suprimentos. Os fabricantes de televisão entraram em um acordo sobre o padrão de cabos HDMI para que as pessoas possam conectar os aparelhos sem precisar de cabos de finalidade única.

Os padrões de software são criados para simplificar o desenvolvimento e permitir a compatibilidade com outros softwares e hardwares. As interfaces de programação de aplicativo (APIs) são um método padrão que desenvolvedores de software usam para acessar facilmente ferramentas complexas sem escrevê-las. Vários padrões são combinados em um vasto tecido, trabalhando em harmonia para alcançar as metas dos designers do software.

Os NFTs também são baseados em uma série de padrões para garantir que funcionem juntos e com outros itens de formas previsíveis. O padrão ERC-721 do Ethereum define a estrutura e operações básicas dos NFTs. Padrões distintos, como Solana e Tezos, ampliam o ERC-721 com novas características.

Alguns exemplos específicos de padrões relacionados a NFTs são:

- ERC-20. O padrão para tokens fungíveis inclui contratos inteligentes (pode ser usado apenas no Ethereum).
- ERC-223. Permite a aprovação de tokens fungíveis para uso por terceiros na cadeia.
- ERC-721. Tokens não fungíveis.
- ERC-777. Uma versão melhorada do ERC-20.
- ERC-865. Contrato inteligente para permitir o pagamento em tokens em vez de *gas*.
- ERC-875. Contrato inteligente para transferência de vários NFTs em uma única transação.
- ERC-998. Contrato inteligente para fundir NFTs em um único NFT.
- ERC-1155. Contratos inteligentes que permitem o gerenciamento de tokens Ethereum.
- ERC-1137. Pagamentos recorrentes.
- *Ethereum Name Services* (ENS). Um sistema de nomenclatura para a blockchain Ethereum.
- Protocolo de prova de presença (*Proof of Attendance Protocol* – POAP). Protocolo que comprova a presença de pessoas em um evento virtual ou presencial.

Muitos outros padrões estão disponíveis. Alguns são propriedade de plataformas de blockchain específicas e outros são abertos a todas as pessoas.

Lembre-se, no entanto, de que há uma diferença entre um NFT que você criou e um que você possui.

Criando e possuindo NFTs

Quando você possui um NFT, ele registra sua propriedade. Isso se torna um registro imutável (ou seja, não pode ser alterado). Como você o possui, pode vendê-lo; se incluir o código correto, pode receber pagamentos por direitos autorais nas revendas.

Por outro lado, quando você constrói um NFT, tem mais poder sobre ele. Em primeiro lugar, o fato de tê-lo criado está registrado na blockchain. Você pode codificar os pagamentos por direitos autorais que receberá sempre que ele for vendido (ou não, se assim desejar), além de poder vendê-lo em qualquer lugar sem precisar de um agente. Você tem o controle da definição de raridade do seu NFT.

Após ter criado ou obtido a propriedade de um NFT, há muitas opções do que fazer em marketplaces de NFTs.

Marketplaces de oferta e plataformas de leilão de NFTs

Para comprar e vender NFTs, você deve encontrar um marketplace e criar uma conta. Essas plataformas oferecem um ambiente seguro com as ferramentas de que você precisa para examinar, comprar e vender NFTs. Muitos marketplaces também permitem que você gere seus próprios NFTs.

O maior marketplace se chama OpenSea, e nele é possível encontrar, coletar e vender NFTs. Ele foi o primeiro marketplace de NFTs e inclui todas as ferramentas necessárias, inclusive carteiras digitais, além de instruções para configurar coleções, adicionar (ou seja, criar) NFTs e listá-los para venda.

Embora o OpenSea seja perfeitamente adequado para a maioria das finalidades, você talvez tenha necessidades exclusivas que podem ser atendidas por outros marketplaces. Então, qual deveria usar? Depende do que você está tentando obter.

Outros marketplaces estão listados abaixo. Embora haja muitos mais, essa lista deve fornecer um ponto de partida:

- AAvegotchi.
- Async.
- Axie Infinity.
- Bounce.
- Cargo.
- Decentraland.
- Foundation.
- KnownOrigin.
- Makersplace.
- Mintbase.
- Mintable.app.
- Mythmarket.
- NBA Top Shot.
- Nifty Gateway.
- OpenBazaar.
- Solanart.
- Solsea.
- SuperRare.
- Rariable.
- The Nifty Gateway.

Depois de ter escolhido um marketplace, você está pronto para comprar um NFT.

O que é necessário para comprar NFTs

Até aqui você aprendeu sobre NFTs e agora chegou ao ponto em que deseja investir neles. Talvez você tenha encontrado uma obra de arte digital que pareça um investimento sólido ou talvez queira utilizar um NFT como moeda social.

Pronto para embarcar? Bem, aqui está um tutorial sobre como comprar um ou mais NFTs.

Primeiro, certifique-se de que tudo o que é necessário esteja pronto. Desta forma, não haverá uma correria para buscar algo no meio do processo.

Carteira digital
Uma carteira digital é necessária para qualquer tipo de transação. Como observado anteriormente, sua carteira digital é um aplicativo que possi-

bilita realizar transações financeiras. É a versão digital de sua carteira ou bolsa. Ela armazena dinheiro em todas as suas formas (ou seja, cartões de crédito ou débito, informações de transferências eletrônicas, e assim por diante). O dinheiro é adicionado à carteira digital quando algo é vendido e é removido quando uma compra é realizada.

Uma carteira digital também pode armazenar outras coisas, como:

- Cupons.
- Sua carteira de motorista.
- Cartões-presente.
- Cartões de fidelidade.
- Carteiras de associação.
- Ingressos.

As carteiras digitais também rastreiam seu histórico de pagamentos, assim você tem um registro permanente de tudo que comprou.

É importante lembrar que as carteiras digitais são muito seguras e criptografadas. Você deve autenticar sua identidade para acessá-las.

Moeda

Você precisará de dinheiro, e na maioria dos marketplaces isso significa uma forma aceita de criptomoeda, embora dinheiro "normal" (ou seja, moedas fiduciárias) possa ser usado às vezes. É essencial entender as condições de moeda permitidas em seu marketplace. O OpenSea e o SuperRare aceitam apenas criptomoedas, enquanto o Nifty Gateway e o NBA Top Shot também aceitam moedas fiduciárias.

Há alguns desafios no uso de moedas fiduciárias porque os marketplaces devem criar on-ramps e off-ramps para seus aplicativos. A aceitação de moedas fiduciárias pode tornar o processo de desenvolvimento do aplicativo mais complexo, ao passo que aceitar apenas criptomoeda o simplifica.

Hoje, muitos processadores de pagamentos (como o PayPal) não dão suporte a transações de NFT, por isso, se o marketplace não oferecer suporte a moedas fiduciárias, você deverá comprar criptomoedas para adquirir um NFT.

A fraude é uma grande preocupação e os reguladores acreditam que os criminosos podem se aproveitar dos NFTs para lavar dinheiro e praticar outras atividades ilegais. Por causa disso, as plataformas para negociação de NFTs devem implementar vários padrões de detecção e prevenção desse tipo de atividade. Entre eles estão Conheça seu cliente (*Know Your Customer* – KYC), Prevenção à lavagem de dinheiro (*Anti-Money Laundering* – AML) e Combate ao financiamento de terrorismo e proliferação (*Counter Terrorist and Proliferation Financing* – CTF/PF).

Uma conta de usuário no marketplace

Após escolher um marketplace que atenda às suas necessidades, você deverá criar uma conta de usuário para ter acesso aos recursos do mercado.

As carteiras cripto são ferramentas que armazenam NFTs e criptomoedas. Essas carteiras interagem diretamente com blockchains para executar suas tarefas. Há dois tipos de carteiras: as custodiais e as não custodiais:

- *Custodiais*. Em uma carteira custodial, é o fornecedor do serviço que possui a chave privada usada para acessá-la. O fornecedor mantém a segurança e opera as equipes de atendimento ao cliente para ajudá-lo com problemas que possa ter. Suponha que você tenha esquecido a sua senha: você pode ligar para o atendimento ao cliente, que o ajudará a redefini-la. Entre os fornecedores de carteiras custodiais incluem-se Coinbase, Gemini, Free Wallet, Binance, BitNex, Blockchain.com e BitGo.

- *Não custodiais*. As carteiras não custodiais são de propriedade dos usuários. São eles os responsáveis por operá-las e por controlar seus ativos digitais. Uma desvantagem deste tipo é que tudo que houver na carteira será perdido se as senhas (ou outros critérios de acesso) forem perdidas. Entre os exemplos de fornecedores de carteiras não custodiais estão Electrum, Exodus, Zengo e Wasabi.

Depois, você deverá seguir estas etapas para continuar comprando seus NFTs:

1. Compre um pouco de ETH (Ethereum ou outra blockchain que dê suporte a NFTs) de uma corretora e envie para sua carteira digital.
2. Siga as instruções, que são exclusivas daquele marketplace.

Assim que você possuir (ou criar) um NFT, estará livre para vendê-lo.

Como vender NFTs

Em algum momento, você vai querer vender um NFT. Para isso, terá que criar um novo NFT para um ativo digital ou comprar um que já tenha sido criado. Discutiremos como projetar NFTs mais adiante neste capítulo, então suponhamos que você já tenha um NFT (seja criado por você ou comprado de alguém).

Você precisará selecionar um marketplace, certificar-se de que tem os fundos em sua carteira cripto e listá-lo para venda. Basta clicar no botão "Vender" e configurar alguns parâmetros e o tipo de leilão. Aqui estão alguns tipos:

- *Preço fixo*. Nesta forma de leilão, você simplesmente lista o preço que um comprador pagará pelo NFT.

- *Leilão regular* (oferta ascendente). Se você já comprou ou vendeu algo no eBay usando o recurso de leilão, saberá como isso funciona. O vendedor pode estabelecer um preço de reserva (ou seja, mínimo) e outros parâmetros, inclusive a duração do leilão. Os compradores então fazem suas ofertas, que aumentam cada vez mais, e quando o tempo esgotar, quem fez a maior oferta vence o leilão.

- *Leilão holandês*. Este tipo de leilão funciona da forma oposta. O vendedor estabelece um preço elevado, que vai caindo a intervalos regulares (ou seja, poucos minutos) até que alguém faça uma oferta no preço atual e vença o leilão. Esse modelo é normalmente utilizado para se vender uma coleção de NFTs.

- *Leilão de Vickrey*. Este tipo de leilão funciona da mesma forma que um leilão holandês de oferta lacrada, mas o vencedor paga o segundo maior preço.

Os NFTs oferecem muito mais capacidades do que apenas negociação, inclusive a habilidade de se montar um sistema financeiro completo e funcional.

As etapas a seguir são usadas para vender um NFT, seja você o proprietário ou o seu criador:

1. Selecione o marketplace por meio do qual você deseja vender seu NFT.
2. Crie ou compre o NFT.
3. Liste o NFT para venda.
4. Promova o NFT.
5. Aceite ofertas.
6. Quando a oferta for finalizada, recolha a quantia oferecida e transfira a propriedade do NFT para o vencedor.

Observe que há muitas possibilidades de uso dos NFTs para branding e marketing, como descrito na seção a seguir.

Estratégia de negócios e marca para NFTs

A utilidade dos NFTs vai muito além de seu papel nos jogos e em investimentos. As empresas e marcas podem lançar NFTs para uso em suas iniciativas de marketing. Uma empresa de refrigerantes poderia, por exemplo, lançar uma arte em NFT exclusiva como prêmio em sorteios. As empresas poderiam usar essa arte para garantir seus nomes de domínio e os restaurantes de *fast food* podem criar uma linha de produtos em NFT colecionáveis, a serem oferecidos na compra de uma refeição.

Os NFTs podem aumentar o conhecimento da marca com a criação de ativos digitais exclusivos com colecionáveis digitais ou até mesmo representações digitais únicas de experiências ou de objetos físicos. Por exemplo, se uma alpinista escalou um penhasco particularmente difícil, ela poderia receber vídeos, fotos e arquivos de áudio NFT de sua escalada ao topo. Ela então receberia pagamentos de direitos autorais se seus fãs comprassem cópias digitais de suas experiências únicas usando contratos inteligentes. O contrato poderia especificar que suas equipes de vídeo, fotografia e som também recebessem uma remuneração pelas vendas.

Considere a possibilidade de alguém comprar um par de tênis no mundo real, recebendo também um NFT de uma representação digital desses calçados. Isso poderia permitir que esses mesmos tênis fossem usados em videogames e outras experiências imersivas, embora de forma digital. Esse serviço poderia facilmente ser usado como parte de uma campanha de mídias sociais ou outras táticas de marketing e publicidade. Uma pessoa poderia usar NFTs para implementar um guarda-roupas inteiro em uma experiência imersiva, de jogos e eventos esportivos a conferências.

É até possível atribuir um identificador único a cada produto vendido, possibilitando seu uso como NFTs. Como exemplo, um consumidor compra um novo boné representado por um NFT. A partir daí, sensores nos mundos físico e digital poderiam detectar o boné e vincular experiências imersivas a ele. Anúncios poderiam ser criados para responder ao boné, sugerindo acessórios. Há muitas possibilidades para conversão de uma venda simples em uma experiência envolvente e de longo prazo.[21]

Há muitos usos para os NFTs em empresas e marcas. Alguns delas:

- Certificações digitais de autenticidade para itens do mundo físico.
- Emblemas e prêmios por participação em campanhas de mídias sociais.
- Uso dos mesmos produtos nos mundos digitais e virtuais.
- Criação de campanhas de marketing centradas na coleção de NFTs de obras de arte, selos, avatares, vídeos e outros colecionáveis.
- Criação de versões de luxo de produtos.
- Criação de versões exclusivas de produtos do dia a dia para oferecer uma experiência para os consumidores.

Existem muitas possibilidades de uso dos NFTs por marcas para formar uma conexão com os consumidores por meio da oferta de produtos imersivos, digitais e físicos exclusivos. A criação dessas conexões tende a aumentar a fidelidade dos consumidores e a fornecer maneiras adicionais de as empresas conquistarem a atenção dos clientes e tornarem duradouros seu valor e experiências.

Além desse potencial de marketing, os NFTs e as finanças descentralizadas (DeFi) podem potencialmente oferecer maneiras mais adequadas de seus clientes realizarem transações.

NFTs e DeFi

As finanças descentralizadas (DeFi) implementam um sistema financeiro baseado em blockchains. A ideia é de que haja um sistema econômico totalmente funcional sem uma autoridade central (como tudo considerado neste livro). Muitos conceitos que se aplicam ao sistema financeiro do mundo real também se aplicam à DeFi, com a óbvia ressalva de que nenhuma entidade única controla o sistema. Em vez disso, a DeFi é especificamente projetada para operar sem essa autoridade central. Em outras palavras, nenhum banco central ou governo pode definir o valor, elaborar regulamentos ou decidir o que pode ou não ser feito.

Os NFTs proporcionam um tipo adicional de ativo que se aplica ao ecossistema de DeFi. Como é possível combinar NFTs com contratos inteligentes, há muitas opções (e controle) novas, envolventes e promissoras. Vejamos alguns exemplos desses novos modelos financeiros:

- *Empréstimos mediante garantia de NFTs.* Como os NFTs representam ativos (ainda que ativos digitais na maioria das vezes) com valor real, eles podem ser usados como garantia de empréstimo. Portanto, se você necessitasse de crédito, poderia usar um ou mais de seus NFTs para garantir a aprovação do empréstimo. Isso funciona como no mundo físico, mas, neste caso, a garantia é um NFT.

- *Propriedade fracionada.* Digamos que você queira comprar um carro, mas não tem o dinheiro para isso. E se você pudesse pedir a três amigos que se tornassem coproprietários? Em outras palavras, os quatro ficariam com um quarto do carro cada. Os NFTs fracionados possibilitam que se faça isso com qualquer ativo representado por um NFT. Você pode reunir um grupo para combinar recursos para a compra daquele ativo digital de um milhão de dólares, e cada um teria uma parte dele (o tamanho da parte depende de quanto você investirá). É possível comprar NFTs fracionados no Niftex, Unicly, NFTX e outros marketplaces.

- *Criador de mercado automático.* Esse recurso útil permite a compra de NFTs (e outros ativos digitais) de forma automática usando-se pools de liquidação ou, como normalmente são chamados, mecanismos de negociação autônomos. O conceito elimina a exigência de uma autoridade central, inclusive instituições financeiras e até mesmo marketplaces. Em outras palavras, não há necessidade de haver um intermediário para se envolver em uma transação.

Os contratos inteligentes inserem-se entre os recursos dos NFTs que definem uma série de regras a serem seguidas sob condições específicas.

Contratos inteligentes de NFT

No mundo físico, geralmente é necessário contratar os serviços de um advogado para se redigir e garantir o cumprimento de um contrato. As negociações podem ser trabalhosas e demoradas, e garantir que o contrato esteja sendo cumprido de forma adequada requer ainda mais tempo e esforço. Pode haver a necessidade de envolver advogados em qualquer etapa do contrato, da execução ao encerramento, quando tudo é concluído. A possibilidade de qualquer coisa dar errado é alta porque os termos do contrato são abertos a interpretação.

Os contratos inteligentes tentam resolver o problema de governança. Eles fazem isso ao incorporar pequenos programas a uma blockchain. Esses programas são executados quando uma ou mais condições predefinidas são atendidas.

Um contrato inteligente é usado para automatizar a execução dos termos de contratos sem necessidade dos serviços de um advogado ou outro intermediário. Isso economiza tempo e dinheiro, embora ainda se necessite de tempo (e, eventualmente, um programador) para escrever o código e verificar se tudo está correto. Os contratos inteligentes também podem ser usados para automatizar fluxos de trabalho.

Tomemos como exemplo um NFT criado para um livro eletrônico. Sem os contratos inteligentes, os livreiros coletam os pagamentos de direitos autorais que vão para as editoras, que depois pagam uma porcentagem das vendas para os escritores.

Esse fluxo de trabalho muda com o surgimento dos contratos inteligentes. O contrato é codificado na blockchain para o NFT do livro com as condições que determinam o valor e o tipo de pagamento por direitos autorais. Se o livro é comprado diretamente, o contrato inteligente é executado e realiza o pagamento de direitos autorais diretamente ao autor (e o livreiro também é pago). Mas se o livro acabar em uma biblioteca, o contrato inteligente pode especificar que o autor receba uma comissão da biblioteca toda vez que o livro for emprestado.

Os contratos inteligentes podem ser usados para outras ações, como empréstimos de NFT. Você também pode criar NFTs de criptoarte.

NFTs dinâmicos

Os NFTs dinâmicos (dNFTs) são um novo tipo de NFT; eles podem se adaptar e mudar de acordo com critérios como dados e eventos. Por exemplo, uma tela de fundo pode ser dinamicamente atualizada de acordo com acontecimentos climáticos ou resultados de eventos esportivos.

Criptoarte e como criar NFTs

Você sabia que pode integrar sua criptoarte a um NFT associado? Como explicamos anteriormente, arquivos de imagem, vídeos e outras formas de arte digital já foram vendidos por dezenas, centenas ou milhares de dólares. Alguns até passaram da marca do milhão. Se você tiver criatividade, pode valer a pena entrar nessa nova área emergente e ver o que você pode criar e vender.

Em 2014, Kevin McCoy e Anil Dash lançaram a primeira obra de arte em NFT durante uma apresentação no Seven on Seven, no New Museum, em Nova York. Diante de uma plateia ao vivo, eles vincularam uma obra de arte a um NFT. O Namecoin possibilitou esse feito. Também em 2014, Robert Dermody, Adam Krellenstein e Evan Wagner fundaram uma startup chamada Counterparty, criada para possibilitar que pessoas produzissem ativos e os vinculassem a NFTs.

Em 2015, o jogo *Spells of Genesis* permitiu que jogadores comprassem e usassem ativos dentro do game (NFTs); em 2016, um jogo chamado *Force Of Will* foi lançado com suporte similar. Os NFTs de avatares apareceram em 2016 no Counterpart; em 2017, o Peperium foi fundado como um marketplace para NFTs de memes e cartões colecionáveis. Em 2017, John Watkinson e Matt Hall criaram os *Cryptopunks* por uma empresa chamada Axiom Zen, que lançou os *CryptoKitties* também. O mundo da criptoarte decolou em 2021 com a venda de *The First 5000 Days* pelo Beeple por US$ 69,3 milhões.

Você pode produzir um NFT para praticamente qualquer coisa, inclusive arte digital (ou seja, GIFs, PNGs), filmes, memes, receitas, música... Pense no que quiser, e provavelmente poderá encontrar uma forma de fazer sua versão em NFT. Há poucas restrições ao que pode ser "tokenizado" e transformado em NFT – se é que há. Uma exceção significativa é que você deve evitar o uso de material protegido por direitos autorais, justamente porque não é o dono desses direitos.

Como estamos falando sobre o mundo virtual, você encontrará algumas opções empolgantes que não estão disponíveis para as artes tradicionais no mundo físico. Entre essas opções estão:

- *Arte programável*. É possível definir uma série de instruções para determinar como a mídia deve ser renderizada, visualizada, ouvida e assim por diante. Você gera camadas de tokens que representam alterações de movimento e de cor.

- *Vendas secundárias*. No mundo físico, você depende de contratos e da honestidade de outras pessoas (ou seja, livreiros, galerias de arte, editoras e assim por diante) para o pagamento de direitos autorais e comissões. Com os NFTs (como consideramos anteriormente), é possível definir como você deve ser pago cada vez que sua obra de arte for vendida, emprestada ou alugada. Entre os marketplaces de arte está o KnownOrigin, que oferece um ambiente on-line para venda e compra de arte digital.

- *Galerias virtuais*. Os artistas podem exibir suas obras de arte em galerias virtuais. Qualquer pessoa pode ver a obra, que fica exposta em álbuns on-line, mas, neste caso, ela está na forma de um NFT.

Criar arte em NFT requer algumas etapas:

1. Primeiro, produza sua obra de arte digital.
2. Você precisará criar uma carteira Ethereum para a transação.
3. Em seguida, compre um pouco de Ethereum. Você precisará disso para pagar as taxas associadas à criação de sua arte digital (ou seja, taxas de *gas*).
4. Por fim, conecte-se a um marketplace de NFTs.
5. Crie uma conta (se ainda não tiver uma).
6. Siga as instruções (que podem ser diferentes em cada marketplace) para carregar sua arte e criar seu NFT.
7. Coloque sua arte em NFT à venda.
8. Aguarde as ofertas ou o encerramento do seu leilão.

Você não terá dificuldade de encontrar ferramentas e utilitários para ajudar na criação de sua arte. A Adobe Creative Cloud abarca um conjunto de aplicativos, como o Photoshop e o Substance, projetados para possibilitar que qualquer pessoa crie suas obras-primas digitais. É uma das plataformas mais completas e recheadas de recursos disponíveis atualmente.

O Oasis Digital Studios projetou um ambiente no qual artistas compartilham a receita da venda inicial e dos direitos autorais por suas obras. O programa inclui ofertas para suporte a arte digital, cartões colecionáveis, edições limitadas, séries e até produtos físicos.

Sistemas autônomos (ou seja, não humanos) também podem conceber obras de arte, um conceito conhecido como arte generativa. Trata-se da criação de obras de arte sem orientação de humanos. É também chamada de arte algorítmica ou sintética.

Há um futuro brilhante para as artes digitais (ou seja, artes em NFT). Seria um erro pensar na arte digital como superior; ela proporciona uma maneira alternativa de os artistas expressarem sua criatividade. A arte digital traz novos recursos (3D, em particular), uma audiência maior (toda a internet), um sistema de direitos autorais mais eficaz e um método bem definido de remuneração para todas as partes envolvidas.

O uso mais empolgante da arte digital ocorre com tecnologias imersivas. Imagine olhar para uma pintura em um museu e se encontrar dentro dela, ser capaz de ver o que está acontecendo. O resultado é que a arte digital permite que o público experimente e interaja com a obra.

Quando um NFT é criado, ele deve ser cunhado. Descrevemos o que é isso na seção a seguir.

O que é cunhagem e como cunhar

O processo pelo qual um governo no mundo físico forja moedas é conhecido como *cunhagem*. Ele consiste na fabricação de dinheiro usando-se placas de metal como matéria-prima. As moedas fabricadas são então liberadas para o público e se tornam parte do numerário corrente usado em transações.

Conceitualmente, o termo "cunhar" tem um significado semelhante para NFTs. Se você precisa criar um NFT, a etapa seguinte é cunhá-lo. O processo adiciona um ativo, como uma peça de arte digital ou um vídeo, em uma blockchain, o que faz com que ele se torne um ativo digital que pode ser negociado, comprado e vendido em um marketplace digital. Quando um NFT é cunhado, é possível definir suas condições para pagamento de direitos autorais, agendamentos e outros parâmetros usados durante as transações.

Carregar um arquivo contendo seu ativo digital é a parte fácil do processo, pois é semelhante em conceito e forma a carregá-lo em qualquer outro site, como seu álbum de fotos on-line ou seu site de vídeos favorito.

Uma vez que você tenha carregado o ativo e definido seu título, subtítulo, descrição e outros atributos, pode lançar o NFT associado.

O processo de cunhagem na blockchain Ethereum (a mais popular para NFTs) não é gratuito. Você deve pagar um valor, conhecido como taxa de *gas*, ou simplesmente *gas*, de US$ 50 ou mais. O preço depende dos recursos necessários para produzir e armazenar o NFT. Você também pode escolher redes diferentes de blockchain, como OpenSea e outras. A cunhagem de um NFT consiste em várias etapas:

1. Selecione um marketplace de NFTs e conecte sua carteira a ele.
2. Carregue o arquivo contendo sua arte digital ou vídeo e defina parâmetros como título, subtítulo e assim por diante.
3. Clique no botão para cunhar o NFT ou colocar seu ativo digital à venda.
4. Quando o marketplace lhe pedir que aprove a taxa de *gas*, indique sua aceitação.
5. Aguarde enquanto seu NFT é cunhado.

Atualmente, a cunhagem utiliza extensivos recursos computacionais para realizar o "trabalho" como prova de trabalho. São necessários tantos recursos que o consumo de energia mundial para todas as blockchains e NFTs equivale a aproximadamente um milésimo do consumo de energia do mundo todo. Usa-se tanta energia que o processo de cunhagem contribui de forma significativa para o aquecimento global.

O Ethereum é a blockchain mais conhecida, mas, dependendo de suas necessidades, é interessante dar uma olhada nos recursos de outras.

Qual blockchain escolher?

Nem todas as blockchains são iguais, e sua escolha de qual delas usar para seus NFTs dependerá de quais recursos e características são importantes para você. Para efeito de analogia, pense no seu banco. Você provavelmente o escolheu tendo em vista os recursos que existem em sua plataforma web, como on-line banking, quanto tempo você tem de esperar na fila para usar o caixa e quais caixas eletrônicos são mais próximos de você. Há uma grande variedade de características semelhantes a se considerar na escolha de sua blockchain:

- *Velocidade da transação.* A velocidade das transações de uma blockchain é algo a se levar em conta, já que blockchains mais rápidas podem atingir um número maior de transações por segundo do que as mais lentas. Isso afeta as taxas (ou seja, *gas*) que você pagará e o tempo de espera para as transações ocorrerem.

- *Segurança.* Examine a segurança da blockchain para determinar se há um padrão de violações e outros problemas de segurança. Especificamente, uma blockchain pode ser mais vulnerável a ataques man-in-the-middle, enquanto outra pode ter vulnerabilidades em seus algoritmos de criptografia. Faça uma pesquisa para se certificar de que a blockchain de sua escolha não se tornará um pesadelo em termos de segurança.

- *Custo das transações.* Você provavelmente não gostaria de escolher um banco com altas taxas de transação, certo? O mesmo conceito se aplica às blockchains. As taxas de *gas* podem ser elevadas, limitando o que você poderá realizar. Uma comparação entre as taxas das blockchains também deve ser parte de sua análise.

- *Consenso.* Os mecanismos de consenso podem afetar a segurança, o desempenho e até as mudanças climáticas de forma significativa. Uma blockchain que utiliza um mecanismo de prova de trabalho pode ser mais vulnerável e usar mais energia do que uma que utiliza prova de autoridade por participação (*Proof of Staked Authority*). Leve isso em consideração ao escolher uma blockchain. Especificamente, se você se preocupa com o meio ambiente e as mudanças climáticas, deve evitar o mecanismo de prova de trabalho, pois ele exige um enorme gasto de energia de computação.

Entre suas escolhas de blockchain estão:

- Ethereum, que atualmente é a blockchain mais usada para NFTs. Foi uma das primeiras a dar suporte a NFTs e inclui suporte para contratos inteligentes.

- Flow, que é uma blockchain escalável e portátil com muitas ferramentas para auxiliar no desenvolvimento de NFTs.

- Solana, se você quiser uma blockchain escalável e rápida.

- Cardano, embora ela ainda não ofereça suporte para contratos inteligentes.

Há mais de mil blockchains diferentes com pelo menos quatro tipos de redes de blockchain para NFTs.

A seção a seguir examina tokens, que são componentes essenciais de NFTs e de blockchains.

Tokens

Uma criptomoeda, como o bitcoin, é moeda corrente. Assim como qualquer outra, você pode guardá-la em um banco, usá-la em investimentos, doá-la para outra pessoa, dispô-la para compras e recebê-la pela venda de bens e serviços.

É importante entender que um token *não* é considerado uma moeda corrente. Em vez disso, os tokens são identificadores únicos de algo ou alguém. Você já se deparou com eles de uma forma ou outra no mundo físico: números ISBN para livros, códigos UPC para mercadorias e números de série para equipamentos, por exemplo. Cada um desses números identifica exclusivamente um objeto para que ele seja referenciado.

Por exemplo, se você ligar para a assistência técnica para consertar sua televisão dentro do prazo de garantia, terá de fornecer o número de série do seu aparelho. Associadas a esse número estão as características da sua TV, como tamanho da tela, custo original e resolução em pixels (entre várias outras coisas).

No entanto, o token *não* é o objeto ou pessoa. Ele meramente os identifica.

A especificação ERC-721[22] define o padrão para NFTs. Cada um tem uma variável uint256. Trata-se de um número longo de 256 bits não negativo que pode armazenar um número até 115792089237316195423570985008687907853269984665640564039457584007913129639935 (ou 2^{256}) em decimais. Esse é o token ou identificador para um NFT.

A especificação ERC-721 também define todas as outras características de NFTs.

Um recurso nativo adicional dos NFTs é a capacidade de descentralizar a governança usando organizações autônomas descentralizadas (DAOs).

Governança com DAOs

Atualmente, toda forma de governo na Terra é centralizada, o que significa dizer que há uma autoridade central que cria e faz cumprir as regras da sociedade. Em uma ditadura, uma única pessoa, o ditador, está no comando, ao passo que em democracias o poder reside nas mãos do parlamento, do congresso, de um presidente eleito ou de uma combinação de pessoas. Em ambos os casos, uma única pessoa ou um único grupo está no controle.

A maioria das organizações segue a mesma lógica. Em uma corporação, as autoridades centrais são o CEO e a diretoria. O comandante das Forças Armadas dos EUA é o chefe do Estado-Maior Conjunto, que deve se reportar diretamente ao presidente. Cada agência governamental tem uma única pessoa no topo. Abaixo dela, há uma hierarquia de indivíduos com títulos e patentes que também tomam decisões, estabelecem metas e impõem a disciplina aos níveis inferiores na organização.

Uma organização autônoma descentralizada (DAO) é um novo tipo de organização, tornada possível por estar em uma blockchain e que toma decisões com base em regras de contratos inteligentes. Nesse modelo de governança, não há necessidade de autoridade centralizada e hierarquia; assim que uma DAO é definida juntamente com seus contratos inteligentes, não há necessidade de intervenção humana na governança.

Uma DAO tem as seguintes características:

- *Tokenização*. As blockchains podem ser usadas para representar direitos de voto. Apenas as pessoas que possuem tokens podem participar da governança.

- *Autoimposição*. Os contratos inteligentes impõem as regras.

- *Automação*. Muitos contratos inteligentes combinados, geralmente em configurações complexas, permitem interações entre diferentes pessoas e grupos. Essas interações são automáticas e autônomas devido aos contratos inteligentes.

- *Descentralização*. As DAOs devem ser criadas em uma estrutura descentralizada para evitar que as pessoas com mais recursos computacionais influenciem as decisões a seu favor e corrompam o sistema.

- *Transparência.* Como as DAOs são baseadas em blockchain, os dados subjacentes não podem ser alterados e são transparentes.

- *Confiança.* Os contratos inteligentes são a base da confiança. Como os mecanismos de decisão são instalados nesses contratos, as pessoas podem se certificar de que qualquer decisão seguirá os resultados.

Usando DAOs, as comunidades chegam a um novo patamar de justiça e liberdade. O viés humano e o potencial para corrupção são reduzidos, possibilitando uma abordagem mais justa e equilibrada para a governança de comunidades.

Investindo em NFTs

Aviso: aqui oferecemos apenas uma breve visão geral a respeito de como investir em NFTs. *Não* se trata de um aconselhamento sobre investimentos.

Muitos investidores estão animados com o potencial de investimento dos NFTs. As manchetes anunciando uma venda no valor de US$ 69 milhões de um único NFT reforçam a ideia de que essa nova fronteira oferece muitas oportunidades de retorno. Antes de pular de cabeça no mercado de investimentos, é uma boa ideia compreender melhor suas opções.

Para investir em um NFT, você deve primeiro estabelecer sua carteira digital e carregá-la com criptomoedas. Esse dinheiro será usado para financiar seus investimentos (ou seja, para comprar um ou mais NFTs). Em seguida, é necessário encontrar um marketplace e criar uma conta. Certifique-se de escolher um marketplace com boa reputação, segurança e interface decente (já que uma interface ruim pode ser muito frustrante).

Você pode investir em diversos tipos de ativos, como:

- Arte.
- Colecionáveis.
- Memes.
- Música.
- Nomes de domínio.
- Terrenos virtuais.

Para vender um NFT, você pode estimar seu valor usando uma ferramenta on-line, como o DaapRadar. Simplesmente insira alguns parâmetros, inclusive o identificador do NFT, para determinar o valor estimado.

Você pode comprar um NFT ou criar o seu próprio, dependendo de sua estratégia de investimento. Você também pode comprar NFTs e vendê-los a outra pessoa ou guardá-los, se assim desejar.

Por que investir em NFTs? Pelos seguintes motivos:

- Os contratos inteligentes impõem as regras.
- Sua popularidade está aumentando drasticamente.
- O valor dos NFTs tem subido com frequência. Porém, como ocorre com qualquer investimento, o valor de alguns subirá e o de outros cairá.

Porém, há algumas desvantagens, dentre elas:

- Assim como acontece com qualquer investimento, os preços podem flutuar.
- Os procedimentos de compra e venda não são gratuitos. Há uma taxa para cada transação.
- Blockchains, especialmente as que usam o método de consenso por prova de trabalho, prejudicam o meio ambiente.

Após ter decidido usar os NFTs, seja para investimento ou alguma outra finalidade, você precisa se preocupar com a segurança.

Segurança dos NFTs

Quando você abre uma conta em um banco, naturalmente espera que suas transações permaneçam protegidas (isto é, que não perderá o dinheiro) e privadas (ou seja, que outras pessoas não saibam quanto dinheiro você tem nem como o gasta). Os bancos empregam esforços para passar em auditorias de segurança e respeitam de forma rígida as melhores práticas, porque sua marca seria prejudicada se houvesse violação, com a divulgação de informações sobre as transações dos clientes. Em uma situação dessas, a instituição afetada receberia visitas de autoridades federais, funcionários seriam potencialmente demitidos e o CEO e os executivos poderiam ser duramente criticados.

Nenhuma entidade única administra uma blockchain. Os padrões e protocolos são criados com a segurança em mente, e incorporam forte criptografia e autorizações seguras. Na maioria das vezes, você pode confiar na segurança de uma blockchain, embora diferentes implementações eventualmente sejam mais seguras que outras.

Os dados em si são armazenados em outro local por causa da sobrecarga associada à sua colocação na blockchain. Para NFTs, as imagens, vídeos ou dados são guardados fora da blockchain, em geral em um servidor central na nuvem. A blockchain para o NFT pode ser perfeitamente segura, mas os dados externos podem não ter proteção e serem excluídos ou movidos. Como o NFT não pode ser alterado, não há um método para se lidar com isso. Os dados externos também podem ser violados e alterados para alguma coisa diferente.

Os marketplaces são como qualquer empresa de tecnologia. Sua segurança deve seguir as melhores práticas e ser do mais alto nível. Ela será tão boa quanto seu departamento de segurança. Se sua plataforma for comprometida, os NFTs e carteiras que mantêm podem também sê-lo.

Por fim, blockchain, NFTs, contratos inteligentes e outros mecanismos, bem como as tecnologias subjacentes, consistem em um código que não é perfeito. Sempre haverá vulnerabilidades no código porque ele é escrito por humanos.

Consulte a seção "Fundamentos de segurança", do capítulo 3, para mais informações.

Você também deve entender como a privacidade funciona para NFTs e blockchains.

Preocupações em relação à privacidade de NFTs e blockchain

A blockchain é, por padrão, um registro público de cada transação que já ocorreu em relação a ela. É totalmente possível (e isso já aconteceu) que autoridades policiais, governos, empresas e até indivíduos abram o registro de suas blockchains e reúnam detalhes sobre cada transação que você realizou.

Em teoria, a blockchain é anônima porque você não precisa incluir suas informações pessoais (ou seja, nome, endereço e assim por diante) em sua carteira. As transações contidas na carteira são visíveis a todos, mas o seu proprietário é invisível. A menos que não seja.

Molly White, uma engenheira de software, resumiu bem o problema em seu blog:

> Imagine se, depois de ter transferido por um aplicativo um valor para aquela pessoa do Tinder para pagar pela sua metade do jantar, ela pudesse ver todas as outras transações que você fez. E não só as feitas por aquele aplicativo, mas também as que você realizou com seu cartão de crédito, transferências bancárias e outras, sem a opção de configurar a visibilidade da transferência para "privada". As contas divididas com todos os seus encontros anteriores do Tinder? Aquela transferência mensal para seu terapeuta? As dívidas que você está pagando (ou não), as ONGs para as quais você faz doações (ou não), a quantia que você está guardando em uma conta para aposentadoria (ou não)? A localização daquela lojinha de esquina do lado do seu prédio que você frequenta para comprar um sorvete às 22h? Não apenas isso tudo estaria visível para aquela pessoa do Tinder que você só viu uma vez, mas também para ex-parceiros, parentes distantes e possíveis empregadores.[23]

Você pode usar métodos de mascaramento ou um servidor tumbler para ocultar suas transações ou pelo menos deixá-las mais difíceis de rastrear, mas esses métodos não são fáceis de usar e não funcionam perfeitamente. Eles também adicionam tempo e complexidade ao processo de efetuar uma transação.

Os NFTs adicionam uma outra camada a essas preocupações. Um NFT é um identificador único. Digamos que você crie um NFT para seu avatar e o exiba publicamente. Você comprou o NFT usando sua carteira digital. Tudo o que alguém precisa fazer para encontrar todas as transações que você já realizou é seguir o ID do NFT até a carteira.

Para piorar, por padrão, nenhum dos dados na blockchain pode ser excluído. Portanto, todos os seus dados, uma vez expostos, não poderão ser excluídos ou alterados.

Quando a internet e a web foram criadas, menosprezou-se a questão da segurança e privacidade. A blockchain sofre desse mesmo problema. As transações armazenadas em blockchains e NFTs não são privadas. Tenha isso em mente ao usar ou investir nessas novas tecnologias.

Outro problema é que os NFTs não dão suporte de forma nativa a dados de procedência e atribuição. Para resolver esse problema, há um esforço de se adicionar autoridade de conteúdo aos NFTs.

Autenticidade de conteúdo para NFTs

Se você alguma vez já criou um ativo digital, como uma imagem ou um vídeo, sabe que essas tecnologias não são compatíveis com uma forma imutável de preservação de dados de procedência e atribuição. A Coalizão para Procedência e Autenticidade de Conteúdo (C2PA) foi criada para registrar o contexto e o histórico de mídias digitais. A Adobe, a Arm, a Intel, a Microsoft e a Truepic formaram essa aliança para adicionar de forma segura uma camada de confiança a todos os tipos de conteúdo digital.

A procedência digital ajudará efetivamente a resolver o problema da desinformação ao incluir assinaturas verificáveis e invioláveis para provar que os metadados e os dados subjacentes não foram alterados. O projeto consiste em opções para manter a privacidade e a segurança dos criadores de conteúdo.

Esses atributos são adicionados a um ativo digital quando ele é construído. O histórico de quaisquer alterações no conteúdo e nos metadados é mantido. Essas informações de atribuição são preservadas durante todo o processo de publicação e ficam visíveis a qualquer pessoa.

Fraudes de NFT

Aplicar golpes em investidores não é algo novo, já que a prática remonta ao passado e ocorria antes mesmo do advento da civilização. Esquemas Ponzi são um golpe muito conhecido que remontam à década de 1920, quando Charles Ponzi prometeu um retorno sobre investimento de 50% com pouco ou nenhum risco. Os esquemas Ponzi arrecadam dinheiro de novos investidores e o distribuem para os investidores anteriores. Esses golpes dependem da entrada constante de novos investidores. Quando não há mais pessoas novas entrando no esquema, tudo desmorona.

Os NFTs, como qualquer mecanismo de investimento, sofrem com muitos dos mesmos golpes usados para obtenção de dinheiro, desde a prática de inflar preços artificialmente até a criação de projetos de NFT falsos ou duplicados. A seguir, alguns dos métodos fraudulentos mais usados:

- *Wash trading.* Isso acontece quando um fraudador infla os preços de seus NFTs artificialmente. Ele espera tornar seus NFTs mais atrativos e, assim, obter ofertas mais elevadas para vendê-los. Isso, na prática, cria uma demanda falsa ou ilusória. O wash trading é frequentemente promovido ou divulgado para atrair novos investidores. No entanto, há um certo risco à prática: as taxas de *gas* podem reduzir seus lucros ou até resultar em prejuízo.

- *Rug pulls*. É legítimo promover NFTs a vendedores. Às vezes, os divulgadores promovem fortemente certos NFTs para conseguir investidores mas, assim que o preço sobe, eles pegam o dinheiro e somem.

- *Golpes de falsificação*. É possível falsificar um NFT. Por exemplo, você pode fazer uma captura de tela de um NFT gráfico e criar outro que seja idêntico ao verdadeiro. Como esse não é o NFT real, os compradores fazem ofertas em NFTs sem valor.

- *Pump-and-Dump*. Neste tipo de fraude, uma pessoa ou um grupo compra NFTs para elevar o preço artificialmente. Às vezes, o preço pode subir drasticamente e até virar notícia. Os investidores acreditam que precisam agir enquanto é tempo. Porém, quando sentem que o preço está no nível mais alto, os negociadores inescrupulosos os vendem, obtendo um lucro considerável com NFTs que não valem nada.

- *Golpes de airdrop*. Também chamados de golpes de distribuição de NFTs. Neste tipo, você recebe uma oferta por um NFT gratuito em troca de um pequeno serviço, como o compartilhamento de uma postagem ou algo igualmente trivial. Você também precisa vincular suas credenciais da carteira MetaMask; então, o que você digitar é registrado para que suas credenciais sejam roubadas. Com isso, os NFTs também são roubados de você.

Como evitar cair em um golpe? Primeiro, lembre-se da velha regra: se algo parece bom demais para ser verdade, provavelmente não é verdade. Desconfie se o retorno aparentar ser irracionalmente alto. Verifique as credenciais das pessoas por trás do investimento e seu histórico. Se apareceram do nada e de repente estão oferecendo um retorno de 50% em uma semana, trata-se provavelmente de fraude. Você deve seguir essas práticas:

- Nunca compartilhe suas chaves privadas. Divulgá-las é, para todos os efeitos, o mesmo que entregar as chaves da sua casa para alguém.

- Além disso, sempre use os serviços de sites de boa reputação (ou seja, oficiais).
- Evite usar redes de barganha.
- Pesquise antes de investir. Veja as avaliações on-line.
- Tenha cuidado ao investir. Se você investir com inteligência e usar fontes adequadamente aprovadas, terá muito mais chance de sucesso.

Além de fraude, há outros desafios para a adoção dos NFTs.

Desafios à adoção

Neste capítulo, abordamos até aqui as vantagens e desvantagens dos NFTs, da tecnologia às estratégias de investimento e os riscos. Os NFTs são uma tecnologia nova, embora seu desenvolvimento e adoção estejam se expandindo rapidamente.

No entanto, há desafios para uma adoção mais ampla dos NFTs para uso pelas massas ou pelo metaverso. Vejamos alguns deles:

Sobrecarga da blockchain. Os NFTs são baseados em tecnologia blockchain, com toda a sobrecarga associada ao uso de recursos computacionais. Como os NFTs são descentralizados e cópias existem em todos os nós da rede, eles podem consumir um espaço enorme em disco. E, como não podem ser excluídos, esse espaço é usado para sempre. Considerações sobre armazenamento e largura de banda devem ser abordadas.

Gargalo da prova de trabalho. O método da prova de trabalho é um método de consenso que usa quantidades absurdas de energia, a ponto de contribuir de forma significativa para as mudanças climáticas. Há algoritmos de consenso superiores e mais eficientes, e outros mais serão desenvolvidos no futuro. Porém, até que se popularizem, o futuro dos NFTs será limitado.

Taxas de transação. As transações não são gratuitas, ou seja, você pode esperar a cobrança de uma taxa elevada toda vez que implementar um NFT ou realizar uma transação. As taxas cobradas, assim como seu valor, se baseiam na atividade da rede naquele momento. Para popularizar a adoção, essas taxas devem ser reduzidas.

Regulamentação. Como os NFTs são investimentos e podem representar ativos no mundo físico, não deve demorar muito para que as regulamentações entrem em cena. Os desenvolvedores devem formular regras para evitar que o marketplace fique asfixiado.

Legalidade nebulosa. A legislação ainda não consegue acompanhar o ritmo de desenvolvimento dos NFTs e blockchains. Por exemplo, os contratos inteligentes são uma ótima ideia, mas não foram testados seriamente em um tribunal.

Implicações para o mundo físico. Embora os NFTs devam fornecer prova de propriedade (entre outras coisas), fazer cumprir essa propriedade no mundo físico é algo que não foi testado juridicamente. Se eu associei um NFT à minha casa, isso significa que sou o seu proprietário? O poder judiciário aceitará isso como evidência ou prova de propriedade? São questões que ainda permanecem em aberto.

Falta de privacidade. Na minha visão, a falta de privacidade é o maior impedimento para a adoção em massa dos NFTs. Como a transparência dos registros faz parte do design da blockchain e do NFT, trata-se de um problema desafiador a ser resolvido. Afinal, os NFTs e blockchains devem garantir uma privacidade completa antes que o público os aceite em seu dia a dia.

Lembre-se: ao longo de seu desenvolvimento, implementação e adoção, a internet sofreu com muitos desses mesmos problemas (ou semelhantes). Todos eles foram, em maior ou menor grau, resolvidos. Como os NFTs e a blockchain são tecnologias novas, é de se supor que obstáculos à sua adoção ainda serão abordados e resolvidos.

É questão de tempo até que os agentes reguladores se envolvam com os NFTs, especialmente à medida que se tornam mais prevalentes na vida cotidiana.

Regulamentação

À medida que os ativos digitais se tornem mais populares e suas possibilidades de uso se expandirem, agências regulatórias serão inevitavelmente constituídas para que se evitem atividades fraudulentas, imponham-se medidas de prevenção de lavagem de dinheiro e desenvolvam-se mecanismos de taxação, prestação de contas e proteção da privacidade dos consumidores. Os requisitos de segurança também podem ser regulados.

Como acontece com muitas tecnologias modernas, as normas regulatórias e leis existentes não são adequadas para ativos digitais de todos os formatos, incluindo os NFTs. Como eles são geralmente investimentos e as criptomoedas são dinheiro, provavelmente não demorará muito para o governo se envolver.

Ordem executiva para garantir o desenvolvimento responsável de ativos digitais. Em 2022, nos Estados Unidos, o presidente Biden assinou uma ordem executiva para o estabelecimento de políticas relacionadas a ativos digitais. A ordem requer que

> o Procurador-Geral, em consulta com o Secretário do Tesouro e o Presidente da Reserva Federal, faça recomendações sobre a necessidade de legislação para o desenvolvimento de uma moeda digital do banco central (*central bank digital currency* – CBDC) dos EUA dentro de 180 dias.[24]

A ordem também orienta e incentiva reguladores financeiros existentes a expandir suas atividades dentro de mandatos atuais, além de requerer uma resposta de todo o governo e estabelecer as condições para legislação em relação a ativos digitais.

Títulos. Muitos NFTs são usados com objetivos externos ao âmbito dos títulos. Porém, é possível que os reguladores classifiquem alguns NFTs como títulos. Isso permitiria que esses NFTs fossem incluídos no mesmo arcabouço legal dos títulos, o que os sujeitaria a taxação e restringiria sua revenda.

Prevenção contra lavagem de dinheiro (AML). Para combater atividades criminosas como a lavagem de dinheiro, o governo dos EUA estabeleceu um conjunto de regulamentos e políticas exigindo que bancos e instituições financeiras implementem procedimentos para reduzi-la ou eliminá-la. Se os NFTs se tornarem sujeitos aos regulamentos de AML, transações suspeitas deverão ser denunciadas.

Direitos autorais. Os direitos autorais advindos de ativos digitais, como e-books, blogs, música e vídeos, são difíceis e dispendiosos de serem cobrados, se violações forem detectadas. A legislação acerca de direitos autorais precisa de mudanças significativas para lidar com os ativos digitais, e essas mudanças provavelmente ocorrerão em breve.

Regulamentação internacional e imposição. As leis variam de país para país (e, em alguns países, de estado para estado). Os governos inevitavelmente formularão suas regras, mas devem coordenar esforços para que haja uma frente unida.

O efeito no meio ambiente é outra área a ser considerada.

NFTs e o meio ambiente

Já discutimos o fato de os NFTs e as blockchains usarem quantidades substanciais de energia, contribuindo assim para as mudanças climáticas. O seu uso de energia é imenso por conta de seus mecanismos centralizados de projeto e consenso. No longo prazo, esses problemas devem ser abordados por meio de mudanças no projeto, porque interferirão na escalabilidade da tecnologia.

Uma das formas de mitigar esse problema no curto prazo é aderir a técnicas de compensação de carbono (como, por exemplo, o plantio de árvores para neutralizar parte das emissões). Alimentar os data centers de mineração com energias renováveis é outra solução. Nenhuma delas é uma solução de longo prazo, porque são limitadas.

Usar um algoritmo de consenso diferente, como a prova de participação (*Proof of Stake*), exige muito menos energia. A mudança para esses algoritmos de consenso alternativos pode reduzir consideravelmente as necessidades energéticas (bem como as taxas de *gas* para transações). Outras soluções viáveis incluem agregar transações em lotes para que os algoritmos de cunhagem possam cunhar várias delas simultaneamente (ou seja, cunhagem em lote) ou postergar a cunhagem até que um NFT seja vendido (ou seja, cunhagem lenta).

Resumo

Os NFTs proporcionam um novo modelo de empreendedorismo para pessoas, empresas e investidores. Essa tecnologia torna possíveis experiências mais imersivas, valiosas e realistas, além de oferecer opções para jogos, indústrias, varejo e outros negócios. Por exemplo, em jogos, os NFTs oferecem suporte à propriedade de ativos e terra dentro do jogo; o gerenciamento de cadeias de suprimentos pode usar os NFTs para melhor manutenção dos registros; e informações genealógicas podem ser registradas e compartilhadas.

Blockchain, NFTs, DAOs, DeFi e dapps (bem como muitas tecnologias adicionais) formam a base do metaverso. Os NFTs dão às pessoas uma forma de possuir os direitos autorais de ativos digitais e executar contratos inteligentes que ofereçam a elas um controle pessoal dos pagamentos por direitos autorais e remuneração. Os conceitos de propriedade dos NFTs refletem a promessa mais ampla de uma real propriedade de ativos, efetivamente mesclando os mundos digital e físico.

As empresas devem levar em consideração os NFTs, a blockchain e o metaverso ao criar suas estratégias gerais de transformação digital. A tecnologia emergente dos NFTs oferece uma maior utilidade aos clientes, impulsionando maior geração de valor para as marcas.

Ao longo deste capítulo, examinamos algumas das muitas aplicações para as tecnologias de blockchain e NFTs. Os NFTs e as tecnologias subjacentes priorizam a descentralização e, de certa forma, quebram o paradigma tradicional de uma abordagem centralizada para a propriedade e o uso de ativos. No novo mundo dos NFTs, trata-se de interoperabilidade, que é também a verdadeira promessa do metaverso aberto. O metaverso tem o potencial de liberar a criatividade humana e a inovação empresarial de formas que estamos apenas começando a compreender.

No próximo capítulo, veremos outro caso de uso para o metaverso: os jogos, possivelmente uma das primeiras emergências do metaverso. A tecnologia imersiva do metaverso é o ambiente ideal para jogos realistas que proporcionem experiências cativantes.

05 >Jogos_

Os jogos são possivelmente a representação mais próxima do que o metaverso pode oferecer. É um caso de uso ideal para ele porque os jogos envolvem experiências imersivas que já são expansivas e baseadas na web e na nuvem. Na verdade, muitos jogos se valem do poder de computação disponível do cliente (ou seja, um dispositivo móvel, um computador desktop ou um console de videogame), tendo descarregado a maior parte de suas funções complexas em infraestruturas baseadas em nuvem. O metaverso promete transferir conhecimento de várias práticas recomendadas do mundo já avançado dos jogos, criando um nível inédito de imersão e recursos.

Na verdade, para muitos, o jogo é o primeiro ponto de entrada em um mundo virtual. Muitos dos conceitos do metaverso estão enraizados diretamente nos jogos. Os indivíduos criam avatares para representar a si mesmos ou a um personagem de forma digital no mundo dos jogos. Esses avatares permitem que eles interajam com o jogo e com outros jogadores e atuem a partir do seu ponto de vista. Muitos dos jogos mais antigos eram extremamente roteirizados; no entanto, novas versões permitem que os jogadores se envolvam de maneiras novas e não planejadas.

Os jogadores dão uma importância substancial à sua identidade digital ou persona em um ou mais jogos. Eles personalizam a forma como se apresentam a outros jogadores por meio de seus avatares. Esses avatares refletem as suas personalidades e os modos como cada jogador se sente sobre si mesmo, mostrando sua posição social, habilidades e experiências para seus pares. Quanto mais tempo as pessoas passam imersas nos mundos dos jogos, mais elas se conectam com outros jogadores, aumentando assim a importância de sua identidade digital.

Uma breve história dos jogos de computador

Primeiro, vamos dar uma olhada na história dos jogos de computador e dos videogames. Ao entender suas raízes, podemos extrapolar melhor seu futuro e como a tecnologia será usada para criar jogos multijogador envolventes e altamente imersivos, e inspirando o metaverso.

Desde os primórdios da computação, as pessoas usam computadores para jogar. Muito antes do tempo dos telefones celulares, dos computadores pessoais e da internet, professores e alunos de universidades e faculdades projetavam e escreviam jogos de computador. De fato, em 1952, um professor britânico criou o *OXO* (uma versão do jogo da velha) para seu programa de doutorado na Universidade de Cambridge. Em 1958, William Higinbotham introduziu um novo jogo chamado *Tennis for two*, que rodava em um computador analógico e usava uma tela de osciloscópio para exibição.

Em 1962, a tecnologia dos computadores havia melhorado tanto que Steve Russell, do MIT, criou um jogo chamado *Spacewar!*, projetado para ser executado no PDP-1. Ele podia ser jogado em vários sistemas de computador e foi o primeiro do tipo.

Você já ouviu falar do *Zork*? Era um jogo de texto interativo sem gráficos ou som. Baseava-se no jogo de texto *Colossal Cave* (também conhecido como *Adventure* ou *ADVENT*), criado em 1976 por um estudante de Stanford chamado Will Crowther, e simulava o Parque Nacional de Mammoth Cave, no Kentucky. Don Woods, outro aluno de Stanford, adicionou elementos de fantasia à estrutura do jogo. O conjunto de comandos de duas palavras do *Colossal Cave* era limitado, então eles criaram o *Zork*, que continha um conjunto de comandos muito mais avançado. Eles dividiram o *Zork* em três partes – *Zork I, II* e *III* – e fundaram uma empresa chamada Infocom. A Infocom acabou criando dezenas de jogos de ficção interativos para os computadores pessoais primitivos (para os padrões modernos), incluindo o *Guia do mochileiro das galáxias* e o *Leather Goddesses of Phobos*. A Activision comprou a Infocom em 1986.[25]

Por fim, a ascensão dos computadores pessoais com processadores melhores, mais espaço de armazenamento e recursos de vídeo superiores levou ao fim dos jogos de ficção baseados em texto. Em 1967, desenvolvedores na Sanders Associates Inc (liderados por Ralph Baer) criaram um jogo chamado *The Brown Box*, que se jogava por meio de um dispositivo que deveria ser conectado a uma televisão. Conhecido como Odyssey, foi o primeiro console de videogame doméstico, lançado em 1972.

Entre 1970 e o início da década de 1980, houve inúmeros avanços no mundo dos videogames:

- A Atari lançou o Atari 2600 em 1977, um console de jogos doméstico com muitos novos recursos, inclusive controles, cartuchos e mais.
- Em 1978, o jogo de fliperama *Space Invaders* foi lançado.
- A Activision foi fundada em 1979.
- Lançamento de *Pac-Man* e *Donkey Kong*.
- Outros jogos foram lançados, como *Lunar Lander*, *Star Raiders*, *Pong*, *Galaxian* e *Space Wars*.
- A Microsoft lançou um jogo de simulação de voo.

Os primeiros videogames disponíveis para o público eram executados em consoles especializados, geralmente vendidos para fliperamas "pegadores de moedas". Os jogadores pagavam pelo tempo de jogo (geralmente, apenas alguns minutos) com moedas e podiam estendê-lo pagando mais. Normalmente, esses consoles consistiam em um grande gabinete do tamanho de uma geladeira com joysticks (ou outros controles), compartimentos para moedas e uma válvula termiônica de televisão. Às vezes, eles eram muito elaborados. Em um jogo de corrida, por exemplo, o jogador poderia se sentar e operar seu carro usando pedais de acelerador e freio e um volante.

Conforme os computadores pessoais se tornavam mais comuns, muitos jogos foram modificados para funcionar nos novos equipamentos domésticos. Ao mesmo tempo, consoles de jogos, como os sistemas Nintendo e Atari, apareceram nas prateleiras das lojas e os jogos de fliperama foram adaptados para eles. É claro que, enquanto a indústria de jogos amadurecia nas décadas de 1980 e 1990, novos jogos foram desenvolvidos sem nunca terem tido uma versão nos fliperamas. Em 1983, o mercado de videogames teve uma queda devido à saturação, mas logo se recuperou com o lançamento do Nintendo NES.

Cada empresa projetava e lançava novos jogos, chegando a financiar filmes baseados neles que eram exibidos nos cinemas. Finalmente, a Nintendo teve mais sucesso de vendas do que a sua maior concorrente, a Sega, que optou por deixar o mercado de consoles de jogos.

O cenário dos videogames transformou-se novamente em 1995 com o lançamento dos consoles de 32 bits. A Sony entrou no mercado de videogames com seu console PlayStation e rapidamente se tornou a empresa dominante no setor. Em 2000, o PlayStation 2 da Sony se tornou o console mais vendido. A Microsoft também entrou no mercado nessa época com seu console Xbox.

Em 2005 e 2006, havia três empresas de videogames dominantes: a Microsoft, com seu Xbox 360; a Sony, com seu PlayStation 3; e a Nintendo, com seu Nintendo Wii. O PlayStation 3 se tornou o primeiro console a oferecer suporte a Blu-ray, enquanto o Nintendo Wii oferecia controles remotos sensíveis ao movimento e o Xbox 360 ostentava um sistema de captura de movimento. Consoles portáteis especializados, como o Game Boy, também foram introduzidos e tornaram os videogames mais fáceis e acessíveis ao público mais jovem.

Nessa época, todo mundo começou a comprar smartphones e o mundo dos jogos rapidamente percebeu. Jogos foram desenvolvidos para que as pessoas pudessem jogá-los em qualquer lugar que quisessem com a conveniência de seus telefones. Ao mesmo tempo, houve o surgimento de jogos nas plataformas de mídia social, exigindo apenas um navegador da web em qualquer dispositivo. Esses dois ambientes permitiram que um público muito maior passasse a jogar, usando o dispositivo ou a mídia de sua escolha.

Em 2016, houve o lançamento de um novo jogo, *Pokémon GO*, com recursos de realidade aumentada (AR). Nesse jogo, as pessoas usavam seus telefones para procurar personagens de *Pokémon* no mundo real. Esses seres animados coloridos eram sobrepostos na tela da câmera de vídeo dos smartphones e, portanto, pareciam existir no ambiente físico.

Os consoles de videogames modernos geralmente consistem em um cliente instalado diretamente no aparelho e uma interface em nuvem, que instala novos módulos, personagens e outros recursos, conforme necessário. Os jogos mais recentes são totalmente baseados na nuvem, sendo necessário apenas um thin client no hardware do jogador.

Os videogames evoluíram para usar gráficos e som 3D, de modo que ambientes incrivelmente reais podem ser criados. Alguns podem ser jogados individualmente; outros são enormes universos multijogador em constante mudança em tempo real. Dispositivos avançados permitem experiências totalmente imersivas em mundos de realidade virtual ou aumentada.

A experiência moderna de videogame é, de várias maneiras, o ponto de entrada para o metaverso. Muitos dos conceitos, como ambientes imersivos e responsivos, gráficos 3D, som de alta qualidade e um sistema econômico funcional, são a base para o salto para o próximo nível: o metaverso.

Jogar videogames é um passatempo que envolve muitas pessoas por muitas horas, diariamente. O que leva as pessoas a passar tanto tempo jogando?

A psicologia do jogo

À medida que os jogos se tornaram mais sofisticados, com melhores gráficos, recursos 3D, inteligência artificial (IA), realidade aumentada (AR), realidade virtual (VR) e outras tecnologias, além de enredos mais sofisticados, os desenvolvedores se deram conta de que poderiam atingir um público muito mais amplo e em rápido crescimento. Esses desenvolvedores poderiam usar ferramentas como a Metodologia de Amostragem Experimental (ESM) para entender como a história, o pano de fundo e os personagens não jogáveis (NPCs) mudam os níveis de engajamento dos jogadores. Quanto maior o engajamento, mais ele indica que os jogadores gostam e se sentem satisfeitos com suas experiências de jogo. Esses enredos complexos e profundos oferecem oportunidades para os jogadores interagirem com outros jogadores, NPCs, várias histórias, barreiras, objetivos e recompensas. Assim, as pessoas podem sair de suas vidas diárias para compartilhar experiências novas e diferentes com seus parceiros de jogo.

Os desenvolvedores garantem que seus jogos ofereçam às pessoas oportunidades de vencer e de se tornarem mais habilidosas. Os jogadores podem mergulhar em um mundo de jogo, praticamente se tornando um personagem, e alcançar resultados que permitam a vitória de forma gradual. Assim, jogos muito difíceis ou fáceis demais para a maioria das pessoas (pelo menos no início) podem não ser tão populares quanto aqueles que encontram o equilíbrio entre esforço e conquista de objetivos progressivamente maiores.

O cérebro humano não foi projetado para distinguir entre realidade e realidade virtual. Para o cérebro, um leão que está atacando parece ser um leão atacando realmente, o que desencadeia uma resposta de dopamina para reagir de acordo com todo o medo razoável e outras respostas emocionais.

Os jogos multijogador complexos vão ainda mais longe ao abordar também as necessidades sociais. Um jogador pode fazer amizade com outros jogadores, formar grupos, ganhar e gastar dinheiro, definir e ajudar a atingir as metas do grupo. Os jogadores ganham status, como se estivessem no mundo real, o que lhes dá ainda mais motivos para continuar jogando.

Itens e propriedades no jogo servem a um propósito ainda maior de atender às necessidades dos jogadores. Quando compram objetos e propriedades virtuais, eles têm a sensação de que algo tangível foi alcançado – eles possuem algo por conta de seus esforços –, mesmo que essas posses no jogo não existam no mundo físico. Uma pessoa que compra um novo conjunto de roupas virtuais para seu avatar no jogo pode se sentir tão bem quanto alguém que faz o mesmo no mundo real.[26]

Considerando que os videogames oferecem desafios, objetivos, resultados e vitórias, não deveria ser surpreendente que a sua popularidade continue a aumentar à medida que se tornam mais imersivos e sociais. Em outras palavras, sua popularidade aumenta.

O crescimento dos jogos

Os videogames cresceram de forma constante desde seu advento em 1972, com a introdução do *Pong*. A princípio, como ainda não existiam consoles, celulares e computadores, esse crescimento deveu-se aos jogos de fliperama. Em 1980, a versão para fliperama de *Pac-Man* arrecadou mais de US$ 1 bilhão em vendas em um ano, uma porcentagem significativa dos US$ 39 bilhões em receita apenas com vendas de jogos desse tipo.[27]

A essa altura, os consoles já haviam aparecido. Em 1980, as vendas nessa área atingiram US$ 20 bilhões por ano. O crescimento continuou por alguns anos, mas o mercado teve uma queda em meados da década de 1980, ressurgindo depois de 1985. Os jogos para PC se juntaram ao mix por volta de 1981; os portáteis apareceram no mercado no final da década de 1980. Finalmente, os jogos para celular surgiram em 1997, quando a Nokia lançou seu celular com um jogo chamado *Serpente*.

Todos os quatro tipos de videogame continuaram a crescer em vendas, exceto os jogos de fliperama, que despencaram drasticamente no final da década de 1990. Os jogos para dispositivos móveis, consoles e computadores continuaram a ganhar popularidade, e as vendas aumentaram de forma consistente ano a ano.

Por volta de 2017, surgiram os jogos baseados na nuvem e com recursos de realidade virtual. Eles ainda representam uma pequena, mas crescente, porcentagem das vendas de jogos no momento em que este livro é escrito.

Em 2020, a receita total dos jogos foi de US$ 165 bilhões (em 2021, aumentou para US$ 178 bilhões[28]), dividida da seguinte forma:

- Dispositivos móveis: US$ 85 bilhões.
- Computador: US$ 40 bilhões.
- Console: US$ 33 bilhões.
- Jogos em nuvem e de VR: talvez US$ 7 bilhões.

Como podemos deduzir ao olhar para esses valores, os videogames são imensamente populares, e o setor está em expansão.

Os jogos modernos são aventuras complexas, imersivas e interativas, dotadas de enredos ricos. Muitos demandam milhões ou mesmo centenas de milhões de dólares em fundos para serem desenvolvidos, e os investidores naturalmente querem ter retorno monetário pelo dinheiro que investiram nesses projetos artísticos. Assim, desenvolver, promover e manter esses jogos pressupõe uma estratégia de negócios sólida, boa liderança e gestão, como em qualquer negócio.

Como abordamos anteriormente, os desenvolvedores e codificadores criam jogos de computador há décadas, e os videogames seguiram com o advento de hardwares mais sofisticado, incluindo CPUs e recursos gráficos mais rápidos. Hoje em dia, os videogames são ainda mais populares devido a melhorias revolucionárias de software e hardware.

Sua extrema popularidade evidencia-se pelo fato de que a indústria de jogos excede, em seu tamanho total (e receita), o tamanho total (e receita) das indústrias de filmes e de música combinadas. Essa dominância significa que muito mais pessoas estão consumindo (e presumivelmente jogando) videogames do que filmes e músicas. Os videogames são a mídia de atenção dominante, e isso não mostra sinais de desaceleração.

A evolução dos videogames

No início do século XX, praticamente todas as pessoas tinham um rádio em casa. Era comum encontrar famílias reunidas em torno desses aparelhos, ouvindo suas novelas radiofônicas favoritas, programas de notícias e entretenimento de todo tipo. Mais tarde, a televisão superou o rádio como o meio dominante de entretenimento, primeiro com aparelhos em preto e branco, depois com televisores em cores.

No final da década de 1950 e durante a década de 1960, praticamente toda família tinha pelo menos uma televisão em casa. E, assim como aconteceu com o rádio, você podia encontrar as pessoas reunidas e sentadas no sofá assistindo aos seus programas favoritos.

Com o advento de tecnologias como TV a cabo e videocassete (e, posteriormente, os aparelhos de DVD e Blu-ray), o potencial de entretenimento da televisão continuou a difundir-se na sociedade. Os videogames foram uma progressão natural desse crescimento, porque os consoles eram conectados diretamente aos aparelhos de TV. O desenvolvimento do mercado de computadores pessoais também alimentou a evolução dos videogames.

Agora que a maioria das residências está conectada à internet de alta velocidade e praticamente todas as pessoas possuem e operam um dispositivo móvel conectado à internet, os jogos se expandiram para todos os locais e todas as áreas da vida das pessoas. Antigamente, para jogar um videogame, as pessoas tinham que visitar um fliperama especializado ou jogá-lo em casa. Agora, com a computação móvel, os games podem ser jogados em qualquer lugar e a qualquer hora.

Com a consolidação dos enredos complexos e das tecnologias IA/ML, 3D e AR/VR, os jogadores passaram a usufruir de um aproveitamento de conteúdo sem precedentes. Não é incomum ouvir pessoas conversando animadamente sobre seus jogos favoritos, histórias mais recentes e módulos de expansão. Os jogos criaram conteúdo relacionado, veiculado no TikTok e canais do YouTube (por exemplo, *Viva La Dirt League*), além de originarem filmes, séries de televisão e desenhos animados.

Você se lembra de quando todo mundo parecia falar sobre o episódio mais recente de *Game of Thrones* ou *Breaking Bad*? Esse é o aspecto social da mídia em ação. As pessoas adoram falar sobre seus programas, filmes ou jogos favoritos. Elas se envolvem fortemente e querem compartilhar suas experiências enquanto socializam com os amigos. Os videogames têm o mesmo efeito; como as pessoas ficam muito imersas e dedicam grande parte de seu tempo livre aproveitando esses mundos digitais, elas naturalmente querem compartilhá-los com outras pessoas.

Para as empresas, os jogos têm a vantagem de contar com um mecanismo de feedback integrado. Os designers de jogos criam mundos imersivos dos quais as pessoas querem fazer parte porque são divertidos e agradáveis. Filmes e séries são roteirizados, assim como romances, e o espectador segue o roteiro. Os videogames são diferentes porque os jogadores fazem parte da ação e podem mudar o enredo com base em suas decisões. Os jogos giram em torno de jogadores, e não de autores, atores ou diretores.

Como a mídia é tão flexível, os videogames têm um crescimento consistente. Novos dispositivos, tecnologias, categorias e conteúdos continuam alimentando os desejos e necessidades dos jogadores, permitindo-lhes desfrutar de novos mundos e novas formas de expandir sua imaginação. Se você combinar essas tendências com os aspectos sociais dos jogos multijogador, é fácil ver como as pessoas podem aproveitar as qualidades imersivas de seus jogos favoritos e investir cada vez mais tempo e dinheiro nessas realidades virtuais.

Por anos, as maiores empresas perceberam o potencial dessas tendências e ambientes de jogos e estiveram ocupadas inventando inovações técnicas, como streaming, nuvem e processamento descentralizado. Elas compartilham o objetivo de possibilitar que alguém jogue videogames sem a necessidade de um computador desktop ou um sistema de console. Elas estão trabalhando para disponibilizar jogos de alta qualidade no navegador da web e em qualquer dispositivo que o usuário esteja usando no momento. Os videogames estão se tornando uma mídia omnicanal.

Essas tendências crescentes em videogames apresentam muitas possibilidades de merchandising. Os jogadores comprarão (e já podem comprar) produtos, serviços e até mesmo propriedades dentro de um jogo. Obviamente, alguns jogos podem oferecer suporte à publicidade dentro do seu próprio ambiente, como, por exemplo, um outdoor em um jogo de corrida ou por meio da inserção de produtos. Além disso, como já determinamos, existem inúmeras possibilidades de merchandising no universo físico, de filmes a brinquedos.

Além disso, a demografia dos videogames está evoluindo. Por conta dos smartphones com acesso constante à internet e dos recursos de computação avançados, o público dos videogames se expandiu para praticamente todos os nichos, culturas e idades. Por exemplo, muitos grupos demográficos descobriram que sessões curtas de jogos como *Candy Crush* são um grande alívio para o estresse.

Além dessas tendências, o mercado de videogames antigos está crescendo. As pessoas costumam vasculhar sites de leilão para comprar uma cópia de seu jogo de console favorito de quando eram mais jovens. Muitos jogos antigos estão sendo lançados no Nintendo Switch e em outras plataformas para que qualquer pessoa possa jogar uma versão inicial de *Mario Brothers* ou *Zelda*. Versões de console originais de videogames populares podem custar milhares de dólares ou mais por uma única cópia.

Um componente vital dos videogames é o efeito da propriedade intelectual de longo prazo. Muitos filmes, seus personagens e cenários são projetados nesses videogames, e os jogos, se populares, geram sucessores. Assim, o Homem-Aranha aparece não apenas em filmes e histórias em quadrinhos, mas também em videogames para permitir a continuação da experiência em um formato mais imersivo e flexível. Novos jogos são criados com base em jogos mais antigos. Entre os exemplos estão jogos como *Resident Evil*, *Pokémon Go*, *Grand Theft Auto* e *Call of Duty*, que continuam a gerar sequências mais complexas e avançadas.

O metaverso promete impulsionar os jogos para um nível totalmente novo. A tecnologia dos videogames é o caminho que leva ao desenvolvimento do metaverso.

A mecânica dos jogos no metaverso

Os videogames on-line modernos são parte integrante do metaverso, mas, para que sejam totalmente integrados, alguns conceitos devem ser verdadeiros. Os jogos devem ser projetados para operar com os seguintes conceitos ou considerações, a fim de se integrarem totalmente ao metaverso e se aproveitarem de todos os benefícios que ele oferece.

Tempo real. Os jogos no metaverso geralmente funcionam em tempo real, o que significa que há um relógio em operação dentro do jogo. Os jogos de ação são normalmente projetados para acontecer em tempo real, porque essa é a melhor maneira de tornar o mundo dos jogos real para os jogadores. Os jogos de corrida, *Pac-Man* e qualquer outro game de ação são exemplos de jogos em tempo real.

Em contraste, jogos por turnos resultam em uma pausa entre cada ação para permitir tempo para raciocinar. O xadrez é um exemplo.[29]

Persistência. É vital que os jogos persistam, o que significa que eles devem continuar mesmo quando os jogadores se desconectam. Os jogos que dão suporte a múltiplos jogadores (ou seja, centenas ou milhares deles) devem persistir porque a jogabilidade não pode parar só porque um dos jogadores se desconectou.

Colaboração. Os jogadores, especialmente em jogos multijogador, devem ter a capacidade de trabalhar em conjunto ou colaborar com outros jogadores e NPCs.

Coesão social. Quando um jogador entra em um jogo, geralmente tenta vencê-lo. Ademais, depois de conhecer outros jogadores, forjar amizades e se juntar à comunidade, ele continua a jogar porque, no jogo, encontra sua comunidade e seus amigos. Isso soluciona o problema de muitas pessoas que ficam entediadas com os jogos depois de um tempo. Uma vez que formam laços sociais, elas não estão mais jogando para vencer o jogo (na maior parte), mas sim para estar com seus amigos.[30]

Imersão 3D e experiências imersivas. As experiências imersivas são projetadas para atrair a atenção do espectador ou jogador e permitir que vejam um mundo real ou de fantasia. Os jogadores podem interagir com o ambiente e manipular objetos. O conceito de imersão 3D dá aos jogadores a percepção (ou seja, visão, audição, tato e possivelmente olfato) por meio de tecnologias de óculos 3D e de realidade virtual.

Interoperabilidade. Esse recurso garante que os jogadores possam comprar ou ganhar pertences em um jogo e transportá-los (e utilizá-los) a outro (ou a outra localização no metaverso). Por exemplo, se os jogadores comprarem um conjunto de roupas virtuais para seu avatar, eles poderão usá-las em outro jogo ou até mesmo em um evento esportivo ou conferência virtual.

A economia do jogo

Os videogames modernos consistem em mundos complexos que proporcionam aventuras emocionantes e desafiadoras para os jogadores. A economia no jogo dá aos jogadores os objetivos e desafios adicionais para ganhar dinheiro dentro dele e usá-lo para fazer compras. Esses sistemas econômicos dão aos jogadores um incentivo adicional para continuar jogando e gastar mais, pois os itens podem ser comprados com dinheiro real do mundo físico, criando assim fluxos de receita adicionais para as empresas de jogos.[31]

Quando um jogo é projetado, os desenvolvedores devem decidir se desejam incluir um sistema econômico e, em caso afirmativo, como ele funcionará. Os jogadores precisam saber quanto dinheiro ganharam e gastaram em seu jogo e quanto custam várias coisas. Em seguida, os desenvolvedores devem definir como os jogadores obterão renda e se podem usar dinheiro físico no mundo do jogo. Depois disso, o jogo deve permitir que os jogadores façam compras, vendam objetos, guardem esses artigos em algum lugar seguro, façam um inventário e mantenham um livro-razão de suas receitas e do que fizeram com elas. O jogo pode até incluir bancos virtuais, negociações e outros mecanismos, se isso ajudar na jogabilidade.

Para manter os jogadores envolvidos no jogo, uma moeda pode ser projetada, com valores atribuídos aos objetos. Substâncias à venda precisam ser promovidas, talvez em uma loja dentro do jogo ou por meio de pistas cuidadosamente elaboradas, e mecanismos para viabilizar sua compra e venda devem ser implementados. Os desenvolvedores devem equilibrar a capacidade dos jogadores de ganhar dinheiro dentro de um jogo com a facilidade de fazer compras.

Além disso, os desenvolvedores de jogos precisam decidir se permitem que o dinheiro virtual, ganho no jogo, seja convertido em dinheiro físico na forma de saques. Isso pode incentivar os jogadores a investir mais tempo jogando, fazendo compras e resolvendo quebra-cabeças, porque eles podem usar esse dinheiro no dia a dia.

A economia da atenção

Muitos dos aprendizados da indústria de jogos se aplicam diretamente ao metaverso (e a outros negócios), especialmente no que diz respeito à economia da atenção. Nenhuma empresa pode permanecer funcional se os consumidores não estiverem envolvidos e ativos, o que, sem dúvida, se aplica aos jogos. Para que um jogo se torne popular e gere receita, ele deve prender a atenção de seus jogadores. As pessoas que ficam entediadas ou sentem que suas necessidades não são atendidas procurarão entretenimento em outro lugar.

Como alternativa para "Conforme mencionamos", os jogos no passado eram de propriedade dos fliperamas e aceitavam moedas ou tokens (moedas emitidas pelos próprios fliperamas) em troca de um determinado período de jogo, que poderia ser estendido inserindo-se mais moedas no dispositivo, uma maneira eficiente de aumentar os lucros. Os jogos eram desafiadores o suficiente de forma gradual, o que fazia com que os jogadores retornassem para jogar mais.[32]

Os jogos modernos mantêm os jogadores engajados por meio de uma variedade de modos. Muitos jogos agora cobram com base em um modelo de "pague por hora" (ou mês), enquanto outros são gratuitos, mas oferecem a opção de compra de objetos, skins virtuais e até moedas virtuais dentro do jogo. O aspecto social do jogo também aumenta a sua aderência: as pessoas continuam jogando mais porque fizeram amizades no mundo do jogo, e não pela jogabilidade.

Como o metaverso é uma experiência imersiva, ele compartilha muitos atributos com os jogos, e isso é algo que as empresas podem aproveitar. Elas podem aumentar o engajamento atraindo e mantendo a atenção de seus clientes, assim como os jogos fazem.

No metaverso, as vitrines baseadas na web podem melhorar o envolvimento do consumidor, oferecendo bons produtos e serviços enquanto oferecem uma jornada agradável e valiosa para o cliente. Essas vitrines prendem a atenção dos consumidores por causa dessas características.

Para prosperar no metaverso, as empresas devem criar os meios pelos quais os consumidores permaneçam engajados. Chegará um momento no qual os gráficos 3D avançados e interfaces de alta tecnologia não serão suficientes porque serão familiares a todas as empresas. Os consumidores precisam de um motivo para dedicar sua atenção a um negócio e manter esse foco, assim eles voltarão várias vezes. Isso pode ser alcançado por meio de um bom trabalho de marketing e publicidade.

As maiores empresas concordam que os jogos são a porta para o metaverso e reconhecem sua influência sobre o desenvolvimento e direção futuros.

A influência dos jogos no metaverso

A influência dos jogos no metaverso não pode ser subestimada. Mais de 3 bilhões de pessoas jogam ativamente, e os jogos estão crescendo mais rápido do que qualquer outra forma de entretenimento. O presidente e CEO da Microsoft, Satya Nadella, concorda:

> Atualmente, os jogos são a categoria mais dinâmica e empolgante do entretenimento entre todas as plataformas, e desempenharão um papel fundamental no desenvolvimento das plataformas do metaverso. Estamos investindo profundamente em conteúdo de alto nível, comunidades e nuvem para inaugurar uma nova era de jogos que irá colocar os jogadores e os criadores em primeiro lugar e tornará os jogos seguros, inclusivos e acessíveis a todos.[33]

Roblox, *Minecraft*, *Grand Theft Auto* e *Fortnite* são plataformas de esportes que se assemelham ao metaverso de várias maneiras. Todas elas oferecem experiências imersivas, permitem compras dentro dos jogos e estão comprometidas com suas comunidades, apoiando-as e impulsionando seus negócios. Cada um desses jogos proporciona aos seus jogadores um mundo e um ambiente virtual, no qual eles podem socializar livremente com outros usuários e interagir com o mundo dos jogos.

A Epic Games, avaliada em US$ 31,5 bilhões em 2022, criou o *Fortnite*, que atualmente envolve mais de 350 milhões de usuários. Tim Sweeny, CEO da Epic, destacou a importância do metaverso, dizendo:

> Os próximos três anos serão cruciais para todas as empresas que aspiram ao metaverso, como Epic, Roblox, Microsoft e Facebook [agora Meta].

É uma espécie de corrida para chegar a um bilhão de usuários. Quem trouxer um bilhão de usuários primeiro, presumivelmente se tornará o líder na definição dos padrões.[34]

Essa plataforma de jogos oferece muito mais do que apenas videogames. Ela criou uma experiência imersiva com todos os recursos para seus consumidores com base no Unreal Engine, um conjunto de ferramentas para criar experiências na plataforma *Fortnite*. Para promover sua expansão, a companhia adquiriu a Twinmotion, a Hyprsense, a Cubic Motion e outras empresas, adicionando seus respectivos recursos ao Unreal Engine.

A Epic Games também oferece uma loja de jogos (Epic Game Store), que os consumidores podem acessar para baixar e jogar vários jogos. Seus serviços on-line (Epic Online Services) fornecem as ferramentas para os desenvolvedores criarem jogos, e a Epic Games Publishing ajuda os desenvolvedores a criar, publicar e monetizar seus games.

A plataforma também se expandiu para outras formas de entretenimento, como evidenciado pelo Travis Scott Concert, um show que o rapper e produtor Travis Scott realizou dentro da plataforma *Fortnite*. Em um tweet de 27 de abril de 2020, ele afirmou: "Mais de 27,7 milhões de jogadores únicos participaram, ao vivo, 45,8 milhões de vezes dos cinco eventos para criar uma experiência verdadeiramente astronômica".[35]

No futuro, os jogos continuarão a influenciar o metaverso, introduzindo novos conceitos, suporte a hardware e plataformas. Os jogos abrem as portas para o metaverso e provam que, conceitualmente, a ideia é válida e pode melhorar a vida de bilhões de pessoas.

Jogos sociais

Um dos primeiros sinais de jogos sociais foi *Kim Kardashian: Hollywood*, que lucrou mais de US$ 157 milhões em vendas desde o seu lançamento em 2014. A ideia é fazer os jogadores competirem por notoriedade, subindo de posição na elite de Los Angeles. O case de negócios do jogo é baseado na estratégia de usar personalidades famosas para criar experiências de jogo fáceis para desenvolver comunidades virtualmente. Os jogadores podem comprar roupas de marca e personalizar a maquiagem.

Zoe Henry cita Niccolo de Masi em seu artigo da Inc.com intitulado "The Brilliant Business Model Behind Kim Kardashian's $150 Million App" [O modelo de negócios brilhante por trás do aplicativo de US$ 150 milhões de Kim Kardashian]. Aqui está o que há de mais notável no texto. Niccolo de Masi, CEO da Glu Mobile, disse: "Com a integração da marca, estamos adicionando mais autenticidade ao produto do que você teria se fossem marcas de roupas fictícias". Ele continuou: "Com o mundo se tornando móvel, você precisa trazê-lo integralmente para o seu produto móvel".[36]

Esse foi um precursor da fusão social e o jogo, e será uma tendência a ser observada em todos os mundos do metaverso. Isso levanta a questão de como os jogos e experiências freemium podem gerar receita da melhor maneira no metaverso, permitindo que os jogadores participem sem nenhum custo enquanto oferecem compras dentro do aplicativo para complementar sua experiência.

Play to Earn

As empresas aprenderam há muito tempo que uma forma de motivar as pessoas é oferecer a elas maneiras de ganhar dinheiro usando seus serviços. Os jogos não são diferentes, e as empresas desse setor têm usado as tecnologias recentes de blockchain e NFTs para permitir a oferta de prêmios, incentivos e outros ativos no jogo.

Nesse modelo de negócios, conhecido como play-to-earn (jogue para ganhar, em português), os jogadores são recompensados por atingir objetivos específicos dentro do jogo. Eles podem comprar objetos no jogo, usando dinheiro "real" ou moeda virtual, ou podem realizar atividades que agreguem valor a outros jogadores, à comunidade ou ao jogo – obtendo, dessa forma, ganhos em troca.

Esses jogadores recebem recompensas na forma de moeda cibernética ou NFTs, que representam peças virtuais no jogo, como uma espada, roupas ou até um terreno virtual. Depois que um jogador ganha um objeto virtual, ele pode vendê-lo ou negociá-lo em um marketplace de NFTs. Ele pode até vender objetos digitais por dinheiro real que podem ser usados fora do jogo.

Play to Own

Nos jogos tradicionais, os ativos não são de propriedade dos jogadores. O modelo de negócios play-to-own (jogue para possuir, em português) muda tudo porque os jogadores têm total propriedade do componente que encontrarem ou comprarem dentro do jogo. Esses ativos têm um valor absoluto e podem ser vendidos ou negociados como os donos desejarem, dentro ou fora do jogo (em um marketplace).

Como resultado, esses "artefatos" baseados em NFT criam um sistema econômico totalmente novo com base na propriedade de itens virtuais. Como a blockchain (ou seja, a tecnologia subjacente dos NFTs) é descentralizada, a economia está sob o controle das pessoas, e não de uma autoridade central. Os jogadores são livres para remover seus pertences do jogo e usá-los em outros jogos conforme o desejado.[37]

Tanto o modelo de negócios play-to-own como o play-to-earn são habilitados pela blockchain, que foi comentada anteriormente e será descrita na seção a seguir.

O que é um jogo baseado em blockchain?

Como foi dito antes, blockchain é a tecnologia que viabiliza NFTs e ativos, que são de propriedade de jogadores em vez de uma autoridade central. Como blockchain e NFTs podem ser usados em qualquer lugar e em qualquer jogo que permita a tecnologia, esses itens podem ser transferidos de um jogo para outro. O que é ainda mais empolgante: as posses podem ser vendidas ou negociadas em marketplaces ou no metaverso, quando ele for implementado.

Essa tecnologia liberta os jogadores da tirania de ter suas posses, obtidas mediante muito esforço, "presas" a um único sistema de jogo (ou, na melhor das hipóteses, aos jogos de uma única empresa). Como destacamos na última seção, isso viabiliza a criação de um sistema econômico de propriedade do jogador que não esteja sob o controle de nenhuma entidade.

Assim, os jogadores que passam inúmeras horas construindo sua coleção de pertences podem ter certeza de que podem usá-los como quiserem. No entanto, há outra dimensão nos jogos baseados em blockchain: os bens podem ser vendidos por dinheiro "real", dinheiro que pode ser usado para comprar mantimentos, quitar dívidas, pagar o aluguel e até adquirir novos jogos.

A interoperabilidade é fundamental, porque a mecânica do jogo deve ser baseada nas tecnologias de blockchain e NFT. É assim que os ativos podem ser propriedade de indivíduos e transferidos de um jogo para outro, para um marketplace ou para qualquer outro lugar.

O metaverso e seu design aberto dependem da interoperabilidade de ativos baseados em NFT que possam ser usados em qualquer outro mundo de metaverso aberto. Os designers de mundos fechados não enfrentam problemas de interoperabilidade porque os ativos não podem ser movidos de um lugar para outro. A propriedade é centralizada nos operadores mundiais nesses mundos (ou jogos) fechados.

Jogos baseados em blockchain

Como mencionamos anteriormente neste capítulo, os jogos são atualmente o maior segmento de entretenimento e o de crescimento mais rápido. Os videogames são superiores em muitos aspectos a outras formas de entretenimento porque são interativos e interoperáveis, no caso de jogos baseados em blockchain.

Esse tipo de jogo está ganhando popularidade, embora ainda não seja tão popular nem tenha se disseminado como outros sistemas de jogo fechados. Centenas de jogos que se utilizam da blockchain já existem, e o número continua a crescer. Alguns deles:

- *Axie Infinity*. Um mundo digital populado por *Axies* (ou seja, criaturas digitais) baseadas em NFT. O jogo sustenta uma economia vibrante; alguns tokens no jogo são negociados por centenas ou milhares de dólares.

- *God's Unchained*. Inspirado em *Magic: The Gathering*, este jogo permite que os jogadores criem decks de cards e os utilizem para lutar contra oponentes. Os jogadores têm a propriedade de seus cards, que podem ser comprados ou vendidos conforme o desejado.

NFTs em jogos

Um NFT certifica a propriedade de bens virtuais. Cada NFT descreve uma, e apenas uma, coisa. Nos jogos, os NFTs podem representar personagens, skins, armas, escudos, garrafas, terrenos ou qualquer outra coisa considerada única. Qualquer recurso pode se tornar exclusivo mediante a adição de um número de série ou por meio de um método semelhante. Quando você está listado como o proprietário de um NFT para um artigo digital, você é o proprietário dessa peça. O NFT é a comprovação disso.

Com base na tecnologia blockchain, os NFTs podem ser negociados, comprados e vendidos. Como a blockchain é descentralizada, qualquer NFT e seus recursos associados podem ser transferidos de e para qualquer lugar no metaverso. Para ilustrar, seu avatar e seu NFT podem se mover livremente de jogo para jogo e até mesmo para eventos sociais ou conferências.

Criando jogos

Os jogos evoluíram de jogos de computador simples e baseados em texto para os mundos completos, realistas e imersivos de hoje. O hardware e o software estão avançando de tal maneira que os jogos podem ser experiências verdadeiramente imersivas, persistentes e em tempo real para milhões de pessoas.

Jogos modernos

Os jogos modernos demandam investimentos significativos na infraestrutura do jogo. Os jogos imersivos dependem de grandes fazendas de discos contendo centenas de milhares ou até milhões das unidades mais novas e mais rápidas (provavelmente unidades de estado sólido, que são muito rápidas), salas cheias de memória e CPUs e limites inacreditáveis de largura de banda.

A Adobe adquiriu recentemente a Allegorithmic, fabricante do Substance 3D. A Allegorithmic é líder em edição e autoria 3D e definiu o padrão para material e texturização 3D. A Substance 3D Collection consiste em um conjunto de ferramentas que permite que os desenvolvedores criem e manipulem objetos e imagens 3D. Ela inclui ferramentas como Stager, Designer, Painter e Sampler.

O Adobe Substance permite que os criadores projetem e apliquem skins e texturas para aprimorar os gráficos de jogos 3D, tornando-os ainda mais realistas e imersivos. O conjunto de ferramentas da Allegorithmic já foi usado em jogos como *Call of Duty*, *Assassin's Creed* e *Forza*. Além disso, foi usado para criar efeitos especiais para filmes como *Blade Runner 2049*, *Pacific Rim Uprising* e *Tomb Raider*.[38]

Jogos em nuvem

Os videogames on-line típicos executam praticamente tudo localmente em um console, PC ou dispositivo móvel. Assim, a lógica do jogo, renderização, vídeo, áudio, gráficos e tudo mais são executados no smartphone, tablet ou computador, o que requer a instalação do jogo e o download e instalação de todos os seus componentes. Um computador local faz o trabalho e só acessa a internet para colaborar com outros jogadores e com o sistema central de jogos.

Os jogos são projetados dessa forma porque a internet não é necessariamente um método de comunicação confiável. A conexão fica mais lenta, é interrompida, gera e recupera-se de erros e sofre de outros problemas consistentemente. Muitos desses problemas ocorrem em uma fração de segundos, mas as interrupções do serviço podem durar horas ou até dias.

A internet foi projetada na década de 1980, quando o método de comunicação típico era um modem conectado a uma linha telefônica. Os criadores originais nem mesmo consideraram a possibilidade de conectividade persistente, que veio muito mais tarde com o advento da banda larga, fibra e linha digital de assinante (DSL).

Por fim, a internet era lenta, muito mais lenta do que hoje em dia. Na década de 1990, um arquivo de 1 megabyte podia demandar vários minutos ou horas para ser baixado; hoje, em uma típica casa com conexão por fibra, esse mesmo arquivo pode ser baixado em segundos ou alguns minutos, no máximo.

Os jogos foram inicialmente projetados para serem executados localmente o máximo possível e transmitir e receber apenas quando necessário. Com as conexões de internet rápidas de hoje, essas restrições não existem mais na maioria dos casos, o que abriu as portas para uma abordagem mais eficiente.

A nuvem consiste em data centers localizados em todo o planeta. Eles contêm centenas de milhares de CPUs, milhões de unidades de disco e comunicações de alta velocidade. Aproveitando-se desses data centers, os jogos em nuvem movem o processamento de jogos de um console, PC ou dispositivo móvel para sistemas de computador distribuídos.

Os jogos baseados em nuvem não requerem consoles ou outro hardware especializado. Eles são executados diretamente de qualquer navegador da web compatível porque a maior parte do trabalho é realizada nos data centers, não no dispositivo do usuário. Assim, o jogo baseado em navegador simplesmente atua como um dispositivo de comunicação para o jogador, enviando comandos para os data centers e recebendo os resultados como comandos, fluxo de vídeo e gráficos.

Jogar na nuvem não é tão fácil quanto parece. Apenas o ato de manter tudo sincronizado é uma tarefa complexa. Essa complexidade aumenta quando são considerados latência, erros de transmissão e outros fatores, combinados com o alto custo de execução de um jogo em um data center.

Esses são apenas alguns problemas que devem ser resolvidos antes que os jogos em nuvem cresçam em popularidade. No entanto, esses jogos oferecem vantagens, incluindo melhores gráficos, mapas mais extensivos, jogabilidade mais avançada e muito mais usuários simultâneos.

Como os jogos influenciam as experiências virtuais no metaverso

Não é de surpreender que a popularidade da cultura dos jogos influencie nossas vidas. A experiência que adquirimos jogando e socializando no ambiente dos games certamente é transportada para nossas vidas cotidianas e para empresas, negócios, governos e outras áreas. A experiência de jogo é, de fato, a mais próxima do metaverso emergente. Além disso, os jogos são apenas o começo, e os aprendizados serão inevitavelmente utilizados para criar experiências imersivas para empresas que usam e acessam o metaverso. Tim Draper, um investidor de capital de risco do Vale do Silício, declarou: "Toda empresa desejará alcançar as pessoas por meio do metaverso, seja para se comunicar, anunciar ou negociar com indivíduos que façam da realidade virtual seu local de negócios".[39]

O Slack, uma ferramenta de chat de escritório, estreou como um serviço de mensagens usado por um videogame. O Slack se tornou uma companhia tão popular que a Salesforce Inc. a adquiriu por US$ 27 bilhões. Stewart Butterfield, CEO e cofundador da Slack, comentou sobre a aquisição em um anúncio no Slack.com:

> Temos uma oportunidade única de repensar e reformular como e onde trabalhamos. A Salesforce e a Slack estão posicionadas de forma única para liderar essa mudança histórica para um mundo que prioriza o digital. Eu não poderia estar mais animado com o que está por vir.[40]

A Microsoft planeja adquirir a Activision Blizzard Inc., uma grande empresa de videogames, para usar suas tecnologias e outras inovações do mundo dos jogos na empresa. Jeremy Bailenson, cofundador da Strivr, plataforma de treinamento baseada em VR, e diretor fundador do Virtual Human Interaction Lab da Universidade de Stanford, disse, em um artigo escrito sobre o assunto por Angus Loten:

> A Microsoft obviamente tem sido uma líder em tecnologia B2B em geral, e também pioneira em realidade virtual e aumentada. Agora, ela tem acesso instantâneo a um dos metaversos mais elaborados e extensivos de todos os tempos com *World of Warcraft*.[41]

O Mesh para Microsoft Teams usa aplicativos de realidade misturada para sentir a presença, permitir a colaboração em conteúdo 3D persistente e conectar-se de qualquer lugar. O Mesh oferece suporte a uma variedade de tecnologias, incluindo Hololens 2, headsets de VR, dispositivos móveis e PCs, permitindo o compartilhamento de experiências digitais para criar um conhecimento coletivo e permitir uma inovação mais significativa.[42]

A influência dos jogos no metaverso definitivamente mudará as empresas e os negócios de várias maneiras, permitindo que haja mais colaboração e inovação. Examinemos brevemente algumas dessas mudanças:

Vendas e marketing. As experiências imersivas oferecidas pelo metaverso permitirão que clientes vejam e sintam os produtos, criando uma comunicação semelhante à realidade sem necessidade de se estar presente fisicamente.

Publicidade. A inserção de produtos em filmes e outras mídias tem sido um método popular de geração de receita no entretenimento. O metaverso proporcionará aos publicitários oportunidades de anunciar dentro de mundos digitais por meio da inserção de produtos para usuários ou jogadores (no caso dos jogos).

Eventos. Eventos de todos os tipos, de shows de comédia aos maiores eventos esportivos, experimentarão um aumento de sua audiência em potencial, porque as pessoas serão capazes de participar de todos eles sem que tenham de estar presentes fisicamente. Essas experiências imersivas parecerão naturais, e sem a necessidade de transporte a um local lotado.

Engenharia. As empresas serão capazes de criar simulações imersivas de seus produtos. Um engenheiro pode criar uma simulação de uma ponte e testá-la sob várias condições para determinar seus pontos fortes e fracos muito antes de ser realmente construída.

Treinamento de funcionários. As empresas poderão criar ambientes imersivos de treinamento de seus funcionários. Por exemplo, uma empresa de energia pode configurar uma simulação imersiva de uma usina nuclear para orientar os funcionários sobre os vários modos de falha sem nenhum perigo, ajudando-os a aprender sobre o que fazer nesses casos.[43]

Resumo

Como um reflexo, o metaverso cria um ambiente imersivo para experiências compartilhadas. Os jogos oferecem um vislumbre das possibilidades oferecidas pelo metaverso, indicando como ele funcionará, como ele será e quais serão os benefícios para empresas e consumidores. Grande parte da tecnologia necessária para criar o metaverso está sendo ativamente desenvolvida e implementada em jogos, levando a um metaverso mais suave, robusto e utilizável.

O desenvolvimento de plataformas, tecnologias e experiências de jogos ocorria em direção linear: de um diretor, escritor ou artista para o espectador. Os jogos, mesmo os primeiros jogos de ficção interativos e primitivos, permitiam experiências bidirecionais, embora de forma limitada. Os games atuais permitem uma narrativa imersiva na qual os jogadores são envolvidos pelo jogo e se tornam parte da história. Eles não são mais apenas espectadores ociosos, podem ver, ouvir e até mesmo tocar seus ambientes, interagir com outros jogadores, e também podem criar novas formas de engajamento e negócios em um mundo de jogo virtual.

O resultado perpassa os limites entre jogos e outras formas de entretenimento (ou seja, música, filmes e mídia), e até mesmo a vida real. Os jogos estão se tornando quase reais e, de muitas maneiras, o mundo virtual pode expandir a realidade para domínios com os quais, no passado, os humanos só podiam sonhar.

À medida que esses conceitos e tecnologias referentes aos jogos são transportados para outras formas de entretenimento, praticamente não há limites para a criatividade artística à disposição dos humanos.

No próximo capítulo, avaliaremos como o metaverso está transformando o entretenimento.

06 >Entretenimento_

O entretenimento tem feito parte da experiência humana há tanto tempo quanto os arqueólogos podem confirmar. Certamente podemos adicioná-lo por sua adição às três outras necessidades da humanidade: alimento, vestuário e abrigo. As pessoas não só gostam de ser entretidas como também precisam disso para enriquecer sua mente, aliviar a monotonia e, mais importante, expandir seu círculo social.

A tecnologia infundiu ainda mais profundidade no entretenimento. A partir da invenção do rádio, as pessoas começaram a contar suas histórias a milhares e milhões de outras pessoas. Com o advento do cinema e da televisão, o trabalho de um artista pôde ser exibido diretamente nas residências por todo o mundo. Em todos esses casos, os anunciantes e as empresas ganharam, de várias formas, a habilidade de fazer suas mensagens e suas marcas alcançarem muito mais pessoas.

O metaverso promete adicionar uma dimensão totalmente nova ao uso e ao valor do entretenimento. Nesse ambiente, ele será um impulsionador de crescimento colossal para as empresas se conectarem com os consumidores. Em vez de apenas assistir a um filme pré-gravado em uma tela, os consumidores agora podem participar de uma experiência imersiva. Afetivamente, no conforto de sua própria sala, eles podem explorar terras históricas distantes, como as pirâmides do antigo Egito, com seus amigos sem nem mesmo sair de casa. Eles podem experimentar o calor do deserto, a sensação das pedras e as imagens e os sons das antigas multidões de pessoas.

Mas, antes de nos aprofundarmos nos efeitos do metaverso no entretenimento, vamos nos preparar com uma análise da história do entretenimento.

Uma breve história do entretenimento

As pessoas precisam de entretenimento. Evidências históricas mostram que várias formas de teatro, dança e música já existiam há tanto tempo quanto pode ser determinado. Em tempos pré-históricos, é fácil imaginar membros de uma tribo dançando em volta de uma fogueira como parte de uma cerimônia, ou um ancião entoando as palavras de uma história de muito tempo antes. Esse tipo de entretenimento era uma parte da vida dos humanos, não importando quando e onde eles vivessem.

Os arqueólogos descobriram evidências de instrumentos musicais em tumbas antigas de milhares de anos atrás. Existem também provas de palcos para peças teatrais ou orações nas ruínas de antigas cidades, e pinturas que retratam danças foram encontradas nas paredes de cavernas e residências da nobreza.

A socialização é um tema comum nessas representações de entretenimento. Atores encenavam peças para públicos de todos os tamanhos e origens, músicos tocavam seus instrumentos e cantavam para multidões de pessoas, dançarinos se apresentavam como parte de cerimônias com membros de suas tribos. Superficialmente, as razões para o entretenimento podem ser atribuídas à religião, à guerra e ao sacrifício. No entanto, seu objetivo principal era reunir as pessoas para celebrar algo importante para o grupo.

Todas essas formas de entretenimento eram realizadas localmente e as apresentações nunca eram gravadas, porque não havia tecnologia. Até os romanos, com seu impressionante Coliseu, só faziam apresentações e combates de gladiadores que tinham de ser vistos pessoalmente. Todas as pessoas podiam falar sobre os eventos, mas, para vê-los, elas precisavam viajar para terras próximas e distantes.

Em 28 de dezembro de 1895, Louis e Auguste Lumière fizeram história ao exibirem o primeiro filme de forma comercial pela primeira vez, cobrando um pequeno valor para que as pessoas assistissem a ele. O filme mostrava clipes de cenas da vida cotidiana na França. Mas não era a primeira vez que as pessoas assistiam a um filme; isso ocorreu no início da década de 1830, com o desenvolvimento do fenacistoscópio.[44] Essa máquina utilizava um disco giratório com ranhuras, criando a ilusão de movimento. Depois, em 1891, Thomas Edison inventou o cinetoscópio, uma máquina que mostrava às pessoas uma tira de filme passando por uma fonte de luz.

Essas e outras máquinas análogas eram úteis, mas ainda exigiam que as pessoas assistissem ao que elas mostravam em um teatro ou uma sala. Esse tipo de entretenimento mudou com a invenção do rádio. Pela primeira vez na história, as apresentações puderam ser transmitidas e ouvidas por audiências fora de sua área local. Pessoas de todo o país e do restante do mundo podiam ouvir as façanhas de Flash Gordon, do

Cavaleiro Solitário e a invasão marciana da Terra, como narrada por Orson Welles. A princípio, essas transmissões não podiam ser salvas, mas a invenção dos discos de acetato e das fitas magnéticas permitiu que as principais redes de rádio da NBC, Mutual e CBS começassem a gravar suas produções para a posteridade.

Nas décadas de 1940 e 1950, televisores aparecerem nas residências dos Estados Unidos e de outros países. O primeiro episódio de *I Love Lucy* foi transmitido em 1951; Bob Hope levou seu programa de comédia do rádio para a televisão em 1952, e a NBC lançou o *The Tonight Show* em 1954. No final de 1952, 20 milhões de residências estadunidenses contavam com uma televisão, com os anunciantes gastando US$ 288 milhões em comerciais. Em 1963, a televisão ultrapassou os jornais como fonte de informação da população. Em 1965, 96% da programação da NBC era transmitida em cores.[45]

A inovação continuou em um ritmo acelerado. Em 1964, os Beatles apareceram no *Ed Sullivan Show* e foram assistidos por uma audiência de mais de 73 milhões de telespectadores; em 1969, o mundo assistiu ao vivo à caminhada de Neil Armstrong na Lua; no final dos anos 1970 e no início dos anos 1980, a ESPN, a MTV e a CNN foram criadas e começaram a transmitir. As antenas parabólicas surgiram no mercado em 1996; os discos digitais versáteis (DVDs) foram lançados em 2000; em 2005 surgiram as TVs de tela plana.

As inovações na transmissão ocorriam paralelamente a essa linha do tempo de realizações, possibilitando o surgimento de tecnologias. As rádios aproveitavam as frequências AM e FM, enquanto a televisão utilizava suas próprias séries. A televisão por satélite funcionava com links diretos para satélites de comunicação, e o cabo dependia de uma vasta rede de cobre. Mais tarde, cabos ópticos foram instalados sob as ruas, pendurados em postes e esticados através dos oceanos. Atualmente, as tecnologias móveis dependem de seus usos inovadores para diferentes larguras de banda, possibilitando conexões cada vez mais rápidas e estáveis.

Mais de 150 anos de inovações nos levaram a uma interseção entre comunicações estáveis e rápidas, tecnologias avançadas como a inteligência artificial (IA)/aprendizagem de máquina (ML) e a realidade aumentada (AR)/realidade virtual (VR), infraestruturas de nuvem, internet e web, além de ferramentas de desenvolvimento. Todos esses (e outros) componentes compreendem as bases da revolução conhecida como o metaverso. O palco agora está montado para a transformação em seu mais alto grau de entretenimento. De um paradigma de conteúdo predeterminado, predefinido e de propriedade central para um novo, que consiste em imersão recíproca em tempo real, o resultado será sem precedentes.

Conectando-se por meio do entretenimento

À primeira vista, pode parecer que as pessoas querem ser entretidas para fugir da realidade. É verdade que muitas assistem a filmes, leem livros e relaxam depois de um dia duro de trabalho ou para se distraírem da vida cotidiana. Contudo, essa é apenas uma motivação.

Considere que as pessoas geralmente assistem a filmes com seus amigos ou constroem relacionamentos com outros jogadores dentro dos mundos dos videogames. Muitas veem filmes e séries de televisão não tanto para escapar, mas para ter algo em comum com seus amigos, algo em comum para conversar. Muitas seguem religiosamente suas séries favoritas de longa duração, como *A casa do dragão* ou *Westworld*, porque seus amigos estão fazendo isso. Outras pessoas se reúnem em grupos para assistir a essas séries juntas e ter uma experiência comparável a sentar-se ao redor de uma fogueira e contar histórias de fantasmas umas às outras. O entretenimento é, de muitas maneiras, uma experiência comunitária.

Não há dúvida de que as pessoas, em geral, gostam de experiências escapistas. A vida pode ser monótona, com barreiras intransponíveis, e a tentação de ver o mais novo filme com um grupo de amigos pode ser difícil de resistir. O entretenimento moderno ajuda as pessoas a fugir momentaneamente da realidade. Isso lhes dá tempo para mergulhar em um mundo diferente – livro, filme, música ou qualquer outra coisa – e as ajuda a enfrentar o dia a dia.

É fácil ver porque as pessoas serão atraídas para a próxima etapa do entretenimento: realidades imersivas. Passar um tempo em um mundo virtual pode ajudá-las a superar muitas das adversidades da vida. Por exemplo, considere as possibilidades de alguém com tetraplegia "andar" em um mundo virtual!

A pandemia de Covid-19 levou muitas pessoas a expandir seus horizontes, envolvendo-se com mundos virtuais em jogos, salas de aula e até shows e concertos digitais. Nesses mundos, mesmo que brevemente, elas podem escapar das notícias indesejadas do dia, como inflação, guerra, preços altos do combustível e a própria pandemia. As empresas de mídia têm um imenso potencial para ajudar as pessoas, criando novos encontros virtuais imersivos.

As verdadeiras aptidões do metaverso são a capacidade de compartilhar a interconectividade, vivenciar uma história em tempo real e participar dela. As pessoas podem se tornar uma parte do entretenimento. Elas também podem visitar esses mundos virtuais com seus amigos, fazer novas amizades enquanto estiverem lá, formar laços sociais permanentes que abrangem mundos de metaversos e até continuar sua socialização do lado de fora, no mundo físico.

O metaverso permite infinitas possibilidades de entretenimento; os únicos limites teóricos são a imaginação e a engenhosidade dos designers e dos participantes. Qualquer coisa, de passeios históricos a safáris na África ou uma viagem à Lua, pode ser apresentada como entretenimento dentro do metaverso.

A maneira como partiremos deste ponto para um metaverso totalmente funcional é algo que ainda está sendo definido. Muitas grandes empresas estão investindo bilhões para possibilitar novas formas de entretenimento por meio do metaverso. Elas conseguirão criar esse novo fórum de diversão para proporcionar uma fuga e uma nova realidade social para todos.

O impacto do metaverso no entretenimento e, por consequência, nas novas possibilidades de negócio é potencialmente imenso. A seção a seguir abrange alguns dos resultados de forma mais detalhada.

O metaverso e o entretenimento

Antes que o impacto do metaverso possa ser compreendido, é fundamental olhar para o cenário atual da mídia. Centenas de bilhões, senão trilhões, de dólares dos consumidores estão em jogo e, portanto, a concorrência por sua atenção é imensa. As empresas que tiverem sucesso atrairão boa parte dessa atenção e terão a capacidade de definir a direção do metaverso no futuro próximo.

No momento em que este livro é escrito, a indústria do entretenimento está em constante mudança. As velhas tecnologias de DVDs, Blu-rays, TV a cabo e em rede e computadores desktop estão dando lugar a serviços de streaming e computação móvel. No passado, os grandes nomes eram NBC, CBS, ABC e, em menor escala, PBS, os quais deram lugar ao VHS e à Betamax (e, posteriormente, ao DVD e ao Blu-ray), à TV a cabo, à internet e ao computador pessoal. Agora, essas tecnologias estão desaparecendo e, com um empurrão da pandemia, cedendo lugar aos novos gigantes: Netflix, Disney, Apple, HBO, Comcast, Hulu e Amazon.

O metaverso faz mais do que apenas fundir os mundos físico e virtual; ele também reúne a mídia e o comércio de novas formas avançadas. Nas seções a seguir, exploraremos isso em mais detalhes.

A evolução da mídia

Nos últimos cem anos, a mídia evoluiu do rádio para a televisão aberta, para a televisão a cabo e, finalmente, para a TV digital. Os computadores pessoais começaram como máquinas desktop desengonçadas, como o TRS-80 e o Atari. Eles evoluíram ao longo de décadas até se tornarem computadores desktop e consoles de videogame muito mais avançados, e estão sendo agora superados por dispositivos móveis como smartphones, tablets, laptops e até relógios de pulso digitais. As pessoas podem receber entretenimento na forma de filmes, jogos, música e livros onde quer que estejam e quando quiserem.

A tecnologia tende a evoluir para as maiores e melhores perspectivas de penetração de mercado. Essas evoluções e, em alguns casos, revoluções criam mudanças no mercado. Empresas inovadoras, rápidas e ágeis sobrevivem; aquelas que são lentas para se adaptar às mudanças tecnológicas tendem a se dar mal.

Um exemplo é a atual expansão do mercado de streaming, com cerca de uma dúzia de concorrentes grandes e centenas de serviços de nicho que oferecem conteúdo especializado para subconjuntos específicos de consumidores. Quantos serviços os consumidores adotarão? Ficarão cansados com tantas plataformas de entretenimento e se limitarão a apenas algumas candidatas?

Essa é, de muitas formas, uma concorrência entre as gigantes da mídia, mas que não terminará com o vencedor levando tudo. As pessoas assinarão vários serviços e canais porque cada um tem ofertas exclusivas. Elas não necessariamente cancelarão a assinatura da Netflix só porque encontraram algo de que gostam no Disney+. Em outras palavras, as pessoas não passam menos tempo na Netflix simplesmente por causa de uma nova assinatura de outro serviço.

Contudo, elas geralmente alocam um período mais ou menos fixo de tempo livre de sua vida. É claro, férias e eventos como a pandemia às vezes criam mais tempo livre. Mesmo assim, o tempo gasto vendo filmes e com entretenimento em geral é relativamente fixo.

As empresas que usam seus serviços de streaming como componente de um plano muito maior prosperarão. Pense no uso da mídia para direcionar as pessoas a outros produtos e serviços. Considere a Disney: seu serviço de mídia oferece conteúdo premium e, em virtude de suas propriedades intelectuais, como o Marvel Cinematic Universe (MCU) e Star Wars, ela tem atraído um público enorme. No entanto, cada série ou filme é parte de um plano muito maior para incentivar as pessoas a comprar produtos da marca e visitar seus parques temáticos. A Apple e a Amazon têm uma abordagem semelhante: usam a mídia para direcionar consumidores a outras partes do negócio.

O Roku foi líder de mercado por uma década, a começar por quando foi lançado, em 2008; o hardware da Apple TV foi lançado em 2007, e o aparelho da Fire TV entrou no mercado em 2014 e agora é o mais popular do tipo. Em 2012, a Amazon tinha uma participação de mercado de cerca de 20%, enquanto o iTunes tinha 70%. Hoje, esses índices são quase os mesmos.[46]

Não há dúvidas de que os serviços de streaming estão produzindo uma grande variedade de conteúdo. Antes de considerar a interseção disso com o metaverso, vejamos como esse conteúdo é distribuído.

Distribuição de conteúdo

É fundamental entender que essas tendências estão chegando a um ponto crítico agora, em parte em razão dos longos períodos necessários para fazer os contratos. Uma das explicações de isso estar acontecendo neste exato momento é que há um longo tempo para cada ciclo de contrato.

Os acordos devem ser propostos e negociados com anos de antecedência ao lançamento do filme nos cinemas, em Blu-ray ou DVD e na plataforma de streaming em que a propriedade intelectual será exibida. Os contratos que envolvem vários lançamentos, como os dos universos Marvel e Star Wars, demandam ainda mais coordenação e tempo de negociação. Isso não leva nem em consideração o tempo necessário para implementar todos os contratos associados, incluindo os de produtos de marca, atrações de parques temáticos, promoções e uma quantidade enorme de outras coisas que geram ainda mais receita. Todas as empresas de produção de mídia têm alguma forma de ciclo de planejamento e implementação associada, bem como seus tempos de negociação.

Para completar, as empresas devem correr contra o tempo para colocar seus produtos no mercado. Demorar muito para levar esses filmes e outras formas de entretenimento aos consumidores pode fazer que eles os procurem em outro lugar, digamos, em outros serviços de streaming, para atender às suas necessidades. Essa corrida para chegar ao mercado é fundamental para a criação do entretenimento.

O quão importante é a corrida para o mercado?

Se uma pessoa assinou um serviço de streaming como o Hulu por muitos anos, isso a impede de assinar outros, como Disney+ ou Amazon Prime? Se um serviço de streaming lança conteúdo semanas ou meses antes de outros lançarem seus próprios, isso lhe dá uma vantagem competitiva?

Vejamos o lançamento de uma sequência de filmes. Filmes de sucesso de bilheteria, como *Independence Day* ou a trilogia *The Matrix*, normalmente têm sequências. Então, o raciocínio é: o original foi um sucesso, então como uma sequência poderia fracassar? No fim das contas, se o tempo entre o original e sua sequência for muito longo, os produtores podem achar que o público mudou. Até certo ponto, os produtores da sequência da trilogia *The Matrix* descobriram isso com o lançamento do quarto filme, em 2021. O filme teve um desempenho inferior, em parte, porque o público não era mais o mesmo.

Sem dúvida, demorar muito dá à concorrência o tempo para chegar e dominar o mercado. Um novo serviço de streaming precisa motivar os consumidores a fazer uma assinatura; ele deve se diferenciar, de alguma forma, dos outros serviços disponíveis. Um método excelente é ser o primeiro no mercado. Os consumidores gostam de continuidade, e pelo menos alguns deles permanecerão quando outros serviços começarem a operar.

Um número enorme de mídias ainda não fez a transição para o vídeo. É comum, principalmente com filmes menos populares, descobrir que eles nunca passaram do VHS para o DVD, muito menos para qualquer outro formato de mídia digital. Essas formas de entretenimento mais antigas ou menos populares são uma mina de ouro de conteúdo que os serviços de streaming podem adotar para oferecer a seus assinantes um conteúdo exclusivo e interessante.

À medida que a competição por serviços de streaming se estabilizar, o que provavelmente ocorrerá em 2024 ou 2025, o mercado deve se estabelecer em torno dos que fornecem conteúdo de qualidade para os consumidores. Nesse ponto, a capacidade de novos concorrentes entrarem no mercado torna-se mais complexa, cara e demorada.

Quando você pensa sobre as grandes empresas de streaming, a motivação delas para entrada no mercado conta? Algumas empresas, como a Disney+, concentram-se na propriedade intelectual, enquanto outras, como a Apple e a Amazon, são mais alinhadas à venda de hardware, produtos e outros serviços, utilizando o streaming como um funil.

Preços

Produzir conteúdo novo é caro, especialmente ao levar em consideração programas como *The Expanse*, da Amazon, *Rome*, da HBO, e a série de produções MCU, da Disney. Para atrair novos públicos, as empresas de streaming estão financiando programas com uma quantidade significativa de efeitos especiais, nomes famosos e propriedade intelectual estabelecida. Combinados, esses e outros fatores aumentam os custos de conteúdo para novos níveis.

Além disso, a estratégia de muitos serviços de streaming é usar os filmes como funis para outras áreas de negócio. A Disney, por exemplo, vende produtos da marca, cruzeiros e ingressos para parques temáticos, e tudo isso ajuda na promoção de seus filmes, suas séries, suas publicações e da própria marca de maneira geral. A Apple também parece atrair os consumidores para seu ecossistema geral de produtos e serviços, e pode-se supor que a Amazon queira persuadir a audiência de seus filmes a experimentar os outros serviços do Prime.

Como consequência, os serviços de streaming tendem a ser precificados para atrair espectadores, e não necessariamente gerar lucro. Números maiores de espectadores significam que mais pessoas experimentam não só o serviço de streaming, mas podem ser convertidas a outras fontes de receita.

Gastos com conteúdo

As empresas de streaming sabem que têm uma forte concorrência para chamar a atenção dos consumidores. Para atrair essa atenção (e receita), cada provedor gasta quantias sem precedentes em novos programas. Todos os provedores de conteúdo tiveram orçamentos de mais de US$ 50 bilhões em 2022, embora esse valor possa saltar para muito mais.

As plataformas de streaming devem usar seu conteúdo para gerar receita. Parte da renda vem das taxas de assinaturas mensais cobradas dos consumidores. A receita indireta vem de benefícios de merchandising, como no caso das pessoas que, depois de assistir ao filme *Jungle Cruise*, da Disney, compram passagens para um cruzeiro, brinquedos, jogos e serviços premium.

No momento em que este livro é escrito, os itens a seguir mostram o quanto as plataformas de streaming investiram em conteúdo:

- `Disney`. Em 2021, a Disney investiu US$ 25 bilhões em conteúdo, prevendo um total de US$ 33 bilhões em 2022. Esses valores incluem o Hulu e lançamentos de cinema. O relatório trimestral da empresa declara que:

  > O aumento é impulsionado pelo gasto elevado para apoiar nossa expansão DTC [direct-to-consumer, ou direto ao consumidor] e geralmente presume que não teremos interrupções significativas na produção em razão da Covid-19".[47]

  A Disney+ tinha 129,8 milhões de assinantes no final de 2021.

- `Netflix`. Em 2021, a empresa investiu cerca de US$ 17 bilhões em streaming.[48]

- `WarnerMedia`. Essa empresa de streaming, que inclui HBO Max, HBO, CNN, CNN+, Warner Bros e Discovery+, planeja investir mais de US$ 18 bilhões em 2022. Antes da fusão, a Discovery+ tinha 22 milhões de assinantes. HBO Max e HBO têm uma contagem combinada de 73,8 milhões de assinantes.

- `Amazon Prime Video`. Em 2021, a Amazon investiu cerca de US$ 13 bilhões em vídeo e música. A empresa afirmou ter 200 milhões de assinantes no final de 2021.

- `Apple TV+`. Em 2021, a Apple investiu cerca de US$ 6 bilhões em conteúdo original.[49] Em 21 de julho de 2021, a Apple+ tinha menos de 20 milhões de assinantes.[50]

Jogos

Já analisamos os jogos em detalhes, mas será útil examiná-los no contexto do entretenimento. Eles são o principal setor de entretenimento porque possibilitam interações com a audiência e criam uma conectividade imersiva. Muitas pessoas acham que é mais gratificante jogar videogame com os amigos do que assistir a um filme ou uma série por streaming. A experiência é muito diferente: os jogos interagem com os jogadores de maneiras que outros formatos de mídia não conseguem.

O volume de avanços tecnológicos que podem ser aplicados aos jogos está aumentando constantemente. Esses avanços criam o potencial para os jogos se tornarem muito mais inovadores na forma como interagem com as audiências e como a mídia, em geral, é monetizada.

Um bom exemplo é a recente tecnologia de telefones, como o iPhone 10, que permite o rastreamento facial. Ela, por sua vez, possibilita a criação de experiências interativas únicas e interessantes que levam em consideração os gestos e expressões faciais dos jogadores. Se um jogador franzir a testa, os NPCs dentro do jogo poderão reagir como se ele estivesse com raiva, sem qualquer outra ação.

Quando o rádio e a televisão apareceram pela primeira vez, existiam apenas alguns canais ou estações. Era possível ouvir ou assistir às suas séries favoritas em casa ou na casa do vizinho. A televisão a cabo adicionou mais canais, mas ainda era preciso ver o conteúdo em um local fixo. Hoje, com a computação móvel e a internet sem fio rápida, jogos e entretenimento podem ser consumidos em qualquer lugar, a qualquer hora.

Em 2021, metade dos lares estadunidenses tinha um console de videogame, e três em cada dez famílias planejavam comprar um console no próximo ano. Três em cada quatro americanos jogaram videogame em 2021, e o tempo médio de jogo foi de 14,8 horas por semana em 2020. Os jogos também atravessam gerações, da geração Z, mais jovem, até os Baby Boomers, mais velhos. Essas tendências se aceleraram durante a pandemia, porque muitos foram forçados a permanecer abrigados em suas casas por longos períodos.[51]

Como postulamos, muitas pessoas jogam mais pela experiência social, sendo a jogabilidade uma razão secundária para investir tempo e dinheiro. Por esse motivo, os jogos multijogador tornaram-se extremamente populares, uma vez que fornecem lugares seguros para as pessoas se reunirem e desfrutarem da companhia de seus amigos.

O cenário de mídia em constante mudança, a concorrência crescente e os avanços tecnológicos acelerados criaram um ambiente em que os jogos se tornaram a forma de entretenimento preferida. Esses mesmos fatores criam novas oportunidades para que os gigantes da mídia expandam seus serviços de streaming, ganhem espectadores e os direcionem para fluxos de receita e mercados adicionais.

À medida que as plataformas evoluem, um foco substancial é colocado no metaverso porque as pessoas exigem interações mais envolventes e emocionantes. Os seres humanos têm períodos de atenção finitos, constantemente forçando o entretenimento a evoluir para formas mais avançadas. A narrativa imersiva está se tornando o novo padrão-ouro. As pessoas gostam de fazer parte da história e interagir com heróis, vilões e mundos. Isso pressiona a mídia tradicional, como televisão e cinema, a melhorar a qualidade de seus produtos para continuar atraindo espectadores. Embora o futuro não possa ser previsto, as tendências estão ficando mais aparentes; um metaverso totalmente imersivo será a forma definitiva de entretenimento imersivo.

Com todas essas mudanças, os jogos e o entretenimento estão se fundindo?

Game-tainment

Os jogos e suas mecânicas têm sido populares na televisão por décadas, talvez até mesmo desde o nascimento dessa mídia. Jogos televisivos como *Wheel of Fortune* ou *The Price is Right* são populares entre os telespectadores; muitos seguiram as façanhas de jogo dos vencedores populares no *Jeopardy* enquanto eles ganhavam noite após noite.

Por muitos anos, jogos e filmes influenciaram uns aos outros, cada um construindo audiências e fornecendo conteúdo para o outro. Essa tendência está se acelerando e a pandemia lhe deu um impulso significativo, pois as pessoas estavam trancadas e famintas por entretenimento. Como resultado, as empresas de entretenimento têm criado serviços de jogos, e as empresas de jogos têm produzido seu entretenimento.

A gigante do streaming Netflix está desenvolvendo sua unidade de jogos e adaptando seus filmes e programas para videogames. Ela planeja lançar *Castlevania*, *League of Legends*, *The Witcher* e outras séries como jogos.[52] Ao explicar sua visão para a plataforma de jogos da Netflix à CNBC, o cofundador e coCEO Reed Hastings disse:

> Quando os jogos para celular estão liderando e somos alguns dos melhores produtores, assim como estamos atualmente com o cinema, tendo dois dos dez mais populares, então você deve se perguntar o que vem a seguir. Vamos acertar no alvo e não apenas estar nisso por estar.[53]

As empresas de jogos também estão investindo nessa área. Em janeiro de 2022, a empresa global de jogos e apostas esportivas Entain lançou a Ennovate, investindo US$ 133 milhões em financiamento para NFTs, VR/AR e outras startups e aplicativos. O CEO Jette Nygaard-Andersen contou à CNBC que as empresas de jogos estão ampliando suas ofertas aos clientes. Ele disse:

> Queremos liderar com novos produtos e experiências empolgantes para os clientes e usar nossa tecnologia de ponta para estarmos na vanguarda de inovação em esportes, jogos e entretenimento interativo para o metaverso.[54]

Em uma apresentação para investidores no início de 2022, a Sony anunciou planos para adquirir ou investir em dez empresas de jogos, comunicações e outras relacionadas. Entre elas, Discord, Housemarque, Nixxes, Firesprirt, Bluepoint, Devolver, Valkyrie Entertainment, Bungie, Haven e Accelbyte. O CFO da Sony, Hiroki Totoki, observou, após a publicação da notícia, que a empresa deseja expandir sua oferta de tecnologia e mídia a todos os produtos eletrônicos, jogos, filme e música da empresa. O TechCrunch publicou uma citação sua:

> A significação estratégica dessa aquisição não está apenas na obtenção da franquia de grande sucesso *Destiny*, assim como na importante propriedade intelectual nova que a Bungie está atualmente desenvolvendo, mas também em incorporar ao grupo Sony a experiência e as tecnologias que a Bungie desenvolveu na área de serviços de jogos ao vivo.[55]

Esses investimentos e startups prometem expandir a amplitude do entretenimento no metaverso. Jogos, eventos esportivos, shows, apostas esportivas, entre outros, não serão mais mundos independentes e fechados. Em vez disso, serão unificados em um rico tecido de opções de entretenimento.

Pense na *Strip* de Las Vegas como uma imagem das possibilidades de entretenimento do metaverso. Depois de colocar um fone de ouvido VR e outros equipamentos para jogos, as pessoas poderão caminhar por um mundo virtual, talvez ao longo de uma rua, e ver cassinos, teatros, parques temáticos, lojas, shows, cinemas e qualquer outra coisa que se possa imaginar.

Os parques temáticos alocados no metaverso permitirão que os visitantes viajem a qualquer lugar do mundo, ou a um mundo de fantasia, e experimentem um entretenimento tão extremo ou tão inofensivo quanto desejarem, como montanhas-russas complexas que desafiam a gravidade, encenações de eventos históricos, mansões assombradas muito assustadoras e até caminhadas nas montanhas de Marte ou em planetas que orbitam estrelas distantes.

O metaverso oferece muitas possibilidades para apostas esportivas, entretenimento competitivo e atividades equivalentes às de um cassino. Imagine uma luta livre virtual na qual qualquer pessoa (seu avatar) possa participar. Quem não quiser lutar em um ringue virtual poderá apostar no resultado. Será possível usar suas criptomoedas para apostar em corridas de cavalo, partidas de beisebol, jogos de cassino e até jogos de cartas privados. As possibilidades de aposta e competição são praticamente infinitas.

Em 2012, uma representação holográfica de Tupac Shakur se apresentou no Coachella, embora ele tivesse falecido uma década antes. Esse show holográfico aconteceu no mundo físico, e a imagem 3D do cantor foi simplesmente projetada em um painel de vidro. Apresentações holográficas têm ficado mais populares desde então.

Shows realizados dentro do metaverso, também conhecidos como concertos virtuais, são como shows ao vivo aos quais os membros do público assistem em massa e nos quais podem interagir uns com os outros. Por exemplo, Scott Travis se apresentou na plataforma *Fortnite*, interagindo com membros da audiência (por meio de seus avatares). Ele se movia por diversos cenários, incluindo debaixo d'água e no espaço sideral, para manter a performance envolvente.[56]

Para os viajantes do metaverso, a experiência de compra também será uma experiência inigualável e atrativa. Imagine fazer compras em uma loja que muda com frequência e é personalizada de acordo com a necessidade de cada comprador. Simultaneamente, alguém interessado em materiais de construção doméstica pode ser apresentado a um layout e a um conjunto de produtos totalmente diferentes de outra pessoa interessada em roupas ou livros. As lojas do metaverso se tornarão quase vivas, pois reagirão aos compradores, mudarão com base em suas necessidades e poderão apresentar pontos artísticos ou de ação quando necessário. Sky Canaves, analista sênior da Insider Intelligence, reforça como a experiência de compra no metaverso não terá as restrições do mundo físico:

> O conceito de uma loja virtual ser apenas uma réplica de uma loja do mundo real não é muito empolgante, porque não há necessidade de se ficar preso entre quatro paredes ou a um local específico no mundo digital.[57]

Ouvir música, especialmente quando vamos a shows e apresentações, é tradicionalmente uma experiência compartilhada. As pessoas costumam ir a esse tipo de evento com os amigos para que possam vivenciar a experiência reunidos. As restrições do universo físico deixarão de ser limitações com os shows virtuais. Imagine qualquer uma das apresentações inventivas do Cirque du Soleil realizadas no metaverso. Atualmente, elas são determinadas pela força física dos atores, pelo peso e pelo volume do palco e dos objetos cenográficos, bem como pela posição da audiência em relação à apresentação. Todas essas restrições desapareceriam no metaverso.

As pessoas podem experimentar as coisas como nunca antes em um show ou uma apresentação virtual. Elas podem ter aventuras imaginativas, como embarcar em um foguete para a Lua ou para algum planeta, voar de asa-delta, ver e ouvir animais fantásticos e plantas que não existem na vida real ou até serem passageiras em um navio de cruzeiro virtual.

Em dezembro de 2021, a Sawhorse Productions e a Alo Yago colaboraram para criar um santuário virtual no Roblox. O intuito era criar um espaço virtual que, por fora, se parecesse com o mundo real, mas, ainda assim, se assemelhasse às lojas da Alo Yago. No mundo virtual, as pessoas entram usando um avatar e desfrutam de uma experiência de compras mais fantástica, porém sólida.

Esse tipo de mistura não é novidade. O Roblox está juntando as peças de uma forma totalmente nova e única. Por exemplo, eles combinam um show virtual com um videogame e enriquecem a experiência social.

A mistura de jogos e entretenimento cria maneiras empolgantes de as pessoas jogarem e se divertirem. Elas podem se envolver em atividades que só existiam na imaginação. Por fim, os jogos se tornarão entretenimento imersivo. Os tipos tradicionais de entretenimento se fundirão aos jogos e ao metaverso.

Assim, o metaverso terá um tremendo impacto no setor de entretenimento.

Impactos do metaverso no setor de entretenimento

O metaverso promete ter um impacto tão grande no setor de entretenimento quanto a transição dos filmes mudos para o cinema sonoro. Se parece exagero, pense em como será revolucionária a mudança de assistir a um filme no cinema ou na televisão para uma experiência de um mundo imersivo. Considere que, em vez de assistir a um filme de super-herói, uma pessoa pode estar presente naquele mundo e ainda se tornar um dos heróis no mundo virtual.

Se isso soa como um videogame, os conceitos são semelhantes, apenas elevados a um novo nível. Dentro dos mundos virtuais do metaverso, as pessoas podem mover seu avatar de um mundo para outro, comprar itens que podem ser usados em outro lugar, visitar um banco virtual ou até assistir a um concerto virtual. E, ao contrário de um filme, o espectador está dentro da experiência, com percepções como visão, audição e tato. Os videogames podem ser a porta de entrada para o metaverso, mas o metaverso é algo totalmente novo.

Sua experiência de assistir a filmes será elevada a níveis totalmente novos. Em vez de apenas assistir a atores e imagens geradas por computador (CGI) em uma tela de cinema ou uma televisão, as pessoas poderão mergulhar no mundo do filme em uma visão total de 360 × 360. Elas poderão até parar o filme para obter comentários dos bastidores ou explicações sobre como as coisas foram feitas. Assim, uma pessoa que estivesse assistindo a um filme sobre Alexandre, o Grande, por exemplo, poderia visitar virtualmente as cidades e os locais retratados como existiam nos tempos antigos. As possibilidades são infinitas.

Novas formas de entretenimento resultarão do desenvolvimento do metaverso. As pessoas poderão criar seus jogos e mundos, e, depois, compartilhá-los com outras. As bandas podem fazem turnês virtuais para um número infinito de espectadores que poderão ser reproduzidas por anos. Os NFTs fornecem inúmeras formas de comercializar a experiência de entretenimento, e as empresas poderão anunciar em mundos virtuais de várias maneiras novas e interessantes.

O metaverso apresenta um potencial novo e cativante para profissionais de marketing e anunciantes oferecerem seus produtos e serviços aos espectadores. Os anunciantes poderão criar momentos imersivos centrados em seus produtos. Imagine uma loja virtual de roupas que permite que os clientes provem novas roupas e testem maquiagens ou até vejam como ficariam com uma tatuagem.

Um dos resultados do metaverso é elevar o nível dos criadores de conteúdo. Em vez de apenas fazer e anunciar um filme, eles precisarão criar uma variedade maior de conteúdo para atrair espectadores e ouvintes. Isso gera novas janelas para a criatividade, mas também aumenta o trabalho necessário para qualquer lançamento.

O conteúdo gerado pelo usuário é outra oportunidade reforçada pelo metaverso. Suponha que criadores de conteúdo, como grupos musicais, deem a seus fãs a capacidade de criar videoclipes e cantar junto com a música. Isso poderia aumentar o engajamento dos fãs, dando-lhes incentivos adicionais para seguir a banda.

A persistência é vital para o metaverso, o que significa que o mundo não para quando alguém não está dentro dele. Pelo contrário, tudo continua em tempo real. Independentemente disso, se uma pessoa sair do metaverso para dormir ou comer, o tempo continuará fluindo e as coisas continuarão acontecendo.

Também é possível associar um NFT a um item do mundo real. Suponha que uma pessoa compre uma roupa no universo físico com um NFT associado. Ela poderia, então, usar essa mesma roupa em um formato virtual dentro do metaverso. Da mesma forma, o conteúdo adquirido em um mundo do metaverso deveria funcionar em qualquer outro mundo.

O impacto do metaverso no streaming

O streaming é e continuará a ser uma evolução significativa para as indústrias de cinema e entretenimento. Nos primórdios da televisão, as opções eram bem mais diretas: você criava um filme ou programa, anunciava-o com antecedência e esperava que os espectadores aparecessem na hora marcada para vê-lo.

Posteriormente, a TV a cabo ampliou o número de canais para centenas de opções especializadas, e os cinemas continuaram a funcionar porque não havia muitas opções para atingir o público. O advento do VHS, do Betamax, do DVD e do Blu-ray mudou tudo, permitindo que as pessoas gravassem e guardassem cópias de seu entretenimento favorito em casa. O lançamento da internet rápida para a maioria das residências e, depois, para smartphones e outros dispositivos móveis mudou o entretenimento mais uma vez.

A indústria do entretenimento está novamente sendo impactada pela proliferação de serviços de streaming. Isso resulta em uma onda de fusões e aquisições, atividades de pesquisa e desenvolvimento (P&D) e parcerias, à medida que empresas de tecnologia e gigantes da mídia tentam se posicionar para esse novo método de distribuição. Muitos desses serviços também se posicionam em relação ao metaverso, garantindo que seu portfólio inclua a tecnologia necessária.[58]

Entre as grandes empresas envolvidas na proliferação do streaming e na extensão do metaverso, estão:

- Adobe systems.
- AdQuire Media.
- Alphabet.
- Aomen City.
- Atom Universe.
- Gamefam.
- GameOn.
- Hungama Digital Media.
- Meta.
- Microsoft.
- Nvidia.
- OverActive Media.
- Qualcomm.
- Roblox.
- Scuti.
- Snap.
- Tetavi.
- Zilliqa.

Muitas delas também estão investindo fortemente no metaverso. Alguns exemplos com observações sobre o que elas visam alcançar estão listados a seguir.

Hungama Digital Media. Em 2022, essa empresa indiana de entretenimento anunciou a criação de uma nova empresa chamada Hefty Entertainment, cujo intuito é ser uma plataforma do metaverso baseada no Polygon. Essa plataforma se concentra em DAO e foi projetada para criar o que deve ser o coletivo de entretenimento mais extenso do mundo. A plataforma integrará consumidores, fãs e comunidades na Web3 usando NFTs colecionáveis e eventos virtuais gratuitos para incentivá-los a usar o serviço.[59]

Qualcomm. No início de 2022, a Qualcomm anunciou que estava criando um fundo de US$ 100 milhões para ser usado como suporte para tecnologias fundamentais relacionadas ao metaverso e conexão de conteúdo. Chamado de "SnapDragon Metaverse Fund" [Fundo SnapDragon do metaverso], ele será dedicado a ampliar concessões para criadores de interações de realidade estendida, incluindo jogos, saúde, mídia, entretenimento, educação e empreendedorismo. A empresa também afirmou que oferecerá suporte para sistemas de IA e AR.[60]

OverActive Media. Também no início de 2022, a empresa global de esportes, mídia e entretenimento OverActive Media anunciou que estava formando uma parceria com a Zilliqa, que fornece soluções de blockchains ecológicas, seguras e de alto desempenho. Com essa parceria, a marca MAD Lions, da OverActive Media, poderá oferecer ativações de marca que serão aprimoradas no universo digital.[61]

GameOn Entertainment Technologies Inc. Essa empresa líder em tecnologia de jogos NFT fez uma parceria com a Tetavi em março de 2022 para implementar um jogo de descoberta de música NFT que usa os recursos de blockchain da GameOn.[62]

Fornecendo entretenimento no metaverso

As pessoas agora consomem conteúdo de maneira muito diferente do que faziam no passado. A pandemia acelerou um cenário em evolução, no qual as pessoas exigem serviços de streaming que hospedassem seu conteúdo preferido em qualquer dispositivo que escolhessem usar, especialmente sistemas móveis como smartphones.

A Unity e a Insomniac uniram forças para fornecer conteúdo e interação, além de aumentar o acesso aos criadores de conteúdo. Elas também desejam fornecer mais opções de socialização para que as pessoas tenham mais capacidade de trabalhar e se divertir juntas. Um dos objetivos da parceria é oferecer um mundo do metaverso persistente, permitindo que as pessoas participem de eventos virtuais a qualquer hora e em qualquer lugar. Peter Moore, vice-presidente sênior e gerente-geral de esportes e entretenimento ao vivo da Unity, explicou a parceria: "O trabalho com a Insomniac é uma mistura de AR, VR, realidade mista e captura de movimento em tela verde. Teremos tudo isso para criar um festival de experiências em casa".[63]

A captura volumétrica, um método que usa várias câmeras para possibilitar o movimento em 3D, é o principal foco da Unity. Moore disse que:

> Esse é realmente o próximo nível: entrar na terceira dimensão do entretenimento e ser capaz de olhar ao redor nos seis graus de liberdade. Por muito tempo, apenas nos sentamos na plateia e assistimos. Acho que o futuro é estar no palco. Isso nos leva a uma sensação de imersão que nunca tivemos antes.[64]

Moore também previu que haveria o mesmo tipo de desenvolvimento para eSports. Ele detalhou:

Como entramos ainda mais no jogo? Como começamos a assistir ao jogo de dentro? Atualmente, são apenas câmeras passivas nas equipes. Como ficar ainda mais imerso no que está acontecendo? Como escutá-las? Como se sentar ao lado delas? Isso é algo que é possível fazer com câmeras para captura volumétrica.⁶⁵

A Unity acredita que o entretenimento e os eSports oferecem ótimas opções para melhoria e disrupção. A empresa crê que o desenvolvimento de interações inovadoras atrairá pessoas aos eventos para que possam experimentar as coisas de formas que elas nem conseguem sonhar.

O metaverso não está apenas mudando essas áreas, mas também afetando a indústria da música.

O metaverso está impactando a indústria da música

Os artistas envolvidos com música perceberam o valor do metaverso e têm liderado o caminho dessa nova tecnologia. Eles entenderam que os NFTs e o metaverso oferecem novas maneiras de gerar receita e métodos adicionais para alcançar os fãs e promover conteúdo. Elizabeth Moody, diretora jurídica do escritório de advocacia de entretenimento Granderson Des Rochers, LLP, comentou sobre como o metaverso está abrindo novos canais para músicos: "O que é emocionante é ver os artistas entusiasmados com o espaço. Acho que os criadores e os artistas da indústria da música levarão as empresas maiores a esse espaço".⁶⁶

Essas novas opções demandam acordos de licenciamento mais complexos e direitos musicais mais complicados. Adicionar música a jogos, shows virtuais e até eventos de compras é tecnicamente simples, mas as condições para tal devem ser acertadas com os proprietários dos direitos.

Moore foi além:

> Há certo vaivém agora, em termos de quem vai dividir os dólares. Há um limite para o dinheiro que um fã vai gastar, e os artistas devem receber a maior parte disso, especialmente no caso de uma apresentação ao vivo [...]. Mas, é claro, todo o trabalho de desenvolvimento de jogos que vem ocorrendo é caro. Os jogadores precisam ver uma parte disso, assim como as gravadoras e as editoras de música, então há uma tensão agora para novos modelos de negócios serem trabalhados.⁶⁷

Além disso, os fãs podem contribuir diretamente com o processo criativo, aparecendo em videoclipes e ajudando a compor músicas. Muitos criadores de conteúdo estão desenvolvendo oportunidades para que seus fãs possam colaborar na criação artística.

Shara Senderoff, presidente/sócia do fundo de capital de risco Raised In Space, disse que muitos artistas

> enxergam o nível de outros artistas que estão rompendo barreiras em utilidade e interação e o que isso realmente significa. Acho que esses artistas pioneiros, que começaram com algumas ofertas mínimas, vão realmente intensificar seus esforços.[68]

Baladas virtuais são outro fenômeno que está se tornando popular no metaverso emergente. Elas são literalmente representações virtuais dos clubes noturnos do mundo real, nas quais as pessoas, ou seus avatares, podem dançar, socializar e ouvir música. Como estão em um mundo virtual, esses clubes podem ser bem imaginativos, com um cenário marciano ou do mundo da fantasia, e são limitados apenas pela imaginação dos criadores do clube.[69]

O metaverso é um ótimo lugar para promover seu negócio

Conforme quantificado neste livro, o metaverso foi projetado para ser uma experiência imersiva que pode ser explorada e que incentiva a interação. Ele está crescendo exponencialmente à medida que mais empresas e pessoas constroem tecnologias e criações novas e empolgantes. É realmente um novo mundo implorando para ser explorado. Pode-se afirmar que o metaverso definirá o futuro do entretenimento.

Quando dizemos que o metaverso é imersivo, queremos dizer que as pessoas podem interagir entre si. Elas podem se ver, conversar e até sentir o toque umas das outras. Elas podem sentir o mundo ao seu redor em 3D de um modo envolvente, com todas as imagens e sons relevantes. À medida que a tecnologia do metaverso evolui, esses casos se tornam cada vez mais realistas.

O metaverso, no entanto, é útil para muito mais do que apenas entretenimento; é também o caminho perfeito para a educação, pois oferece a possibilidade de se manter uma conversa com um Júlio César ou um General Patton virtuais. Especialistas forenses o utilizam para ajudar a recriar cenas de crime e resolver casos arquivados. Os programas de melhoria social podem criar locais para shows virtuais ou outras atrações para aumentar a conscientização e os fundos. As possibilidades são quase infinitas.

Como o metaverso é relativamente novo e ainda está evoluindo, existem muitos recursos para seu uso e sua exploração. Ele incentiva a criatividade de maneiras novas e empolgantes porque é muito maleável: é virtual, portanto, fácil de ajustar e alterar.

Como os videogames, o metaverso incentiva as pessoas a socializar e a estarem umas com as outras. É um lugar excelente para conhecer novas pessoas, formar novos relacionamentos e fazer amizades. Você pode encontrar pessoas de todo o mundo sem deixar o conforto de sua casa.

O metaverso também oferece muitas possibilidades para geração de renda. É possível criar conteúdo, construir novos mundos, abrir clubes e lojas virtuais, vender itens virtuais e até administrar negócios inteiros.

Para completar, ele pode ser usado para promover empresas, mesmo aquelas localizadas no mundo físico. Isso pode ser feito mediante posicionamento sutil de produtos, outdoors virtuais proeminentes ou até dirigíveis flutuantes que viajem pelo mundo virtual anunciando sua marca.

As marcas no metaverso

As pessoas já estão experimentando o metaverso, embora ele seja relativamente jovem e ainda esteja em desenvolvimento. É claro que as marcas seguem as pessoas, portanto, à medida que mais pessoas passem a usar e jogar no metaverso, mais marcas encontrarão momentos para alcançar essa base emergente de consumidores. Em outras palavras, as marcas seguem os "globos oculares" (um termo para as pessoas que visualizam o conteúdo). Elas anseiam por atenção (seu objetivo principal é promover) e, à medida que as pessoas avançam para o metaverso, as marcas as seguirão.

Essas marcas usarão eventos esportivos, shows e filmes virtuais, bem como outras formas de entretenimento, para promover seus produtos, serviços e negócios. O metaverso é um novo mundo; à medida que as pessoas se reunirem para socializar, as marcas terão cada vez mais interesse.

Narrativa comum versus abordagem de um para muitos

Por mais que expliquemos o cenário da mídia em constante mudança, tratar o metaverso da mesma forma que qualquer outra plataforma ou mídia seria um erro. Em vez disso, o metaverso é novo e único, e o caminho para as marcas terem sucesso dentro dele é encontrar e criar novos benefícios e realidades. Elas devem experimentá-lo de maneiras significativas, e, como o metaverso é infinitamente configurável, podem arriscar e, às vezes, falhar, aprendendo com isso.

O metaverso é diferente de qualquer plataforma de mídia tradicional existente já vista, porque as marcas agora podem promover experiências de forma rápida e significativa em suas plataformas. Por exemplo, a ativação de marcas no metaverso pode se valer de ambientes multijogador 3D para cocriar narrativas comuns, em vez da abordagem tradicional de um para muitos. O metaverso nos levará de um monólogo de marca para um diálogo imersivo.

Propriedade intelectual

O metaverso está sendo implementado pelas maiores empresas de mídia e tecnologia do mundo. Nomes como Microsoft, Adobe e Meta estão investindo centenas de bilhões de dólares. Muitos desses mundos no metaverso serão operados e administrados por essas grandes empresas. E, como as pessoas estão passando mais tempo no metaverso (algo que só aumentará), isso criará um efeito contínuo de atração de mais criadores de conteúdo e marcas, o que inevitavelmente introduzirá novas questões sobre como a propriedade intelectual será tratada no futuro.

É importante entender que o metaverso é a nova fronteira para entretenimento de todos os tipos, incluindo música, apresentações ao vivo, filmes, eventos esportivos e teatro. Pode-se esperar que os mesmos (e diferentes) tipos de problemas com privacidade, segurança e roubo de propriedade intelectual ocorram nele.

Criadores de conteúdo, editoras, gravadoras e estúdios buscarão maneiras de maximizar seus lucros e as ofertas do metaverso. Como eles farão valer os direitos de seu conteúdo no metaverso e no mundo real? Seus direitos de conteúdo serão convertidos entre os mundos virtual e real? Como serão implementados e quem fará a fiscalização? Outras questões também podem estar relacionadas a como os pagamentos por direitos autorais devem ser calculados e distribuídos.

Interoperabilidade

Um requisito crucial para um metaverso funcional é que tudo funcione junto. Em particular, as pessoas podem acessar qualquer site da internet sem se preocupar se ele será exibido corretamente ou se funcionará conforme necessário. Os padrões da internet e da web garantem que tudo funcione em conjunto e seja mais ou menos o mesmo, o que é conhecido como interoperabilidade. O metaverso depende da interoperabilidade do conteúdo e de todo o conteúdo, de avatares a NFTs e qualquer outro. Isso significa que, se uma pessoa compra roupas em um mundo no metaverso, ela poderá usá-las em um show virtual, em um jogo ou em qualquer outro lugar que desejar.

Previsão do entretenimento no metaverso

De acordo com a TechNavio, a participação de mercado de entretenimento dentro do metaverso está prevista para aumentar para US$ 26,92 bilhões até 2026, com uma taxa de crescimento anual composta (CAGR) acelerando em 8,55%. Estima-se que, em 2022, houve uma taxa de crescimento de 7,41% em relação ao ano anterior. Os gastos dos consumidores continuam a aumentar com base em sua atração por shows e eventos virtuais.

Experiências nos veículos

Não deveria ser uma surpresa que os fabricantes de automóveis também estejam procurando maneiras de aprimorar a experiência de motoristas e passageiros nos carros por meio do metaverso. Atualmente, muitas empresas estão incorporando realidade aumentada (AR) em sistemas de GPS automotivos, exibindo símbolos na tela de visualização que mostram o que está acontecendo na frente do carro. Setas podem ser exibidas, oferecendo instruções de condução e locais de rampa de saída. Perigos potenciais, como buracos, possíveis colisões e bicicletas, também podem ser exibidos como sobreposições animadas na tela de visualização.

O metaverso oferece muitas possibilidades para manter os passageiros entretidos enquanto estiverem nos veículos. Mecanismos de jogo podem ser instalados nos assentos, de modo que sejam jogados em telas na frente de cada passageiro. Os anunciantes que exibem anúncios direcionados durante o jogo ou o filme também podem subsidiar alguns desses recursos.

Quando unido aos carros autônomos, cuja implementação é prevista por muitos para os próximos anos, o metaverso promete experiências nos veículos que podem aliviar o cansaço das viagens, ajudar na navegação e permitir compras, além de uma ampla variedade de outras possibilidades. Isso fornecerá inúmeras oportunidades para as marcas interagirem com os consumidores de maneiras divertidas e interessantes. Um exemplo disso é a Metaverse Entertainment, uma divisão da Netmarble, que recentemente se associou ao Hyundai Motor Group para criar e alavancar celebridades virtuais, conhecidas como humanos digitais. A celebridade virtual da Netmarble, Lina, contratou a Sublime Artist Agency em 2022 para promover entretenimento.

Arte no metaverso

Como concluído anteriormente neste capítulo, a colaboração e a cocriação são componentes significativos do entretenimento do metaverso, que prosperará por causa do espírito comunitário. As pessoas vão querer socializar lá porque é onde encontrarão novos amigos e se conectarão com os antigos. Ao permitir interações sociais compartilhadas, o metaverso enriquece a vida das pessoas em todo o mundo.

O metaverso se tornará um bastião da arte, trazendo à luz a humanidade, a ética, os valores e as perspectivas para que possam ser contemplados e compreendidos. Como essas trocas ocorrem em um universo virtual, tudo é possível; a arte prosperará como nunca. No entanto, no metaverso, as restrições físicas não limitarão a arte. Em vez disso, ela será capaz de representar qualquer coisa imaginável, independentemente de obedecer a leis físicas ou de ser fisicamente possível.

Resumo

Mudanças radicais podem ser vistas em vários casos de uso do metaverso, incluindo NFTs, jogos e entretenimento, especialmente agora que mídia, tecnologia e entretenimento têm convergido e contribuído para ele. Por causa disso, as empresas estão partindo do campo teórico para a prática: agora, investem coletivamente centenas de bilhões de dólares para adquirir ou construir as plataformas de que precisam para prosperar, criando novos modelos de entretenimento no processo que levará para a próxima era do metaverso. O CEO e cofundador do Streamline Media Group, Alexander Fernandez, reforçou isso ao dizer:

> As fronteiras entre a mídia, o entretenimento, a tecnologia e os videogames convergiram no metaverso. Agora é o momento de criar uma estrutura sustentável em torno dele que faça avançar a evolução dos modelos de negócios e dê boas-vindas a mais pessoas, vozes e talentos para moldá-la.

Como foi visto, o metaverso oferece uma variedade ilimitada de possibilidades para empresas e criadores individuais aproveitarem o entretenimento e se conectarem com os consumidores, criando novos fluxos de receita e turbinando o marketing. A tecnologia de jogos lançou as bases ao oferecer suporte a vários jogadores, persistência e mundos de jogos em tempo real. Esses conceitos sustentarão e aprimorarão o avanço contínuo do metaverso, fornecendo novas maneiras de agregar valor ao consumidor e aos negócios.

O fundador da Streamline, Fernandez, continua sua afirmação, dizendo que está claro que o entretenimento no metaverso será um estímulo para que as expectativas e a atenção dos consumidores continuem a evoluir:

> A transformação digital chegou, e a tecnologia dos videogames é a infraestrutura que levará as interações imersivas a cada aspecto da vida. Ela abrirá novos horizontes para a descoberta de produtos, comércio, trabalho conjunto virtual, educação e interatividade social. Bem-vindos ao metaverso.

Por fim, o metaverso proporcionará trocas muito humanas e interessantes que servirão para que as pessoas tenham vidas mais felizes, inteligentes e melhores, com um profundo senso de propósito e realização. Tudo o que é bom sobre a humanidade será amplificado e aprimorado pelo metaverso. Da mesma forma, as empresas terão um bom desempenho simplesmente por terem uma boa presença no metaverso.

Como exemplo, vejamos no capítulo a seguir como a moda digital tem tido um profundo efeito na identidade digital.

07 >Moda digital_

As roupas digitais, como diz o nome, não existem no universo físico. Em vez disso, são um vestuário do metaverso. Elas não são feitas de tecido, não ocupam espaço no seu guarda-roupa nem exigem uma costureira para pregar seus botões. São feitas de pixels e dados. Tecnologias como gráficos 3D, inteligência artificial (IA), realidade aumentada (AR)/realidade virtual (VR), entre outras, são os componentes dessas peças.

Nos mundos digitais, as lojas de roupas podem ser descobertas quando as pessoas procuram por vestuário. Em algumas lojas, elas podem criar roupas para adicionar a uma imagem de si mesmas, podendo até consultar designers 3D (humanos ou bots de IA) que ajustam perfeitamente as roupas à sua imagem. Dentro de um jogo, elas podem comprar roupas para seu avatar em um tema adequado para aquele mundo. Um número crescente de jogos permite que esses artigos de vestuário sejam movidos entre jogos operados pela empresa ou por outras.

Neste capítulo, mostraremos seis casos de uso de moda digital. Eles estão resumidos aqui.

Moda digital para avatares. As pessoas podem comprar moda digital para seus avatares em jogos e shoppings digitais. Atualmente, essas peças não são facilmente transportáveis para outros mundos e jogos. No entanto, à medida que o metaverso evoluir, haverá mais interoperabilidade, o que significa que a roupa digital será intercambiável entre jogos e outros mundos.

Eventos de desfiles de moda. A indústria da moda está caminhando cada vez mais para o mundo virtual. Empresas como a Decentraland organizam desfiles, festas pós-desfile e outras experiências imersivas para celebrar sua moda. As pessoas poderão exibir suas roupas digitais nesses eventos digitais.

Moda digital para comércio eletrônico persistente. À medida que o metaverso for implementado em um nível amplo, a moda digital adquirida pelas pessoas será transferível para outros mundos. Por exemplo, as roupas compradas em uma loja de moda digital poderão ser usadas em videogames e eventos de moda, além de reproduzidas para uso geral do dia a dia no mundo físico.

Experiência imersiva de compras. A moda digital gera oportunidades para implementação de experiências imersivas de compras. Logo, em vez de simplesmente navegar pelas páginas de um site, um consumidor pode caminhar por corredores de uma loja simulada para escolher as roupas e os itens que deseja comprar.

Uso de AR e VR para provar roupas no mundo real. Um caso de uso emergente: as pessoas podem usar espelhos inteligentes e outras tecnologias para "provar" roupas e testar maquiagem antes de uma compra. Como consequência, podem se ver usando óculos, maquiagem, sapatos e outras roupas no espelho inteligente antes de gastar dinheiro.

Moda de realidade aumentada (AR)/realidade estendida (XR) no mundo real. Lembra-se do jogo *Pokémon GO*, em que as pessoas podiam usar seus smartphones para "ver" criaturas Pokémon no mundo real? Transporte esse conceito para daqui a alguns anos de avanços tecnológicos: óculos e lentes de contato incluirão a capacidade de sobrepor imagens ao que as pessoas veem. Assim, elas poderiam mudar digitalmente a cor do cabelo, e qualquer uma com aqueles óculos ou lentes especiais veria a nova cor. O mesmo pode ser feito com qualquer tipo de moda e acessórios.

Revisando o que sabemos até agora

Estamos, mais ou menos, na metade do livro. Antes de prosseguirmos e entendermos melhor a moda digital no metaverso, vamos fazer uma rápida recapitulação do que abordamos. Atualmente, existem muitas plataformas diferentes de jogos e entretenimento. Muitas delas, em seu estado atual, são um jardim murado, o que significa que o que acontece em um mundo não se traduz necessariamente em outros. Nos próximos anos, as barreiras entre esses mundos diminuirão, à medida que o metaverso for implementado. Alguns obstáculos ainda poderão existir, porque as diferenças entre eles ainda existirão. No entanto, itens, avatares e peças de moda serão transferíveis. Em outras palavras, esses mundos são precursores do que ainda está por vir no futuro do metaverso.

Plataformas adicionais, como a Decentraland, estão crescendo em popularidade, aumentando seu valor e influência de mercado. À medida que todos esses mundos cibernéticos amadurecem, muitos incorporarão novas tecnologias e novos recursos que permitirão que as pessoas façam as mesmas coisas que faziam no mundo físico e agora no metaverso.

Por exemplo, será cada vez mais comum que visitem clubes ou shows em mundos gerados por computador, como no mundo físico.

O estado final ideal para o metaverso é se tornar uma experiência imersiva que assume uma realidade própria. As pessoas entrarão no metaverso para jogar, fazer negócios, participar do comércio e socializar. Além disso, tecnologias e modelos de negócios emergentes interligarão esses ambientes para que sejam interoperáveis e possam ser entregues em uma grande variedade de dispositivos diferentes.

Deve-se observar, de forma crítica, que a implementação do metaverso não depende inteiramente de sistemas Web3, blockchain ou criptoeconômicos para operar. Contudo, a Web3 é fundamental para se atingir todo o potencial do metaverso. Muitos fornecedores estão desenvolvendo outras tecnologias, incluindo Microsoft Mesh, Meta Presence e NVIDIA Omniverse, que usam recursos complementares para habilitar o metaverso.

A propriedade é um recurso central da Web 3.0 e do metaverso porque dá aos usuários o controle das propriedades digitais que criam e compram. Entre elas estão roupas, sapatos, avatares, arte, skins e uma ampla variedade de outros conteúdos no metaverso. Como o conteúdo criado pelos usuários baseia-se em blockchain e NFTs, ele não é armazenado em um servidor central. Esses recursos estão destinados a se tornar descentralizados, persistentes e ativos em tempo real.

Toda uma nova geração de experiências do cliente será atingida com a implementação do metaverso. Muitas dessas possibilidades eram consideradas apenas ficção científica e até fantasia alguns anos atrás, mas agora podem ser alcançadas dentro do metaverso. Qualquer coisa que pode ser imaginada pode ser realizada diretamente em um jogo, um mundo social ou qualquer outro ambiente mágico ainda a ser criado enquanto o metaverso continua a amadurecer.

Muitos jogadores de videogame e visitantes de mundos sociais já estão investindo dinheiro real em ativos adquiridos no ambiente dos jogos. Eles usam esses itens para decorar avatares, móveis, propriedades etc. ou como ferramentas ou armas. Essa tendência aumentará à medida que os visitantes desses e de outros mundos desejarem explorar cada vez mais e aprimorar suas fantasias. Além disso, uma vez que esses itens se tornem facilmente transferíveis entre os mundos, essa tendência acelerará ainda mais.

Em virtude de investimentos significativos nas tecnologias necessárias para experiências imersivas, as experiências sociais e as plataformas de mídia social estão prestes a se tornar partes dominantes no metaverso à medida que ele evolui. Algumas empresas de mídia social estão investindo bilhões ou mesmo dezenas de bilhões de dólares por ano nessas tecnologias.

Como chegamos até aqui

A moda digital começou a surgir no início dos anos 2000 com jogos e plataformas sociais como *Final Fantasy*, *The Sims*, *Second Life*, entre outros.[70] Antes disso, os jogadores aplicavam skins em seus personagens, o que era uma maneira direta de mudar a cor da textura de seus avatares. À medida que os videogames se tornaram mais complexos e competitivos, os fabricantes de jogos adicionaram a capacidade de mudar roupas, maquiagem, penteados e acessórios. Foi somente por volta de 2015 que as empresas de jogos começaram a vender acessórios para jogadores mediante microtransações.

Scarlett Yang, uma estilista de moda digital, declarou: "Há mais liberdade criativa no [domínio] digital, não há restrições, não há gravidade".[71]

As pessoas querem ter a melhor aparência, especialmente em uma situação social, e os jogadores não são exceção. Eles querem que seus avatares reflitam sua identidade, mesmo que isso signifique vestir-se de modo a encaixar-se em uma função específica ou em algum traje extravagante que desafie as leis da física. Os mesmos padrões valem para as pessoas que "andam" em um shopping virtual e para as que socializam em um clube simulado.

Jo-Ashley Robert, produtor associado de *Dead by Daylight*, que supervisiona a criação de personagens e cosméticos, disse:

> É uma nova tendência, mas não é uma que vai morrer; está ficando cada vez mais popular. Para os jogadores, é um tipo de expressão e imersão. Vestir seu personagem como você deseja faz a imaginação avançar ainda mais.[72]

A moda digital inclui tudo, da cabeça aos pés de um personagem, abrangendo os seguintes itens:

Calçados. Podem incluir meias, tênis, sapatos de salto alto digitais e qualquer outro tipo de calçado imaginável. Os jogadores podem equipar seus personagens com armaduras para seus calçados variados.

Vestuário. Qualquer tipo de roupa imaginável pode ser criada e vendida dentro de jogos virtuais e plataformas sociais. As opções vão de camisetas e jeans simples até roupas fantásticas de ficção científica e fantasia.

Penteados. Personagens computacionais podem ganhar diferentes penteados, de cortes padronizados a estilos elaborados.

Maquiagem. É claro, nenhum visual estaria completo sem maquiagem e acessórios, incluindo joias e relógios de pulso.

Avatar. Um avatar pode ser projetado em qualquer forma, como um monstro enorme, um bibliotecário intelectual ou uma viajante no espaço.

A moda digital está melhorando rapidamente, com alta qualidade e mais opções disponíveis. Um aspecto dessa melhoria pode ser visto com as microtransações: pequenas transações realizadas dentro de um jogo ou um mundo computadorizado, potencializando a moda digital à medida que ela continua a evoluir.

A tendência da moda digital é atrair a indústria de moda e beleza progressivamente. Várias empresas de moda, como The Fabricant, DressX e Dematerialised, estão totalmente envolvidas com o vestuário digital. Elas não vendem moda física; suas peças estão confinadas ao mundo experimental. Elas criaram, inclusive, eventos de moda e desfiles simulados para exibir suas criações.

Como proteção contra as intempéries (tempestades, ondas de calor e afins) não é algo necessário no mundo virtual, você pode estar se perguntando: por que as pessoas compram roupas digitais? Comunicar, "sinalizar" e o que alguns podem chamar de "exibir-se": eis o que muitos especialistas do setor acreditam ser uma motivação significativa por trás da moda digital. As pessoas usam roupas, acessórios e maquiagem para mostrar seu status social, e essa tendência se estende aos ambientes interativos. Elas também usam o estilo para transmitir poder, desejabilidade, felicidade e uma ampla variedade de outras emoções.

Muitas vezes, as roupas cibernéticas são representadas por NFTs, que, quando a tecnologia amadurecer, permitirão que a moda seja movida livremente de um mundo para outro. Em outras palavras, os jogadores podem comprar roupas virtuais em uma loja no metaverso e usá-las em todos os seus videogames e plataformas sociais.

Caso você ache que as roupas virtuais são apenas uma moda passageira, em 2019, o primeiro vestido digital em blockchain do mundo foi vendido por US$ 9.500 no Ethereal Summit, em Nova York. Esse vestido, chamado de Iridescence, foi criado pela Dapper Labs e por Johanna Jaskowska e revelado pela startup holandesa The Fabricant.[73]

Embora seja verdade que os investidores estão atraídos pelas oportunidades da moda digital, daqui em diante, a autoexpressão poderá ser a principal motivação por trás das compras de roupas replicadas.

Autoexpressão

Podemos definir autoexpressão como a forma pela qual as pessoas compartilham seu eu com as outras.[74] As maneiras mediante as quais nos apresentamos às outras pessoas, por meio de fala, movimentos, escrita e arte, são a base de nossa personalidade. O que expressamos e como nos expressamos são fatores essenciais para sermos mais humanizados.

A autoexpressão é tão importante que, nos Estados Unidos, a primeira emenda da Constituição do país (e em muitos outros ao redor do mundo) protege a liberdade de cada indivíduo de se expressar. Mas o que isso significa? Trata-se da expressão das crenças, dos pensamentos e das emoções de cada indivíduo. Você pode expressá-los por meio de palavras (faladas ou escritas), símbolos, coreografias de dança, música, programas de computador e mídias digitais.

A autoexpressão é a sua liberdade de se comunicar sobre tudo o que quiser, da maneira que desejar. Há limites, é claro. Já preconiza a máxima: "Você não pode gritar 'Fogo!' em um teatro lotado". Sua liberdade termina quando coloca a vida das outras pessoas em perigo grave e imediato.

Você precisa se expressar por vários outros motivos. Muitas pessoas criativas compartilham suas criações com outras para comunicar algo. Por exemplo, uma instalação artística poderia parecer, inicialmente, uma pilha de lixo, mas, em um nível mais profundo, poderia simbolizar os danos que a humanidade tem causado ao planeta. Há quem se expresse pelas coisas que coleciona, por meio de hobbies e dos jogos que jogam ou pelas palavras que escrevem (e de muitas outras formas).

A autoexpressão é vital porque melhora a comunicação entre pessoas e grupos. Apreciar uma obra de arte, ler um romance, assistir a uma apresentação de dança ou escutar um recital de poesia nos dá oportunidades de saber mais sobre uma pessoa e entender melhor seus pontos de vista.

As roupas de alguém também comunicam um pouco de sua personalidade. Uma pessoa extrovertida pode usar uma roupa chamativa e multicolorida porque quer ser vista inconfundivelmente e reconhecida pelas outras. Uma introvertida, por sua vez, pode optar por vestir roupas e maquiagem mais tradicionais e discretas, comunicando que é mais séria.

A moda geralmente passa por modismos (atividades ou estilos de curto prazo) e tendências (desenvolvimentos de longo prazo). Você se lembra de quando determinado estilo de moda foi popularizado na sua adolescência e todos tinham de se vestir daquela maneira? Essa fome pelo estilo mais recente pode ter durado apenas algumas semanas, configurando-se uma moda passageira. Em contrapartida, muitos jovens começaram a usar jeans propositalmente rasgados, e isso continua até hoje. É uma tendência, uma mudança comportamental de longo prazo.

Em outras palavras, as pessoas, consciente ou inconscientemente, identificam-se pela forma como se vestem e pela aparência, e isso se estende aos mundos virtuais e ao metaverso. Algumas pessoas não vão se importar (ou não se importam) com incrementar a sua aparência, assim como podem não dar importância significativa ou se concentrar em sua aparência no mundo físico. Outras podem querer usar as roupas e as maquiagens mais coloridas e fabulosas que conseguirem encontrar ou criar porque querem ser vistas, pois é a maneira delas de se expressar.

A moda não é um aspecto a ser ignorado nos mundos do metaverso, mas um aspecto considerável da identidade digital; como as pessoas se vestem e qual sua aparência no mundo digital as identifica tanto como suas personalidades.

Identidade digital

O metaverso oferece às pessoas uma nova maneira de explorar aspectos distintos de sua identidade. Como ele consiste (ou consistirá) em mundos virtuais que não seguem as leis naturais "normais", quase qualquer coisa é possível. Suponhamos que alguém se sinta mais confortável no universo digital como uma pessoa de duas cabeças usando um vestido elaborado, que desafia a gravidade, e uma maquiagem incrível. Nesse caso, ela pode se sentir livre para incorporar essas características à sua identidade digital. Essa maleabilidade possibilita que as pessoas explorem continuamente as suas identidades de uma nova forma, sem as restrições físicas do mundo real.

Os visitantes do metaverso podem escolher seu guarda-roupa, comprando roupas e acessórios de moda em shoppings computadorizados. Eles também podem criar moda personalizada contratando designers digitais ou desenhando suas próprias criações. Essa ação vira o luxo de cabeça para baixo, já que a alta moda não é mais tão exclusiva quanto no universo físico. Todos podem participar na moda do metaverso: pessoas de todas as esferas da vida, dos introvertidos extremos aos extrovertidos que gostam de se exibir, dos ricos aos que vivem de salário em salário; todos podem ingressar no metaverso e criar sua própria identidade única.

Em razão dessa acessibilidade, o metaverso democratizou a moda. Qualquer pessoa pode criar seu próprio vestuário, maquiagem e acessórios. É claro, os usuários de classe alta ainda podem comprar roupas caras, mas, mesmo assim, roupas de todos os tipos podem ser feitas ou adquiridas sem custo ou a um custo muito baixo. Na verdade, haverá opções de publicidade e "vista para ganhar" para tornar as roupas digitais gratuitas.

A ascensão da moda digital também permite que os designers de todas as classes sociais criem suas obras-primas da moda sem nenhum custo ou gastando pouco. Novas ferramentas e técnicas os capacitarão a criar peças de moda incríveis de todos os tipos. Uma vez que uma roupa digital foi criada, ela pode ser exibida em sites de mídia social, como o Instagram.

Atualmente, as empresas de moda estão lançando marcas que existem apenas no mundo digital. Essas peças só podem ser vistas em mundos virtuais porque não existem no universo físico. Existem dois campos da moda no metaverso: roupas tradicionais e aquelas que existem apenas em forma de pixel.

Outra área da moda que está se tornando mais prevalente é o uso de realidade aumentada (AR). Nesse caso, as pessoas usam óculos especiais ou seus smartphones para sobrepor imagens na visualização. O jogo *Pokémon GO* é um exemplo bem conhecido do uso dessa tecnologia. Nele, as criaturas Pokémon podem ser vistas no ambiente da vida real mediante o uso de um smartphone.

Em 2020, a Ralph Lauren introduziu uma tecnologia que permite aos clientes digitalizar o logotipo da marca para criar uma imagem em AR, enviada por meio do Snapchat, de suas caixas de presente com laços vermelhos. Antes disso, o Snapchat e a Ralph Lauren haviam colaborado para criar Bitmoji, avatares assíncronos que podem ser usados no Snapchat e em qualquer outro lugar.

Visão geral da moda digital

Tudo é concebível no universo digital (jogos, plataformas sociais e o metaverso). Como mencionamos anteriormente, os limites das leis naturais, praticidade, peso, materiais e gravidade não se aplicam. Será lugar-comum para os designers criarem moda que pareça estar viva ou que desafie a gravidade. Qualquer um será capaz de criar moda digital, e especialistas em moda de alto padrão (e preço) poderão criar roupas digitais exclusivas ou disponíveis para vendas em massa.

A moda digital pode espelhar contrapartes físicas ou ser completamente independente do mundo real. As pessoas, se desejarem, podem replicar o conteúdo de seus guarda-roupas da vida real em sua "casa" no metaverso, começar do zero com todas as novas roupas virtuais ou misturar o virtual com o real. Depende inteiramente delas o quanto desejam investir em sua identidade digital.

Daniella Loftus, fundadora da This Outfit Does Not Exist, concluiu: "Você pode ser qualquer pessoa ou qualquer coisa. Isso trará todo um novo grupo de pessoas que historicamente nunca usou a moda como meio por causa do elemento físico".[75]

A moda digital ajuda a criar uma experiência imersiva de qualidade. As gerações mais jovens, especialmente a geração Z, são atraídas por essa nova moda e estão impulsionando o interesse nessas novas adições às experiências virtuais.

Há várias áreas para a moda digital:

Provadores de produtos. As tecnologias de AR, como espelhos inteligentes, permitem que as pessoas provem itens de moda antes da compra.

Avatares. A moda digital possibilita que as pessoas vistam seus avatares digitais de novas formas empolgantes. Isso inclui tudo, desde maquiagem e sapatos até conjuntos completos de roupas.

Desfiles de moda. As pessoas podem ver e exibir suas roupas digitais em locais ao vivo, como eventos de moda e passarelas.

A Morgan Stanley estimou, recentemente, que o valor da moda digital pode ultrapassar US$ 50 bilhões até 2030. Em contrapartida, um consultor sênior do PTD Group, empresa de pesquisa de marketing, é mais cauteloso:

> Não vejo uma oportunidade comercial direta aqui. Existem razões comerciais pelas quais você deseja estar [nesse espaço]. E tenho a sensação de que veremos várias marcas nele simplesmente porque todo mundo está falando sobre isso, sem, talvez, entender as consequências.[76]

Caroline Rush, CEO do British Fashion Council, acredita que a moda digital pode representar entre 10% e 15% do guarda-roupa das pessoas. Esse número pode ser alto, mas, considerando que elas querem ter a melhor aparência e exibir sua identidade digital, é provável que muitas investirão em roupas digitais.[77]

Avatares e gêmeos digitais

> Toda verdade passa por três estágios. Primeiro, ela é ridicularizada. Depois, sofre violenta oposição. Por fim, é aceita como óbvia.
>
> Arthur Schopenhauer

A moda digital passará, de forma similar, por esses três estágios.

Várias empresas, entre elas, Arteec, Sketchfab e 3D Celebrities, estão criando digitalizações 3D de corpo inteiro de celebridades e personagens de filmes e programas de televisão. Essas digitalizações são, então, convertidas em avatares e gêmeos digitais, um modelo virtual que espelha um objeto físico.[78] Esse recurso abre muitas novas oportunidades para as marcas usarem o metaverso para marketing e geração de receita. As ferramentas do metaverso permitem que as pessoas mapeiem a interação entre o físico e o digital em vários ambientes e mundos virtuais.

Um conceito fundamental da Web3 é que as plataformas não controlam os dados subjacentes; em vez disso, elas são proprietárias do conteúdo que criam ou compram. No metaverso, as pessoas podem mover seus objetos virtuais para qualquer mundo que desejarem, porque seus dados (e objetos virtuais) são armazenados na blockchain descentralizada, e não nos serviços de uma plataforma. Nesse sentido, avatares e gêmeos digitais podem se mover livremente pelo metaverso conforme projetados por seus proprietários.

Vista para ganhar

A indústria da moda já está criando marcas de roupas e acessórios para serem usados no metaverso, em jogos e em plataformas digitais. Cada item de moda é um NFT, cunhado e de propriedade das pessoas. Algumas empresas de moda estão dando seus artigos digitais de vestuário, enquanto outras os vendem e/ou usam como incentivos em campanhas de marketing.

Para auxiliar na divulgação dessas linhas de artigos de moda e acessórios digitais, os consumidores podem aproveitar o modelo "vista para ganhar". Isso significa que obtêm a propriedade do item como compensação por usá-lo.

Megan Kaspar, diretora da Magnetic Capital e membro da DAO Red, explicou esse modelo: "As marcas compensarão os clientes por usarem peças lhes dando acesso a itens exclusivos, enviando peças de moda a suas carteiras virtuais ou pagando a eles na forma de um token fungível".[79]

As grifes que não vendem roupas físicas

Algumas grifes usam as roupas digitais para incentivar as pessoas a comprar roupas físicas, enquanto outras não vendem nenhuma roupa física. Como alternativa, todo o seu modelo de negócio é criar, vender e distribuir linhas de vestuário e acessórios digitais. Entre elas, estão Fabricant, DressX e The Dematerialised.

Marcas de luxo que estão colaborando com desenvolvedores de jogos para vestir os jogadores

Como visto anteriormente, jogar é muito mais que apenas resolver quebra-cabeça, atirar em zumbis e pilotar aeronaves em simuladores. Um aspecto mais crucial dos jogos multijogador é que proporcionam um lugar para que os participantes socializem com seus amigos e familiares.

Quando as pessoas socializam, geralmente querem sinalizar vários aspectos de sua identidade, como status social, aparência, interesses e sentimentos sobre si. Elas fazem isso ao selecionar um avatar que representa sua identidade e, em seguida, adicionam roupas e acessórios para mais contexto.

Grifes de luxo, como Balenciaga × Fortnite, Ralph Lauren × Roblox e Lacoste × Minecraft estão aproveitando os aspectos sociais dos jogos para criar peças de moda para vários deles. A Gucci entrou nesse espaço em 2022, colaborando com o Roblox para criar a Gucci Town, uma loja virtual na qual os jogadores podem comprar acessórios Gucci para seus avatares.[80]

Marcas nativas digitais

As pessoas colecionam roupas, e os tênis não são exceção. É comum que edições limitadas de calçados sejam vendidas por centenas e até milhares de dólares. Algumas marcas de alto padrão podem alcançar preços na faixa de centenas de milhares. Não deveria ser uma surpresa que essas tendências de coleção acompanhem as pessoas aos mundos virtuais na forma de NFTs.

As marcas nativas digitais estão trazendo a estética dos jogos digitais para a moda virtual. A Nike comprou a RTFKT (pronuncia-se "artifact";

"artefato" em português) em dezembro de 2021. As duas empresas colaboraram para lançar a coleção Genesis Cryptokicks, que consistia em 20 mil NFTs. Das 20 mil coleções de tênis, 98 foram concebidas com um design específico, de modo que se tornaram itens de colecionador muito procurados.

Além disso, a Adidas fez uma parceria com o Bored Ape Yacht Club para criar e lançar sua coleção de 30 mil NFTs, enquanto a Gucci lançou suas roupas criadas em vários avatares.[81]

Essas iniciativas criativas combinam moda e arte para criar oportunidades empolgantes, a fim de que as marcas alcancem e interajam com os consumidores.

Eventos de moda virtuais

As marcas de moda têm exibido suas linhas de vestuário em eventos de moda, nas passarelas e outros locais por mais de um século. Não é de surpreender que os mesmos conceitos estejam sendo transportados para o mundo da moda digital.

Os desfiles nas passarelas já marcam presença no mundo virtual. O designer digital Jeremy Scott criou uma linha de roupas do tamanho de bonecas e as exibiu em uma passarela digital no verão de 2021. A Prada organizou um evento de moda virtual em 2021 como parte da Semana de Moda de Milão. Oliver Rousteing exibiu seus designs de 2021 usando televisões gigantes montadas nas passarelas de um desfile de moda físico. Dezenas de eventos e desfiles virtuais importantes e promissores ocorreram em 2021 e 2022, com mais a seguir.

Esses eventos são formas populares de entreter as pessoas, que podem ver a moda de qualquer lugar do mundo. À medida que o metaverso é implementado, tecnologias 3D mais imersivas possibilitarão que essas tendências cheguem a novos patamares.

Estilistas do metaverso

A moda desempenha um papel importante na forma como as pessoas se veem e define como as outras as veem. Elas podem comprar em lojas virtuais de roupas, calçados e acessórios para encontrar o visual certo. Agora, podem até interagir com estilistas do metaverso, que são designers artísticos capacitados com as ferramentas necessárias para criar os gráficos para roupas digitais.

Michael Felice, sócio na empresa de consultoria Kearney, observou: "Embora possa parecer o cúmulo da vaidade virtual que as pessoas estilizem profissionalmente seus avatares enquanto se preparam para entrar na alta sociedade do metaverso, na verdade é bem lógico".[82]

Headsets de VR e óculos de AR

Headsets de VR e óculos de AR são pontos de entrada notáveis para o metaverso, embora a experiência não exija necessariamente esse tipo de hardware. O metaverso inicial e seus predecessores (como os jogos) usarão smartphones, dispositivos móveis, PCs e outros hardwares existentes, mas tecnologias mais recentes substituirão essas formas anteriores.

Uma vez que a tecnologia esteja disponível e seja mais barata, os óculos AR (e as lentes de contato posteriores) permitirão sobreposições de moda na vida real. Dessa forma, enquanto usa seus óculos AR, você poderá ver alguém usando um vestido feito de cobras; sem os óculos, a vestimenta física é apenas uma peça de roupa normal. Essas sobreposições de AR não precisam obedecer a leis naturais ou qualquer outra realidade objetiva, porque são imagens virtuais projetadas em formas físicas ou fundos, como foi o caso do *Pokémon GO*, lançado em 2016.

Os NFTs são associados a um objeto virtual exclusivo, mas ele (como o vestido de cobras) também pode ser movido para o mundo físico por meio de óculos de AR. Assim, dá a impressão de que as mesmas roupas e os mesmos acessórios comprados e usados no mundo virtual são transportados para o universo físico.

Essas tecnologias revelam oportunidades para que as pessoas sejam parte da economia de criadores (descrita adiante neste capítulo) e para que as marcas explorem novas formas empolgantes de envolver as pessoas com seus produtos e serviços.

A Niantic adquiriu a 8th wall, uma startup que vendia ferramentas de desenvolvimento de AR para a web (em vez de dispositivos móveis). Essa startup planeja habilitar as experiências de AR que acessam sua tecnologia de mapeamento. Seu objetivo é compreender e rastrear os ambientes do mundo real sem o uso de aplicativos móveis como o ARKit.

Esses avanços oferecerão oportunidades para as marcas aprimorarem a experiência do cliente, criando uma conexão emocional com os consumidores usando AR. Por exemplo, com o uso de uma webcam-padrão, um aplicativo da web, como uma vitrine de comércio eletrônico, pode permitir que os clientes "provem" roupas e maquiagem antes de comprá-las, mesclando sua imagem na câmera com a imagem do produto. Isso aumentará as taxas de conversão, reduzirá as devoluções e abrirá novos modelos de negócios relacionados à moda digital.

Moda 3D

As pessoas veem os objetos e o ambiente em três dimensões no mundo físico. Habilitar o 3D no mundo virtual faz que a moda digital (e tudo mais) pareça mais autêntica e dimensional. Também permite que as pessoas aumentem ou diminuam o zoom e girem ou rotacionem objetos e, até certo ponto, o ambiente eletrônico.

Para as marcas, isso melhora a experiência do cliente, oferecendo aos consumidores uma compreensão mais abrangente de como um produto se parece e funciona, criando uma experiência de compra mais imersiva. De forma afetiva, o 3D fica na interseção dos mundos físico e metafórico.

Diferentes pontos de entrada

Há várias maneiras pelas quais uma marca pode inserir a moda digital no metaverso:

- Pode criar roupas diretamente para serem vendidas em marketplaces digitais, que serão compradas pelas pessoas para seus avatares.
- Pode criar eventos promocionais que usam moda em NFT de alguma forma.
- Pode criar uma presença mais persistente, estabelecendo seu mundo virtual, para que as pessoas visitem a qualquer momento. De forma alternativa, pode criar um espaço 3D que seja parte de um mundo maior, o que, conceitualmente, é o mesmo que possuir uma loja dentro de um shopping center.

Componentes de uma presença geral da marca

Uma *marca* é como as outras pessoas percebem um negócio, um produto ou uma pessoa. Devemos também observar que uma marca é a soma de todas as suas interações, não apenas experiências isoladas. Quanto mais uma marca estiver em sintonia com as expectativas de seus clientes, mais atrairá e reterá os consumidores, gerando mais vendas e visitas repetidas.

Os mecanismos para estabelecer uma marca são os seguintes:

- Identifique o propósito da marca. O que ela está tentando obter?
- Defina a proposição de valor.
- Crie uma representação visual (identidade) da marca.
- Leve a marca para as pessoas.
- Use relações públicas para fazer a marca ser conhecida.
- Use as mídias sociais e outros meios para promover a marca.
- Crie conteúdo que os consumidores queiram ler, ver ou experimentar.

Construção de mundos para a moda

A moda digital não tem a ver apenas com a criação de roupas ou acessórios 3D, mas também com a construção de mundos. Esses mundos se tornarão experiências multissensoriais imersivas que irão entusiasmar as pessoas ao entretê-las ou educá-las. Para começar, um shopping center gerado por computador pode ser configurado com uma aparência em particular, como um jardim botânico ou uma feira medieval. Esse estilo tornará os bens e os serviços vendidos mais acessíveis e gerará forte interesse nas pessoas em visitar e retornar.

Plataformas digitais

Uma *plataforma digital* cria um ecossistema que permite que as comunidades de usuários interajam com a plataforma e entre si. Mídias sociais, plataformas de conhecimento (como o Reddit), plataformas de serviço (como o Uber) e comércio eletrônico são os quatro principais tipos de plataformas para a web.

As plataformas digitais do metaverso serão verdadeiros palcos para um ambiente criativo, dando aos desenvolvedores tudo o que for necessário para suas criações no metaverso. Os investimentos de grandes empresas como Microsoft, Roblox, Fortnite e Epic Games (entre muitas outras) contribuem para o crescimento dessas plataformas. Consequentemente, elas fornecem uma plataforma para a moda digital continuar a prosperar.

Para que serve a moda digital?

Por que a moda digital é importante? Colocando de forma mais simples, por que as pessoas gastariam dinheiro em roupas e acessórios digitais que não existem no mundo real? Do ponto de vista individual, as roupas digitais permitem que elas mostrem sua identidade digital. Elas podem usar roupas futurísticas e mágicas ou um visual simples e conservador, dependendo do humor ou das atividades de que estão participando. É uma forma de as pessoas se expressarem completamente.

As empresas gravitam para mercados viáveis, portanto, seguirão as pessoas até o metaverso. Os anunciantes criarão outdoors e sinalizações, usarão inserção de produtos e patrocinarão eventos virtuais. Os profissionais de marketing projetarão campanhas inteiras usando o metaverso para melhorar o reconhecimento da marca. As empresas abrirão lojas no metaverso para vender seus produtos e as marcas de moda criarão lojas que permitirão às pessoas escolher e comprar roupas.

Os investidores podem encontrar maneiras de investir no metaverso (já estão fazendo isso) ou em produtos relacionados a ele, como os NFTs, para lucrar.

Pense no metaverso como um novo mundo recém-aberto, cheio de maravilhas e coisas interessantes, esperando para ser explorado, utilizado e expandido para valer. À medida que o metaverso e a moda digital se estabelecem, as pessoas e as empresas encontrarão novas formas de ampliar suas vidas e sua felicidade.

Economia de criadores

Como mencionado, existem dois modelos/escolas de pensamento bem diferentes para implementar o metaverso: descentralizado e centralizado. O modelo descentralizado não depende (ou mesmo permite) do controle de uma autoridade central, enquanto o modelo centralizado prevê um controle exercido por uma ou mais entidades centralizadas. É provável que a implementação do metaverso acabe sendo uma combinação de ambos os modelos, assim como a internet atualmente, que é composta por plataformas centralizadas, como mídias sociais ou sites de comércio eletrônico, que podem ser acessadas por meio de serviços descentralizados.

Um metaverso aberto incentiva e apoia a economia de criadores, definida como os milhões de criadores de conteúdo, blogueiros, profissionais de vídeo e escritores independentes que trabalham para criar conteúdo de qualidade. A DAZ3D é uma empresa que fornece uma plataforma para artistas 3D, passou a vender seus modelos 3D e hoje é um serviço moderno de suporte a NFTs 3D. Ela incentiva a criatividade e, na plataforma, os criadores prosperam porque têm acesso a todas as ferramentas necessárias para criar, promover e vender NFTs.

Metaverso como um serviço

À medida que o metaverso se tornar realidade, as empresas o usarão como um serviço (MaaS) para permitir que desbloqueiem a criatividade inerente a ele, como a moda digital. O MaaS oferecerá suporte a uma variedade de funções e serviços necessários, incluindo criptomoeda, fluxos de trabalho, colaboração e muitos outros de que uma empresa precisa para aproveitá-lo. A vantagem do MaaS é que as empresas não precisarão investir nas grandes infraestruturas necessárias para suportar sua entrada no metaverso. Plataformas extensíveis permitem maior colaboração, escalabilidade, simulação e criação 3D por meio de MaaS.[83]

O MaaS reduzirá as barreiras e os custos para que as empresas entrem no metaverso, e, portanto, permitirá que a economia dos criadores prospere como nunca.

O desafio da interoperabilidade

Sem o metaverso, transpor roupas, acessórios e outros itens de um mundo para outro não é possível na maioria dos casos. Os formatos padronizados de NFTs e blockchain permitem esse tipo de movimentação. À medida que o metaverso for implementado, roupas digitais serão usadas em videogames, clubes gráficos e desfiles de moda simulados, e até negociadas ou vendidas em lojas on-line.

Como os itens digitais, incluindo moda, baseiam-se em blockchain, a interoperabilidade será uma possibilidade incorporada. Qualquer mundo que dê suporte a NFTs e blockchain deve ser projetado para permitir que os itens entrem e saiam sem problemas. Esse requisito permitirá que o metaverso funcione em sua capacidade total.

Além disso, a propriedade de roupas digitais e outros itens permanecerá com o criador ou o comprador. O design de NFTs e da blockchain impõe isso.

Resumo

As ofertas do metaverso são multifacetadas e estão mudando a dinâmica da criação. No passado, uma parte considerável da energia criativa ocorria no universo físico era direcionada para ele, o que significava que as leis naturais restringiam as criações. Na última década, as empresas têm se concentrado cada vez mais na necessidade de transformação digital para crescer e, mais recentemente, adotar mundos 3D em jogos e no metaverso. O isolamento forçado proporcionado pela pandemia acelerou a digitalização, com a intenção de apoiar e atender à necessidade das pessoas de usar a internet e os mundos virtuais para se divertir, educar, informar e socializar.

Essas tendências e as imensas mudanças em nosso mundo atual, como a desglobalização e as restrições da cadeia de suprimentos, exigem que empresas e marcas assumam mais riscos para se manter competitivas. Elas terão a vantagem do pioneirismo na área, além de terem a oportunidade e a responsabilidade de ajudar a definir os padrões e ganhar participação de mercado mais significativa.

Central ao metaverso é sua complexidade técnica subjacente invisível aos usuários por meio de uma interface de experiências imersivas expressivas, personalizadas e sem atrito. O design do metaverso, como uma arena aberta e descentralizada, dá aos usuários controle sobre sua identidade digital, impõe seus direitos de propriedade digital e garante que haja incentivos para a criatividade. Dessa forma, dados, interações, relacionamentos e comportamentos serão totalmente concretizados no metaverso.

O design revolucionário e a implementação do metaverso e as renderizações 3D hiper-realistas associadas farão que conceitos como gêmeos digitais sejam adotados, como vimos com as primeiras indicações no caso de uso da moda digital. As organizações podem monitorar métricas históricas e em tempo real, bem como usar dados para prever, fundamentar e simular eventos e conceitos futuros. O metaverso será um lugar ideal para ir além da moda digital e criar ambientes simulados para veículos autônomos e outras tendências. Usando dados de sensores do mundo físico em tempo real como entradas para simulações, os designers e os engenheiros podem trabalhar juntos para desenvolver produtos inovadores e linhas de produção inteiras. Isso melhorará a qualidade e resultará em uma entrada mais rápida no mercado.

As empresas devem igualar seu propósito à promessa representada por essas novas tecnologias e tendências, planejando-se para oportunidades futuras. Como a concorrência é e continuará alta, empresas grandes ou pequenas, estabelecidas ou emergentes, devem estar dispostas a assumir riscos calculados. A moda digital é apenas uma área em que há grandes oportunidades de liderança de mercado.

Muitas pessoas terão coisas negativas a dizer sobre cada avanço tecnológico. Hoje em dia é difícil acreditar que havia pessoas que não viam o valor da Rede Mundial de Computadores no final da década de 1990. Contudo, o astrônomo Clifford Stoll escreveu na *Newsweek*: "Como é que meu shopping center local faz mais negócios em uma tarde do que toda a internet consegue fazer em um mês?". Da mesma forma, empresas e marcas devem trabalhar duro para superar esse tipo de resistência e expandir-se a novos mercados com sucesso.

A internet alterou fundamentalmente a forma como as pessoas interagem umas com as outras, e o metaverso promete estender essas tendências em várias ordens de magnitude. Muitos casos de uso só ficarão disponíveis e visíveis depois que o metaverso for implementado; esses casos de uso podem resultar em mudanças na interação humana além de nossa compreensão atual.

A chave para ter sucesso como empresa no metaverso pode ser vista na moda digital e em seu foco nos humanos. As empresas devem criar experiências de usuário atraentes para atrair e reter consumidores. De modo ideal, o metaverso será totalmente inclusivo, promoverá a criatividade e será benéfico para as pessoas tanto no sentido emocional como econômico. Se isso for mantido em mente enquanto o metaverso é desenvolvido, poderá ajudar as pessoas a se unirem e aprenderem a viver em maior harmonia.

08 >Tokenomics_

No início de 2020, a pandemia da Covid-19 paralisou quase o mundo inteiro. Dois anos depois, em 2022, milhões de pessoas estavam prontas para sair de casa e aproveitar a vida de novo. Infelizmente, o mundo ainda trazia desafios: naquele ano surgiram variantes da Covid-19, desglobalização, bear markets, interrupção de cadeias de suprimentos e uma inflação veloz. Todas essas tendências levarão (e já estão levando) a uma erosão do sentimento dos clientes.

A tecnologia não ficou imune às consequências. A escassez de chips está reduzindo o número de carros que podem ser fabricados; a guerra na Ucrânia e as complicações resultantes na cadeia de suprimentos estão reduzindo as matérias-primas necessárias para painéis solares, baterias e componentes elétricos; e a inflação está aumentando os preços de transporte e manufatura.

Uma pesquisa concluiu que 51% dos lares nos Estados Unidos não comprariam novas tecnologias em breve por causa da inflação, e 68% acreditam que os produtos tecnológicos ficaram mais caros em 2022. De 83 produtos, a pesquisa encontrou uma queda média de 1 ponto nos planos de compra dos consumidores de 2021 a 2022.

Em contraste, a mesma pesquisa constatou que mais pessoas (8%) eram compradoras pela primeira vez do que compradoras recorrentes. Esse salto nos compradores de primeira viagem é resultado do retorno das pessoas às suas vidas "normais" depois da pandemia.

Além disso, os estudantes universitários estão voltando para suas faculdades depois de estudarem em casa por dois anos e desejam comprar os dispositivos de que precisam para se manterem entretidos e conectados. Ademais, as vagas de imóveis para aluguel estão historicamente baixas, sugerindo que as pessoas estão se mudando pelo país a um ritmo cada vez maior. Esse é outro fator que alimenta a demanda por tecnologia, pois esses novos inquilinos precisam equipar suas novas residências e, naturalmente, desejam obter os equipamentos mais recentes pelos quais puderem pagar.

Vários estudos e analistas mostram que a nação está em movimento. Os consumidores buscam a tecnologia porque sentem que o mundo está se abrindo após a pandemia. No entanto, estão cautelosos com os efeitos de uma recessão iminente, da inflação e da instabilidade mundial, portanto, seguem fazendo suas compras com uma mentalidade mais conservadora, especialmente em relação ao orçamento. De qualquer forma, todos os sinais indicam que a tecnologia de consumo continuará relevante mesmo com as disrupções.

Dados esses fatores do mercado e suas disrupções, o metaverso, com suas experiências imersivas, pode oferecer aos clientes soluções alternativas que impulsionarão a economia.

No capítulo 3, analisamos a blockchain, a tecnologia subjacente que possibilita a criptomoeda. O tokenomics, que é um sistema econômico interconectado baseado em criptomoeda, está no coração do metaverso. Como indicado anteriormente, o metaverso não necessariamente precisa da Web3 e das tecnologias de criptomoeda. No entanto, ambas proporcionam funcionalidades que podem ser aproveitadas para permitir melhores atividades econômicas no metaverso.

A mídia tende a se concentrar nas oportunidades de investimento em NFTs e criptomoedas. Claramente, os videogames abriram o caminho, usando blockchain e NFTs para alimentar microtransações (pequenas compras de itens e serviços no jogo). Os jogos mais populares, como *Fortnite*, são gratuitos, mas usam moedas do jogo que podem ser convertidas em moedas fiduciárias (da vida real), como o dólar. O *Fortnite* faturou US$ 2,4 bilhões em receita em 2018 e US$ 1,8 bilhão em 2019.[84]

Essas moedas do jogo podem ser convertidas em moedas fiduciárias a um preço fixo. Por exemplo, no *Fortnite*, 1.000 V-Bucks valem US$ 7,99; no *Roblox*, 800 Robux valem US$ 9,99. Dentro desses jogos, as moedas compradas com moedas fiduciárias podem ser utilizadas para adquirir itens e serviços.

Analisemos o tokenomics em mais detalhes.

O que é tokenomics?

Tokenomics define a economia subjacente da criptomoeda, incluindo os mecanismos da criação (ou seja, cunhagem) de tokens, como eles são emitidos, onde podem ser usados, quem os aceita como pagamento e como são convertidos em moedas fiduciárias. As moedas, cripto ou não, não serão aceitas e usadas a menos que tenham valor e possam ser trocadas por bens e serviços de valor.

Estes são alguns dos componentes essenciais do tokenomics:

Mineração. É a criação de novos tokens usando-se um algoritmo. Bitcoin e Ethereum são exemplos de criptomoedas que usam mineração. (Isso é explorado de forma detalhada no capítulo 3.)

Staking. Em vez de mineração, Ethereum 2.0 e Tezos usam contratos inteligentes para bloquear moedas. Quando uma pessoa faz staking de tokens, ela os guarda para sustentar a rede de blockchain e para confirmar transações. O staking é usado para se criar renda passiva, já que muitas criptomoedas oferecem taxas de juros generosas para aqueles que fazem staking de seus tokens. Em outras palavras, staking é a garantia de moedas, que são usadas depois no algoritmo de cunhagem de prova de participação.

Rendimentos. Oferecer maiores rendimentos é o método que as criptomoedas usam para atrair investidores para comprar e fazer staking de tokens. Os rendimentos são pagos em tokens.

Queima de tokens. Ao retirar permanentemente tokens de circulação (ao "queimá-los"), algumas blockchains, incluindo Ethereum, reduzem propositadamente o fornecimento de tokens para sustentar seu preço.

Fornecimento. Alguns tokens, como o bitcoin, limitam o número máximo de tokens que podem existir. O projeto do bitcoin impõe um limite estrito de 21 milhões de moedas. Outros, como Ethereum, não são limitados pelo seu projeto, mas impõem limites para manter o preço estável (as moedas dos países são controladas de forma semelhante). Os NFTs estabelecem um limite de por que cada token é aplicado a um item único.

Muitos desses procedimentos e dessas regras são definidos pelo projeto da tecnologia subjacente do token. Os criadores normalmente detalham os limites e usos dos seus sistemas de token em um white paper.[85]

Qual o papel do tokenomics no metaverso?

Como o metaverso é, de várias maneiras, pensado para proporcionar uma experiência imersiva que simula e aprimora o universo físico, é compreensível que um modelo econômico seja essencial. Sem uma economia, as pessoas não poderiam fazer compras, negociar ou realizar outras coisas semelhantes. Sem uma economia e as moedas subjacentes (tokens), pouquíssimas pessoas visitariam o metaverso, muito menos permaneceriam nele.

As transações dentro do metaverso são feitas usando-se criptomoedas; embora muitos jogos, atualmente, aceitem moedas fiduciárias regulares como pagamento, como o dólar, a adoção de criptomoedas ainda é baixa entre a população em geral. Independentemente disso, dentro dos jogos (e, mais cedo ou mais tarde, do metaverso), as pessoas podem converter sua moeda fiduciária no valor equivalente da criptomoeda.

Idealmente, e com toda a probabilidade, os tokens do metaverso serão usados dentro dele, em vez de moedas fiduciárias ou criptomoedas. Esses tokens virtuais facilitam o envolvimento das pessoas em transações digitais. Eles podem ser usados para comprar e vender itens, para dar direitos de voto e, se o token for único, para funcionar como NFTs. Em muitos casos, os tokens do metaverso podem ser trocados por moedas fiduciárias (sacados no mundo físico). Eles também podem comprovar a propriedade de itens do mundo real se um NFT estiver vinculado a um objeto físico.

Alguns exemplos de tokens usados por videogames e plataformas são:

`The Sandbox`. Esse jogo NFT popular usa um token especializado chamado SAND. *The Sandbox* é extremamente popular, tem uma capitalização de mercado de 1 bilhão de dólares e o maior potencial de crescimento para um jogo NFT em 2022.

`Decentraland`. Essa plataforma permite que as pessoas comprem terras e as monetizem. A *Decentraland* usa um token chamado Mana.

`Star Atlas`. Esse jogo de exploração espacial usa uma moeda chamada Atlas. Os jogadores formam alianças (facções) e criam economias intergalácticas no âmbito do game. A moeda Atlas é usada para compra de itens no jogo.

`Meta`. Essa plataforma, anteriormente conhecida como Facebook, desenvolveu um token chamado de Libra, destinado a pagamentos entre fronteiras. A moeda não foi aprovada por reguladores, mas é uma indicação dos usos potenciais para essas moedas no futuro.

Agora que o papel do tokenomics foi avaliado, vamos detalhar os fundamentos desse assunto.

Tokenomics 101

Tokenomics é um termo recém-cunhado para descrever economias baseadas em tokens, como videogames, shoppings virtuais, plataformas e, quando implementado, o metaverso. Essas economias baseadas em tokens não usam moedas fiduciárias como o dólar ou o euro; em vez disso, usam criptomoedas para negociações. Muitos videogames e plataformas virtuais atuais usam várias criptomoedas, embora a tendência seja que criem sua versão, por questões de simplicidade.

Os ativos cripto têm valor real no mundo virtual, embora muitos deles não possam ser transferidos diretamente entre mundos. Em outras palavras, a moeda usada pelo *Alpha* não pode ser usada no jogo *Star Atlas*.

Todas as criptomoedas baseiam-se em tecnologia blockchain. Muitas delas usam tokens ERC20 (Ethereum), que são compatíveis com contratos inteligentes na blockchain Ethereum. Os tokens Mana e SAND seguem o padrão ERC20.

Ao investir em criptomoeda, as pessoas estão investindo no mundo digital, o que significa que estão usando blockchain.

Como a blockchain ajuda o metaverso

Como proposto anteriormente, blockchain é uma estrutura de dados que registra transações de forma permanente. Os blocos não podem ser alterados e nunca são excluídos. As criptomoedas são baseadas em blockchain.

A blockchain é muito segura, ainda que, como todas as tecnologias, em teoria, possa ser invadida por hackers. A tecnologia confirma as transações e apoia transações protegidas, que, por sua vez, ajudam o metaverso.

Os pagamentos cripto são feitos sob demanda

As pessoas que fazem compras em lojas físicas ou on-line usando cartões de crédito/débito esperam que os pagamentos sejam processados imediatamente. O uso de dinheiro na forma física está se tornando menos comum, e as pessoas dependem cada vez mais de uma boa operação desses sistemas de pagamento digital.

Um benefício significativo da criptomoeda é que ela pode ser usada como um método de pagamento de maneira bem semelhante aos cartões de crédito/débito. Alguns sites de comércio eletrônico e lojas estão começando a aceitar bitcoin e outras criptomoedas como pagamento, e essa tendência deve continuar. As maiores processadoras de cartões, como Visa, Mastercard e PayPal, já implementaram a criptomoeda.

As pessoas que compram no metaverso naturalmente desejarão comprar itens virtuais e físicos nas lojas virtuais. As coisas que eles comprarem **serão** uma forma de NFT, como em uma loja de roupas, uma galeria de arte ou uma loja de armas para seu jogo favorito. Transações dessa natureza dentro do metaverso devem ocorrer de forma rápida, segura e sem erros. Para que o metaverso ganhe força entre a população, as pessoas devem ter confiança de que podem adquirir e gastar dinheiro, bem como que suas transações serão concluídas com rapidez.

Com o passar do tempo, mais empresas e plataformas oferecerão suporte a pagamentos via criptomoedas, mesmo com as atuais flutuações de preço. Os bancos centrais estão até apoiando as criptomoedas, que, no curto prazo, podem causar instabilidade ao mercado. Compreensivelmente, com o apoio deles, as perspectivas de longo prazo para as criptomoedas parecem boas. De qualquer forma, elas são e continuarão sendo um método padrão de pagamento no metaverso.

Onde os tokens do metaverso podem ser comprados?

A criptomoeda está na base da economia digital do metaverso. À medida que essas moedas se estabilizam e se tornam mais onipresentes, as pessoas se sentem seguras ao utilizá-las para pagamentos no metaverso e no mundo físico.

Como em qualquer transação cripto, você deve começar criando uma carteira cripto, como Metamask, Gemini ou Coinbase. Ela age da mesma forma que uma carteira ou uma bolsa física. Em vez de cartões de crédito/débito, guarda todas as criptomoedas de uma pessoa. Cada uma dessas carteiras inclui ferramentas para conversão de moeda fiduciária em tokens do metaverso e de uma criptomoeda em outra.

Os tokens do metaverso podem ser adquiridos por meio de aplicativos como o Binance, que aceitam depósitos em dólares ou outras moedas, ou por SWIFT. Entre outros negociadores de criptomoedas, temos serviços como o Transak e o Wyre. É importante observar que todos eles cobram uma pequena taxa.

Tipos de tokens no metaverso

O metaverso altera a maneira como os computadores e a internet são usados e visualizados. As pessoas podem entrar no metaverso usando computadores ou dispositivos móveis; ou podem usar tecnologias de realidade virtual (VR) e de realidade aumentada (AR) avançadas para uma experiência mais imersiva.

As criptomoedas são uma nova forma de capital e, como resultado, estão chamando a atenção de investidores, negociantes e até de pessoas comuns com dinheiro para investir. Os jogos aproveitam as propriedades e a conveniência das criptomoedas para oferecer suporte à compra de itens no jogo, governança e vários outros recursos. A maioria dos jogos define criptomoedas usando blockchain (geralmente Ethereum) e oferece suporte a compras no jogo por meio de NFTs.

Os jogos modernos estão colocando contratos inteligentes, governança (organizações autônomas descentralizadas – DAOs) e NFTs em uso, para que os jogadores tenham uma ampla variedade de opções e recursos sem as limitações e o fardo de uma autoridade centralizada. Em muitos deles, jogadores e desenvolvedores compram imóveis de mundos virtuais, sobre os quais "constroem" jogos e outras atrações. Isso imita o mundo real, onde um terreno deve ser comprado para abrigar um parque temático, um teatro ou outra atração.

Analisemos os principais mundos virtuais para demonstrar como seus novos sistemas monetários funcionam.

Decentraland (Mana)

A *Decentraland* é de propriedade dos usuários e é baseada em Ethereum. As pessoas entram nesse mundo visual para jogar, entreter-se, interagir umas com as outras, participar de atividades e explorar. Enquanto estão envolvidas nessas atividades, recebem tokens Mana. Esse mundo foi projetado para ser um local onde elas podem criar, vivenciar e ganhar com os aplicativos e o conteúdo que desenvolvem.

O Mana é a moeda nativa oficial da *Decentraland*. Ele consiste em tokens ERC-20 que podem ser usados em toda a *Decentraland* para comprar e alugar propriedades virtuais. Essas propriedades podem ser melhoradas (com aplicativos) e monetizadas. O Mana pode também ser usado para comprar qualquer coisa na *Decentraland*, incluindo avatares, moda digital, nomes e outros itens.

Os jogadores compram terras do fornecimento fixo de 90 mil lotes disponíveis usando tokens Mana. Por padrão, há um máximo de 2,2 trilhões de Mana e um fornecimento circulante de 1,3 trilhão na *Decentraland*. Alguns dos casos de uso para o Mana estão descritos a seguir:

- O Mana pode ser usado para comprar terras e itens no jogo.
- Usando *Decentraland* e DAO, as pessoas podem utilizar seus tokens Mana para se envolver em decisões de governança.

Em janeiro de 2021, havia 2,19 bilhões de tokens Mana, dos quais 1,49 bilhão (68%) estava em circulação. Inicialmente, havia 2,8 bilhões de Mana de fornecimento, mas mais de 600 milhões foram queimados em razão das vendas de terras.

A *Decentraland* tem um fornecimento fixo de 90 mil lotes de terra que os usuários/desenvolvedores podem adquirir para desenvolver jogos e outras atrações. A terra é comprada com a queima do token nativo da *Decentraland*, o Mana, o que faz dele um ativo deflacionário (redistribui-se indiretamente o valor aos detentores do token). O Mana tem um fornecimento máximo de 2,2 trilhões e fornecimento circulante de 1,3 trilhão. Com uma capitalização de mercado (MCAP) de cerca de US$ 800 milhões, o token Mana tem dois casos de uso. Em 20 de junho de 2022, a *Decentraland* estava sendo negociada a US$ 0,828 e tinha um valor de mercado de US$ 1.536.194.523.[86]

The Sandbox (SAND)

O metaverso *The Sandbox* foi lançado em 2011. Baseada em blockchain, essa plataforma é orientada pela comunidade e permite que os criadores monetizem ativos voxel e experiências de jogo. Os jogadores podem criar arte voxel usando o VoxEdit, comprar e vender ativos no marketplace e criar e jogar jogos usando o Game Maker. *The Sandbox* é onde criadores, artistas e jogadores podem ser criativos sem restrições físicas.

Em 2012, *The Sandbox* foi implementado como uma plataforma da Web 2.0. Entre 2012 e 2018, mais de 40 milhões de downloads foram feitos e havia uma grande base de usuários, que deu a *The Sandbox* a credibilidade necessária para estar à frente da concorrência.

O white paper do *The Sandbox* resume isso muito bem:

> Os detentores de SAND também poderão participar da governança da plataforma por meio de uma organização autônoma descentralizada (DAO), mediante a qual poderão exercer direitos de voto nas principais decisões do ecossistema *The Sandbox*. Como jogador, você pode criar ativos digitais (tokens não fungíveis, também conhecidos como NFTs), carregá-los no marketplace e arrastá-los e soltá-los para criar experiências de jogo com o The Sandbox Game Maker. *The Sandbox* assegurou mais de 50 parcerias, incluindo Atari, Crypto Kitties e *Shaun, the Sheep*, para construir uma plataforma de jogos divertida e criativa do tipo "jogue para ganhar", de propriedade dos jogadores e feita por eles. *The Sandbox* visa levar a blockchain para os jogos convencionais, atraindo entusiastas de jogos cripto e não cripto, oferecendo vantagens de propriedade verdadeira, escassez digital, recursos de monetização e interoperabilidade.[87]

Além de introduzir a blockchain nos jogos convencionais, *The Sandbox* incentiva as pessoas a serem jogadoras e criadoras simultaneamente com seu modelo "jogue para ganhar". Ela foi projetada para ser uma plataforma descentralizada para jogos.

The Sandbox usa seu token, conhecido como SAND (um token ERC-20 padrão), e limita a quantidade de terras que podem ser compradas por meio dele. Como alternativa, diferentemente da *Decentraland*, *The Sandbox* não exige que os participantes queimem tokens SAND para realizar compras. Em vez disso, os tokens usados para compra são divididos entre o vendedor e a Tesouraria do *The Sandbox*.

O token SAND tem os seguintes casos de uso:

- SAND pode ser usado para compras, negociações e vendas.
- Os proprietários de tokens SAND podem participar da governança.
- Os usuários de SAND podem fazer staking de tokens SAND, o que lhes dá direito de participação nos valores de tarifas de publicidade e transação.

A maioria dos 123 mil terrenos disponíveis foi comprada até 2020 em cerca de mil vendas únicas. Desde então, ocorreram 900 vendas adicionais no mercado secundário. Aproximadamente 23% dos potenciais tokens SAND estão em circulação (no momento em que este livro é escrito).

A maior parte do restante é mantida em reserva na Fundação e na Empresa, o que reduz as chances de token dump.

O token SAND permite que as pessoas comprem e negociem terras e ativos dentro de *The Sandbox*. Alguns exemplos de seus usos são:

- Negociação de ativos digitais em *The Sandbox*.
- Compra de terras digitais.
- Interação com conteúdo criado por usuários.
- Compra de serviços, jogos e governança.

Em 20 de junho de 2022, *The Sandbox* estava sendo negociado a US$ 0,8631 e tinha uma capitalização de mercado de US$ 1.086.266.218. Há um fornecimento máximo de 3 bilhões de tokens.[88]

Gala Games (Gala)

O conceito fundamental do *Gala Games* é de que os jogadores obtêm a propriedade dos ganhos que tiverem em seus jogos, ou seja, qualquer item ganho passa a pertencer a quem o ganhou. Os itens do jogo são armazenados na blockchain como NFTs, o que permite que sua propriedade seja verificada, vendida, comprada ou transferida.

O ecossistema do *Gala Games* é alimentado por 16 mil computadores de jogadores (nós), o que o torna totalmente descentralizado. Os jogadores usam mecanismos de voto para contribuir com as decisões sobre o desenvolvimento do *Gala Games*, incluindo quais jogos devem ser adicionados e o que deve ser financiado.

O token usado no *Gala Games* é chamado de Gala. É um token ERC-20, protegido por criptografia e nativo da plataforma. Esses tokens proporcionam um meio seguro e eficaz de pagamento dentro do *Gala Games*.

Em 20 de junho de 2022, o Gala estava sendo negociado a US$ 0,0571 e tinha uma capitalização de mercado de US$ 391.500.000. Naquele mês, havia 6,98 bilhões de tokens Gala em utilização, com 35,24 bilhões em circulação.[89]

DeFi Kingdoms (Jewel)

DeFi Kingdoms é um protocolo de jogos do tipo "jogue para ganhar" lançado em 2021. Ele usa a criptomoeda conhecida como Jewel, que permite que os jogadores façam compras no jogo usando NFTs. Seu objetivo era criar uma yield farm dentro do jogo. Ele é baseado na rede de blockchain Harmony, usa o protocolo V2 da Uniswap e é compatível com contratos inteligentes e NFTs.[90]

DeFi Kingdoms é uma negociação descentralizada "gamificada". Os jogadores participam de yield farming e ganham tokens Jewel. Esse token tem duas funções principais:

- Depósitos no banco do *DeFi Kingdoms*.
- Delegar tokens Jewel em um pool de liquidez nos Jardins.

Uma vez que os tokens Jewel são depositados, os clientes podem negociá-los por tokens de governança xJewel, que incluem rendimentos, dando aos participantes um incentivo para participar na governança. Outra opção é negociar seus tokens por um pool de liquidez, gerando, em teoria, retornos elevados.

Quando o *DeFi Kingdoms* foi lançado, 10 milhões de tokens foram pré-criados (pré-minerados) e distribuídos assim:

- Desenvolvimento de jogos: 5 milhões.
- Marketing: 2 milhões.
- Pool de liquidez original: 2 milhões.
- Tempo de fundação: 1 milhão.

O fornecimento de tokens Jewel é limitado a 500 milhões (observe que o número máximo de tokens pode ser alterado). Mecanismos de yield farming serão utilizados para introduzir novos tokens na coleção.

Críticas ao *DeFi Kingdoms*

O tokenomics da Jewel é bem projetado e funcional. De qualquer forma, houve críticas ao *DeFi Kingdoms* por conta de ausência de experiência autêntica de jogo (e os desenvolvedores reconhecem isso). O foco da plataforma tem sido a negociação descentralizada; o jogo é secundário, embora planejado. Parte de sua estratégia inclui a criação de novos domínios, inclusive um novo token chamado Crystal usando a rede Avalanche.

Integração da Avalanche e do token Crystal

A Avalanche foi lançada em 2020 como uma alternativa ao Ethereum. Ela dá suporte a blockchain, contratos inteligentes, um modelo de governança, NFTs, dapps e uma criptomoeda chamada AVAX. A Avalanche prioriza a escalabilidade e a velocidade de processamento de transações (supostamente 4.500 transações/segundo), e a taxa de criação de moedas e suas taxas associadas são definidas por um modelo de governança. As taxas de transação são pagas com tokens AVAX, que são queimados (saem de circulação), o que potencialmente os torna mais escassos com o tempo.

No final de 2021, o *DeFi Kingdoms* (DFK) anunciou que começaria a usar a Avalanche e criaria um domínio com seu token chamado Crystal. Com essa integração, o DFK se tornaria mais flexível com tempos de transação mais rápidos. O novo domínio, chamado *DeFi Kingdoms*, se conectaria ao domínio inicial do DFK, efetivamente expandindo o caso de uso.[91]

Ambos os tokens (Jewel e Crystal) são vinculados, então podem ser usados para algumas de finalidades:

- Cunhagem de novos NFTs (*Heroes*).
- Uso como liquidez.
- Uso como moeda no domínio.

A principal blockchain do DFK usa Jewel para taxas de *gas*. É aí que as transações de Crystal são liquidadas, o que sugere que a Jewel é a fonte de energia da Crystal. Isso cria mais motivos para se usar Jewel, pois as pessoas que as possuem também recebem os benefícios da Crystal.

A fusão do *DeFi Kingdoms* com a Avalanche dá às pessoas mais motivos para usar o DFK e proporciona incentivos adicionais para a utilização dos tokens Jewel e Crystal. Como resultado, o *DeFi Kingdoms* cresce rapidamente, e isso deve continuar.

Tokens não cripto

Os jogos baseados em blockchain e NFTs requerem que os jogadores passem por uma curva de aprendizado para participar. Vários novos jogos foram desenvolvidos usando-se o modelo de tokenomics e moedas em vez de criptomoedas padrão.

Bezorge, um jogo cripto do tipo "jogue para ganhar" (em que os jogadores ganham blocos e recompensas), define um ambiente em que os participantes saqueiam os SHIBs e os DOGEs de seus inimigos para livrar o mundo virtual de FUD (*Fear, Uncertainty, and Doubt* – medo, incerteza e dúvida, em português). Os jogadores que possuem dois ou mais NFTs Bezogi podem obter outros mais convocando-os ou alugando-os.

O jogo é diferente dos outros porque não cobra garantias ou taxas de *gas*, o que permite que qualquer jogador, independentemente de sua compreensão de cripto, possa participar sem pagar nada.[92]

Economia de tokens/economistas de NFT

De acordo com a Dell e com o Institute for the Future, 85% dos empregos que os estudantes de hoje terão em 2030 ainda não existem.[93] A área de economistas de NFT/tokens, impulsionada pelas demandas da economia de tokens, é um exemplo.

A JTTM é um exemplo de empresa que precisará de pessoas com competência e experiência nessa área. Eles estão criando um jogo para dispositivos móveis que combina seus tokens com funções de jogo. Em uma vaga de emprego recente, eles afirmaram que queriam encontrar um líder de tokenomics experiente. O candidato ideal seria um entusiasta de NFTs e criptomoedas, com as habilidades para desconstruir e projetar a economia de tokens, entender dados e ser capaz de lidar com a evolução de sistemas complexos em tempo hábil.[94]

O novo cargo será responsável pelas funções a seguir:

- Criação de tokens.
- Design de tokens.
- Desenvolvimento de tokens.
- Conformidade de tokens.
- Entrada no mercado.
- Operações.
- Como o token funcionará em jogos e funções de staking.
- Análise de projetos existentes de NFTs e tokens.
- Análise de teoria de jogo e como ela impacta o modelo de tokenomics.

- Desenvolvimento de modelos baseados em agentes macroeconômicos para teste de tokenomics.

Token gating

Uma nova tecnologia emergente conhecida como token gating foi projetada para controlar o acesso ao conteúdo exigindo que os consumidores comprem um NFT em particular e vários tokens. O NFT é uma chave de acesso verificado por meio de uma carteira digital.

Usando o token gating, os criadores e as empresas podem aproveitar novas oportunidades para monetizar conteúdo e permitir acesso VIP a visitantes, convertendo serviços e produtos em ativos que podem ser usados como qualquer outro que proporcione utilidade. Essa é uma evolução dos paywalls e dos clubes de fidelidade, oferecendo incentivos de valor.

Ela abre uma oportunidade para que as empresas criem ferramentas sem código para simplificar a implementação do token gating em seu conteúdo. Ao aproveitar o token gating, conteúdo e acesso podem ser convertidos de algo consumível em uma mercadoria.[95]

Criando experiências encantadoras com tokenomics

A criação de uma experiência de metaverso que envolva a população em geral deve ser imersiva, bonita, fácil de acessar e ter todos os recursos. Além disso, acessar e usar o metaverso deve ser mais que apenas lucrativo; deve ser divertido e interessante, bem como oferecer recompensas além do que está disponível na vida real. Em outras palavras, o metaverso deve estimular as pessoas a entrar, permanecer e retornar, proporcionando mais do que elas podem obter de suas próprias vidas e ambientes.

Atualmente, a maioria dos mundos no metaverso oferece uma experiência econômica unidimensional. Os jogadores podem fazer o seguinte:

- Comprar e vender terras virtuais.
- Comprar e vender NFTs.
- Fazer staking dos seus tokens.
- Apostar.

- Jogar para ganhar.

Os mundos também cobram impostos sobre transações, taxas de *gas* para cunhagem e taxas de entrada (às vezes exigindo a compra de NFTs ou itens no jogo).

As ações apresentadas podem ser realizadas sem que se passe muito tempo no metaverso. Muitas podem ser feitas totalmente fora dele. Especificamente, uma pessoa não precisa colocar óculos 3D para comprar e vender NFTs; ela pode fazê-lo diretamente em um site.

Como o metaverso pode ser implementado para que as pessoas não o visitem apenas de vez em quando, mas para que ele seja parte do seu dia a dia? As pessoas passam muito tempo nos jogos, mas como essa experiência pode ser replicada no metaverso, que necessita (para ter sucesso) que elas se envolvam, sejam imersas e que o considerem tão comum como ir ao mercado da vizinhança?

O metaverso não será útil sem um conteúdo que faça as pessoas terem vontade de visitá-lo e retornar sempre. Os jogos são populares, mas elas não jogam o tempo todo, e muitas, nunca. A chave para criar um metaverso duradouro é fornecer utilidade persistente, tornando-o interessante, envolvente, divertido e valioso, a ponto de as pessoas sentirem que devem utilizá-lo com frequência.

A resposta está na criação de uma economia do metaverso que dê às pessoas as recompensas certas no momento certo para motivá-las a retornar. Os mundos do metaverso devem ser envolventes e fornecer um incentivo econômico. A princípio, elas serão atraídas porque é novo e empolgante, mas esse fator de novidade pode desaparecer rapidamente, à medida que outros interesses disputem a atenção do consumidor.

As pessoas devem ter motivos para visitar e permanecer no metaverso diariamente, ou até mais que isso. Dessa maneira, espera-se que elas não apenas reajam à economia do metaverso, mas também queiram utilizá-lo porque não conseguem o que desejam em nenhum outro lugar, ou pelo menos não tão rapidamente.

Há mais nesse cenário do que simplesmente criar um modelo de "jogue para ganhar" para fazer os jogadores voltarem. Infelizmente, esse modelo pode se tornar monótono e rotineiro muito rápido, e os jogadores (usuários) encontrarão outra coisa que mereça sua atenção. Essa é uma das razões pelas quais os jogos de loteria mudam de vez em quando e por que existem tantas variações de um simples tema de apostas. Ao se aumentar a variabilidade do design da raspadinha, que seja simplesmente imprimindo designs variados, aumentam-se as chances de que as pessoas participem com mais frequência, embora o novo cartão seja igual ao antigo.

O metaverso deve ser projetado para dar recompensas em troca de realizações. Essas recompensas geralmente significam ganhar pontos de experiência, aumentar o poder e receber NFTs ou criptomoedas no mundo do jogo. Os jogadores enfrentam barreiras, como monstros, quebra-cabeças e desafios, e, então, ganham suas recompensas. Isso cria um ciclo de feedback, fazendo com que eles desejem retornar para obter recompensas cada vez maiores. Os jogos também são expandidos pela criação de novos mundos adicionais, permitindo que os jogadores explorem novas áreas e recompensas.

Há oito grandes impulsionadores da motivação humana, de acordo com a Octalysis:[96]

1. Significado épico: fazer algo maior que si mesmo.
2. Realização: fazer progresso.
3. Propriedade: possuir coisas.
4. Influência social: ter amigos, grupos, companhias e respostas sociais.
5. Escassez: ter um impulso de querer algo que outra pessoa não pode ter.
6. Imprevisibilidade: querer saber o que acontecerá a seguir.
7. Evitação: evitar algo negativo.

É fácil ver como essas oito motivações principais guiam as pessoas ao longo de suas vidas. Advogados, por exemplo, podem entrar nessa área porque acreditam estar defendendo inocentes. Eles ganham casos mais rapidamente à medida que se tornam mais experientes. Além disso, realizam algo. Ganhar casos complexos pode ser altamente criativo e eles ganham as recompensas de uma alta renda, o que lhes permite possuir coisas.

Um dos objetivos é projetar o metaverso ou um mundo virtual que dê aos acionistas o máximo possível dessas motivações. Quanto mais as pessoas são motivadas por esses fatores, mais se envolverão e se sentirão satisfeitas.[97]

A economia tradicional também desempenha um papel adicional ao dos motivadores de envolvimento. A teoria quantitativa da moeda[98] explica como o fornecimento de dinheiro e o nível de preço estão relacionados:

$$MV = PT$$

em que:

M é o fornecimento total de dinheiro.

V é a frequência com que o dinheiro passa de mão em mão durante um período específico.

P é o nível de preço.

T é o resultado total.

Os projetos de blockchain tendem a usar o modelo de Buterin, que foi assim nomeado por causa de Vitalik Buterin, o inventor do Ethereum:

$$MC = TH$$

em que:

M é o número total de tokens.
C é o preço de cada token.
T é o volume de transações.
H é o período em que o usuário retém a transação.

Essas teorias podem ser incorporadas ao projeto do metaverso ou a mundos separados para criar uma economia funcional real, de modo que, à medida que mais tokens entrem no sistema com um volume constante de transações, mais o preço deles diminua. Além disso, os custos podem aumentar com a queima de tokens, o que reduz o suprimento e torna cada um deles mais valioso. Cunhar mais tokens diminui o seu valor e pode resultar em inflação. Os tokens podem até ser doados para atrair novos praticantes. Ao manipular essas variáveis, uma economia vibrante pode ser criada e mantida.

A combinação desses conceitos resultará em experiências vibrantes, envolventes e enriquecedoras para as pessoas no metaverso e na imitação da vida real. Ao criar um ambiente que pareça real, motive as pessoas e lhes dê incentivos econômicos, os designers estarão no caminho certo para criar um metaverso que será usado e fornecerá valor diariamente.

A base do metaverso é a Web3, que cria oportunidades novas e adicionais para o desenvolvimento de sua economia. Ela é descentralizada por padrão e baseada em blockchain, portanto, naturalmente dá suporte a DAOs, NFTs e criptomoedas. É fácil ver por que a blockchain, a Web3 e o metaverso estão ligados.

A flexibilidade da Web3 e suas tecnologias associadas são a base para a criação de ambientes virtuais em que usuários e jogadores podem criar conteúdo, incluindo tudo, de obras de arte a empresas e parques temáticos inteiros. Tudo isso está ao alcance das capacidades do usuário, dependendo dos recursos do mundo do metaverso.

O tokenomics fornece o combustível para habilitar todo o metaverso porque, sem impulsionadores econômicos, os consumidores têm pouco ou nenhum incentivo para voltar a visitar. A capacidade de ganhar, comprar, vender e negociar é a energia necessária para manter todo o metaverso operando e se expandindo.

Os tokens, por si só, fornecem os incentivos para os contribuidores criarem novos conteúdos. Além disso, o tokenomics permite que jogos e mundos criem um sistema de tributação, coletem taxas de *gas* e outras, e até invistam em várias partes da economia, assim como na vida real.

Sem um usuário (ou jogador) envolvido, a expansão e a proliferação do metaverso ficarão limitadas. Os usuários devem ter motivos consistentes para retornar. Uma história imersiva, serviços envolventes e uma economia inteira dão aos clientes os vários incentivos necessários para que incorporem o metaverso nas suas vidas.

A inteligência artificial (IA) e a aprendizagem de máquina (ML) aprimorarão as experiências personalizadas dos usuários e darão ao metaverso, aos jogos e a outros mundos uma sensação mais imersiva e interativa. Ao aproveitar essas tecnologias, designers e implementadores podem melhorar o envolvimento do consumidor e aumentar as margens de lucro.

As plataformas de software como serviço (SaaS), como a Wappier, visam acelerar a entrada no mercado com muitos recursos embutidos que, portanto, não precisam ser reinventados ou reimplementados. As tecnologias de aceleração da Web3 da Wappier permitem que marcas globais construam sua presença na cadeia e ofereçam aos clientes interações de realidade cruzada. Esta tecnologia é útil pelos seguintes motivos:[99]

- As empresas de jogos podem usar o conjunto de otimização alimentado por IA da Wappier para aumentar os preços, melhorar a retenção dos clientes e aumentar a fidelidade dos consumidores. O produto também inclui ferramentas de NFT para ajudar os criadores a usar as economias de blockchain e NFT.
- As empresas que priorizam o NFT considerarão a Wappier útil para melhoria da sua infraestrutura, usando várias soluções de cadeia, o que leva ao retorno das pessoas e à melhoria da economia.

- As marcas utilizarão a Wappier para encontrar novas formas de interagir com os clientes usando a tecnologia blockchain para criar novos marketplaces, cunhar coleções de NFT e projetar interações de realidade cruzada.

Resumo

Este capítulo examinou como o tokenomics é essencial para o metaverso, os sistemas de jogos e os mundos virtuais. Ele oferece aos consumidores e aos jogadores motivos significativos para tentar novas experiências e frequentemente cria lealdade e retenção. Sem a base econômica estabelecida pelo tokenomics, as pessoas que visitam mundos virtuais podem perder o interesse e passar para um mundo ou um jogo diferente que inclua esses conceitos.

Os jogos descentralizados são um caso de uso ideal para tokenomics porque as pessoas já estão envolvidas com a mecânica do jogo. Os mundos virtuais que não dependem de jogabilidade estão crescendo em popularidade, uma vez que as pessoas podem comprar terras (imóveis virtuais) e depois construir em seus lotes. Ambos os casos de uso colocam o tokenomics em funcionamento para dar aos clientes e aos jogadores um motivo para visitar e retornar com frequência. Esse caso de uso análogo resolve o problema complexo e, muitas vezes, negligenciado de reter e manter as pessoas envolvidas a longo prazo.

No próximo capítulo, exploraremos os mundos virtuais, que estão avançando para a vanguarda do desenvolvimento e da implementação do metaverso. Nosso discurso será centrado nos métodos e nas estratégias que as empresas, os financiadores e os desenvolvedores podem usar para criar e negociar seus ativos virtuais em mundos virtuais. Muitos estão correndo para se estabelecer nesse espaço, já que os mundos virtuais podem acabar valendo bilhões.

09 >Mundos 3D_

O metaverso é nossa nova fronteira. Agora é hora de criar novos mundos, aventurar-se neles e explorar o que existe lá.

Mundos virtuais 3D

"Meta" vem da palavra grega *meta*, que tem muitos significados, incluindo *depois* e *uma ordem superior*. Ambas as definições se aplicam ao metaverso, o sucessor da internet e uma consolidação de todas (ou da maioria) as tecnologias web que o precederam. O metaverso permitirá comunicação e interação social em uma escala até então inimaginável, exceto pelos autores de ficção científica mais visionários. Como o metaverso é um conglomerado de mundos virtuais, será o sistema (ou sistemas) mais avançado que os seres humanos já criaram e inevitavelmente se tornará parte da vida cotidiana da maioria deles.

Cada usuário do metaverso contribui para a experiência. Como ele foi projetado para ser persistente e imersivo, todos os participantes terão uma sensação de presença e pertencimento maior do que nas tecnologias anteriores. Quando os usuários saem do metaverso, o tempo simplesmente continua, assim como na vida real. Não haverá botão de pausa, o que proporcionará maior sensação de realidade.

Os usuários poderão participar de um sistema econômico viável e próspero, que conta com uma moeda (criptomoeda) que podem gastar ou usar para comprar itens virtuais ou reais, como NFTs. Esse sistema financeiro incluirá bancos, corretoras e até casas de apostas. A integridade da economia do metaverso dará aos usuários um motivo significativo para visitar e retornar.

Geralmente, o metaverso é criado e mantido por contribuidores que dedicam tempo e esforços para mantê-lo crescendo e se expandindo. Indivíduos, organizações de normas e empresas continuarão a fazer investimentos pesados na promessa e na realidade do metaverso.

Criando mundos 3D

Os mundos virtuais são construídos com base na tecnologia blockchain, o que significa que o metaverso pertencerá e será criado pelos usuários. Um espectro de empresas estará envolvido; algumas criarão as suas próprias "ilhas" ou mundos, enquanto outras se concentrarão na interoperabilidade, sendo o próprio metaverso e muitos de seus mundos livres e descentralizados.

Esses mundos serão (e já são) realidades com as mesmas necessidades e preocupações que existem no mundo físico. As pessoas que entram neles formam comunidades e culturas que precisam de ordem e leis (ou regras) além dos aspectos "meramente" técnicos do metaverso.

As possibilidades são realmente infinitas, e o potencial do metaverso é vasto. Todas as pessoas podem contribuir para o grande esquema das coisas, seja como visitantes, seja como criadoras, seja como jogadoras. Elas podem comprar ativos na forma de NFTs, adquirir e construir terrenos, jogar, apreciar obras de arte ou simplesmente passear em um jardim virtual. Elas não apenas podem observar essas coisas, mas também criá-las. O metaverso não é feito de rocha dura, vidro e asfalto; em vez disso, é feito de impulsos digitais infinitamente maleáveis.

Neste capítulo, investigaremos o metaverso tendo em vista a atração e acumulação de consumidores de uma forma que faça sentido e tenha significado.

Gêmeos digitais/avatares de usuários

Em 2002, a Challenge Advisory organizou uma apresentação para Michael Grieves. Durante essa apresentação sobre gerenciamento do ciclo de vida de produtos, o conceito de gêmeos digitais foi trazido para o público. Originado na NASA na década de 1960, esse termo envolvia a ideia para a programação espacial. A NASA criou sistemas duplicados que eram usados para corresponder aos sistemas em uma espaçonave.[100] A Apollo 13 é um exemplo notável de como isso era feito e para que era usado.

Em mundos virtuais, o termo *gêmeos digitais* significa criar uma versão digital de objetos físicos. Esses gêmeos são usados para ajudar a gerenciar ciclos de vida de produtos. Dale Tutt, vice-presidente de defesa aeroespacial na Siemens Digital Industries Software, destacou:

> [...] o gêmeo digital é a representação virtual exata de um produto ou um processo físico. Na aviação, o gêmeo digital é usado para ajudar a projetar novos produtos ou fazer alterações em produtos existentes com mais rapidez, porque as equipes de engenharia têm uma compreensão avançada e robusta do produto e de como é seu desempenho.[101]

No metaverso, o gêmeo digital normalmente se refere a um avatar hiper-realista. Há algumas opiniões, no entanto, sobre se um avatar deve ser muito realista ou se é melhor aproveitar a maleabilidade de mundos virtuais para torná-lo mais flexível, caprichoso e irreal. Presumidamente, alguns fatores podem restringir a aceitação de gêmeos digitais e avatares realistas, em especial o efeito de vale da estranheza.

O *efeito de vale da estranheza* é a percepção causada quando a imagem de um personagem robótico ou na tela faz que as pessoas sintam que há algo errado. Muitas vezes, elas não notam isso de forma consciente, mas podem sair do cinema ou de um jogo de videogame pensando que havia algo errado de certa forma. As ilustrações e outras artes também andam em uma corda bamba semelhante: elas podem ser abstratas, ideais ou realistas demais. Os gêmeos digitais e os avatares devem andar nessa corda com cuidado, para garantir que as imagens não afastem os consumidores por causa desse tipo de efeito.[102]

Várias plataformas e empresas oferecem uma série de abordagens a gêmeos digitais e avatares:

ObEN. Essa empresa de inteligência artificial (IA) está criando IA pessoal (IAP) para melhorar as interações digitais em mundos virtuais. Ela criou um aplicativo com um avatar IAP 2D, chamado Satoshi. Esse aplicativo age como um apresentador de telejornal que fala de assuntos como blockchain e criptomoedas.[103]

Soul Machines. Essa tecnologia é um exemplo de uso de IA e gráficos 3D de alta definição para criar uma experiência interativa. O setor de negócios pode usá-la para criar gêmeos digitais, avatares e personalidades ao vivo que podem agir como artistas, professores, representantes de atendimento ao cliente e outros. Ao usar essa tecnologia, os cidadãos digitais podem proporcionar uma experiência mais realista para os clientes do que os atuais chatbots, fortalecendo as marcas.[104]

Ready Player Me. Essa plataforma permite que os designers criem personagens e avatares 3D, que podem ser usados pelas marcas para realizar suas estratégias para o metaverso, jogos e outras plataformas. Ela fornece as ferramentas para os desenvolvedores alterarem tons de pele, tipos de corpo e formas, bem como adicionar roupas e outros acessórios. Um dos objetivos da Ready Player Me é criar avatares entre jogos que podem ser usados em qualquer jogo e no metaverso.

Off-White. Um vestuário virtual é uma exigência para os avatares. A moda virtual, como visto anteriormente, adiciona uma camada à identidade digital desejada por consumidores no mundo on-line. Virgil Abloh, fundador e CEO da Off-White, e um dos designers mais prolíficos de nossa época, reafirmou:

> Quero fazer roupas virtuais para criar imagens que as roupas físicas não conseguem e permitir que os compradores acessem uma nova dimensão do seu estilo, não importa quem sejam, onde vivam e os mundos virtuais que adoram.[105]

Meta. Mark Zuckerberg, o CEO da Meta (anteriormente Facebook), anunciou em 17 de junho de 2022 que o público seria capaz de comprar roupas e acessórios de moda em uma loja virtual de avatares. Ele disse que as pessoas poderiam aprimorar seu avatar com itens virtuais de alta moda, incluindo um suéter da Balenciaga ou uma bolsa da Prada. Ele destacou: "Os bens digitais serão uma forma importante de se expressar no metaverso e grandes impulsionadores da economia criativa. Estou animado em adicionar mais marcas e levar isso para a VR também".[106]

Horizon World. Esse mundo é um aplicativo de realidade virtual (VR) social da Meta. Com o aplicativo, os usuários podem personalizar seus avatares e, inclusive, fazer com que eles se pareçam mais consigo. Enquanto isso, esses avatares podem não ter pernas e somente uma cabeça, braços e pés. Andrew Bosworth, VP de Reality Labs e o novo CTO da Meta, explicou: "Rastrear suas pernas com precisão é superdifícil e impraticável apenas do ponto de vista da física com os headsets atuais".[107]

Shapify. Esse dispositivo, criado pela Artec3D, permite a digitalização precisa do corpo inteiro de uma pessoa de todos os ângulos, incluindo tudo, nos menores detalhes, da postura aos vincos na roupa. Um corpo inteiro pode ser digitalizado em apenas alguns segundos.[108]

Veeso VR Headset. Esse headset digitaliza o rosto de uma pessoa em tempo real, envia as informações a um smartphone ou dispositivo móvel e transfere os dados para avatares, que ganharão as expressões e as emoções faciais da pessoa.

Projetando espaços 3D imersivos

No passado, a criação de objetos 3D exigia muitas horas de trabalho tedioso de artistas que usavam ferramentas, como a Poser e a Daz Studio, da Daz3D, para gerar manualmente o mapeamento, as texturas e os personagens de cada objeto. Embora esse processo possa ser e ainda seja executado por artistas 3D, agora é possível usar escâneres para criar mapas e texturas 3D automaticamente.

Com esses escâneres, os usuários podem transferir objetos físicos diretamente para o metaverso. Eles podem digitalizá-los, usando tecnologia de captura de objetos, e optar por adicionar outros detalhes com ferramentas de modelagem 3D, se quiserem. Para contextualizar, alguém poderia digitalizar uma imagem 3D de um livro, e então, editá-la para alterar o título, a arte de capa, as texturas e as cores.

A indústria usa tecnologias mais avançadas, como câmeras Lidar e imagens de satélite. Uma ferramenta como a Quixel pode criar imagens 3D fotorrealistas usando Unreal Engine e Megascans. A Adobe Substance é uma ferramenta expressiva para texturização de modelos 3D.

Por que é necessário criar mundos virtuais que se pareçam com o mundo físico? A adição de realismo ao metaverso e aos jogos faz que os usuários se sintam mais confortáveis e oferece uma experiência familiar com pontos de referência semelhantes ao mundo real. Especificamente, um interruptor de luz no metaverso virtual tem a mesma aparência e faz o mesmo que um interruptor de luz no metaverso. O termo usado para descrever objetos que imitam objetos da vida real é *esqueumorfismo*. À medida que a linguagem de design visual do metaverso evolui, o vocabulário visual evolui também.

Conceitualmente, ao tornar o mundo virtual mais parecido com o físico, ele oferece uma experiência mais imersiva. Com algumas exceções, como jogos, os mundos virtuais serão inicialmente projetados com base em leis naturais específicas. Em particular, alguns podem impor gravidade, enquanto outros podem ter regras únicas, dependendo de sua finalidade. Obviamente, essa funcionalidade requer uma quantidade significativa de poder computacional. A carga de processamento deve ser adequadamente equilibrada entre a nuvem (do lado do servidor) e o dispositivo do usuário (do lado do cliente) para melhorar o desempenho. No entanto, o metaverso requer uma computação descentralizada para viabilizar a divisão das cargas conforme necessário.

O software pode resolver a complexidade das simulações 3D usando algoritmos avançados para otimizar o desempenho, reduzir a quantidade de dados transferidos e distribuir a carga a diferentes computadores e recursos conforme necessário.

Criando experiências envolventes

Todos esses esforços são necessários para criar uma experiência envolvente, porque, se os visitantes não estiverem engajados, não terão muito incentivo para retornar. Eles devem ser entretidos, educados, informados e encantados em cada momento para ter motivos para entrar e continuar a usar o metaverso. Para conseguir isso, é necessário que haja histórias poderosas, além de boas mecânicas de jogo, como as usadas por *Fortnite*, *Roblox* e *Minecraft*.

Além disso, os mundos virtuais do metaverso devem ser projetados com uma economia de criadores como seu foco principal, baseada em conteúdo, serviços e criação de ativos para oportunidades econômicas. Um sistema econômico totalmente funcional também é necessário para que os usuários possam comprar, vender, negociar e possuir itens virtuais, criando-se um método de recompensas que motivará as massas a participar.

Um recurso vital do metaverso é fornecer aos usuários um senso de propriedade. A blockchain e os NFTs, por padrão, concedem esse sentido aos usuários porque formam a base para a propriedade. Uma razão importante para usar o metaverso na vida cotidiana desaparece sem propriedade.

Outras estratégias incentivam a participação de longo prazo, por exemplo:

- Jogar para ganhar.
- Recompensar os usuários por suas contribuições.
- Atingir objetivos da mesma forma que nos jogos.

O metaverso é descentralizado e nunca terá um único proprietário. Claro, haverá vastos mundos pertencentes e operados por corporações, como Meta, *Fortnite*, *Roblox* e jogos. Além disso, o metaverso dependerá da interoperabilidade e de organizações autônomas descentralizadas (DAOs) para ter sucesso. Isso é semelhante à internet, que não é propriedade de nenhum governo ou corporação, embora sites e plataformas específicas sejam.

As empresas já estão usando os mundos virtuais do metaverso de algumas maneiras. A Accenture anunciou que 150 mil novos funcionários seriam integrados usando-se VR e o metaverso. Essa tecnologia será utilizada para educar seus clientes e treiná-los sobre estratégias e operações.

O potencial do metaverso é enorme, como evidenciado por um novo relatório da McKinsey. Ele prevê que os gastos anuais relacionados ao metaverso podem ultrapassar US$ 5 trilhões até 2030, e o comércio eletrônico pode corresponder a um valor entre US$ 2 trilhões e US$ 2,6 trilhões. A McKinsey comparou isso aos gastos com IA, enfatizando que totalizaram US$ 93 bilhões em 2021.[109]

Uma das principais aptidões dos mundos virtuais pode ser a conexão entre o físico e o virtual. À medida que o metaverso amadurece, os limites entre virtual e realidade se misturarão, principalmente em virtude das tecnologias imersivas, como AR e VR. Isso aumentará a importância dos mundos virtuais e criará oportunidades de personalização para que os habitantes vejam seu mundo através de suas lentes.

Experiências personalizadas em mundos virtuais

A Adobe fornece várias ferramentas para permitir que os anunciantes virtuais acompanhem o desempenho de suas campanhas no metaverso. A Adobe Analytics explicou em uma entrevista que o mundo virtual deve gerar receita para ter sucesso. As empresas devem ser capazes de obter *insights* para seus clientes à medida que usam o metaverso, da mesma forma que o Web Analytics permite que os proprietários de sites personalizem experiências para seus visitantes com base em suas afinidades e preferências.[110]

Acessibilidade, privacidade e segurança

De acordo com o Departamento do Censo dos Estados Unidos, havia 41,1 milhões de pessoas no país com uma deficiência em 2019. Isso é agravado pelo fato de que existem centenas (se não milhares) de idiomas e culturas em todo o mundo. O metaverso deve ser acessível a todos globalmente e ser limitado apenas pela disponibilidade de tecnologia.

Com a experiência imersiva, gráficos 3D e mutabilidade proporcionados pelo metaverso, as empresas encontrarão mundos virtuais ideais para a integração de clientes e funcionários. Funcionalmente, os sistemas de *Framework for Log Anonymization and Information Management* (FLAIM) oferecem soluções imersivas de VR para treinar comunidades para situações perigosas e emergências. Os bombeiros já estão usando esse sistema para aprender técnicas de combate a incêndios com segurança, para que não precisem ser expostos a situações perigosas.[111]

O metaverso estará disponível para bilhões de usuários em dispositivos de sua escolha, tornando-se uma verdadeira experiência omnicanal. Assim, o público pode acessá-lo por PC, smartphone, tablet, assistente pessoal e outros. Dispositivos como headsets e visores de VR e AR também podem ser usados. Previsivelmente, os dispositivos de entrada no metaverso devem ser compatíveis com interações de voz e gestos suaves e robustos, que devem ser padronizados.

Privacidade, segurança e proteção são preocupações primordiais. As pessoas dependerão do metaverso, da blockchain e de NFTs em seu dia a dia e esperam que suas informações pessoais sejam mantidas privadas e que seus ambientes sejam seguros. Por exemplo, proteger as crianças de indivíduos perversos será fundamental, e isso pode exigir algum nível de moderação do espaço virtual, incluindo controle parental.

Conectando-se ao metaverso

Muitos influenciadores começam desenvolvendo seu público em uma plataforma específica, como YouTube ou TikTok. Compreensivelmente, eles podem ficar frustrados com as limitações da plataforma que escolheram a princípio, mas acham difícil, se não impossível, transferir seu conteúdo e sua comunidade para outra. Por exemplo, muitos criadores de conteúdo no YouTube acharam que seriam mais bem servidos com um modelo de plataforma diferente, então criaram uma plataforma chamada Nebula para hospedar seus vídeos.

Para que os criadores sejam persuadidos a se transferir para o metaverso, é necessário que se ofereça uma maneira de monetizar o conteúdo facilmente. Isso lhes fornecerá os incentivos de que precisam para enfrentar a tarefa considerável de mover conteúdo e público para a plataforma mais recente. Como esperado, o metaverso deve ganhar a confiança das marcas para que as pessoas o usem por padrão.

Scott Belsky, diretor de Produtos da Adobe, explicou em uma entrevista que muitas startups se concentram nos usuários existentes em vez de criar novos. Ele disse:

> [...] em última análise irônica, a primeira milha da experiência do usuário tende a ser a última milha da experiência da equipe ao construir o produto. É realmente no final que as pessoas perguntam: "Qual deve ser o caminho e que texto devemos colocar lá? Vamos apenas usar os campos do formulário que achamos lógicos". Não faz sentido. Tudo tem a ver com a primeira milha.[112]

Arvind Krishna, presidente e CEO da IBM, enfatizou:

> É uma questão de verticais versus horizontais. Acreditamos que estamos na melhor posição para assumir essas tecnologias. Sempre teremos uma visão do setor em nossa equipe de consultoria. Queremos trabalhar em tecnologias que são horizontais entre todos os setores.[113]

Resumo

O metaverso está surgindo a partir de várias tecnologias, sistemas de jogos, plataformas sociais e projetos que operarão entre si para criar um ambiente virtual envolvente, em tempo real e persistente que as pessoas acharão útil para melhorar suas vidas. Como são tantos os players (incluindo empresas e pessoas físicas) e a tarefa é imensa e ainda não totalmente definida, não haverá um único período de crescimento. Em vez disso, espera-se um crescimento de altos e baixos à medida que tecnologias, designs, processos e ideias recentes acontecem.

Uma parte vital do projeto de mundos virtuais no metaverso é a descentralização. Portanto, não haverá um único lugar para as pessoas visitarem ao adentrá-lo. Em vez disso, pense no metaverso como a cola (ou os fios) que conecta muitos mundos virtuais diferentes e permite que eles interoperem em benefício de usuários e organizações. Esses mundos virtuais (jogos, bancos, locais de entretenimento e plataformas sociais) capacitarão sociedades e marcas a encontrar novas maneiras de se comunicar, interagir, ganhar dinheiro e viver.

A humanidade se tornará totalmente imersa no metaverso, especialmente à medida que os custos de hardware e software forem reduzidos, fazendo a economia digital crescer.

Os mundos virtuais no metaverso devem oferecer o seguinte:

- As empresas e as pessoas devem ser capazes de vender, comprar, negociar, prestar serviços e anunciar mercadorias dentro do metaverso usando sua pilha técnica empresarial atual.
- O setor comercial deve ser capaz de integrar produtos em sua pilha de arquitetura existente.
- Visões de 360 graus de gerenciamento de relacionamento com o cliente (CRM) são necessárias para avaliar o desempenho de marketing e publicidade.

Agora que exploramos os mundos virtuais, analisaremos em detalhes a infraestrutura que sustenta o metaverso, inclusive pontos de extremidade, sistemas centrais, redes, software e IA.

10 >Infraestrutura_

Pontos de extremidade, sistemas centrais, rede, software e inteligência artificial

Na Segunda Guerra Mundial, os Aliados e os países do Eixo usavam sistemas de computadores analógicos para codificar e decodificar mensagens secretas. Na época, essas tecnologias eram consideradas altamente avançadas. Após a guerra, computadores maiores e mais sofisticados foram construídos. Esses gigantes ocupavam grandes salas cheias de equipamentos e precisavam ser mantidos sob ar-condicionado e livres de contaminação. Ninguém sonhava, à época, com os supercomputadores que vieram em seguida, muito menos com smartphones, internet, web e inteligência artificial (IA). Os escritores de ficção científica nem sequer tocaram nesses conceitos, exceto de forma generalista.

Desde então, a tecnologia evoluiu e passou por muitas transformações. Antes de cada mudança, as pessoas, mesmo as que "estavam por dentro", tiravam conclusões imprecisas ou completamente erradas sobre o futuro da tecnologia. Isso foi destacado por Ken Olsen, o ex-presidente da Digital Equipment Corporation, que afirmou em 1977: "Não há razão para qualquer pessoa ter um computador em casa".

Avancemos para hoje. É impressionante que, apenas algumas gerações atrás, as pessoas assistissem a quatro canais de material pré-programado em televisores pesados que funcionavam com válvulas termiônicas. Hoje, praticamente todo mundo carrega no bolso o que seria chamado de supercomputador, no qual podem assistir a milhões de vídeos diferentes sob demanda.

Por trás disso tudo, invisível para a maioria das pessoas, está a vasta quantidade de tecnologia que fornece suporte ao uso comercial e individual de computadores, da internet, da web e de seus aplicativos associados. Para a maioria das pessoas, a extensão de seu conhecimento termina na configuração do smartphone ou na ligação para o provedor de internet para instalar um modem a cabo. Os detalhes dos bastidores são invisíveis, e é assim que deve ser.

Neste capítulo, definiremos *infraestrutura* como a tecnologia que sustenta as necessidades relacionadas à computação de usuários finais e empresas. Isso inclui pontos de extremidade (dispositivos móveis, PCs, smartphones), sistemas centrais (servidores, tanto na nuvem como fora dela), rede (linha digital de assinante [DSL], banda larga e outras tecnologias) e software (sistemas operacionais, firmware). Também agrupamos a inteligência artificial (IA) e a aprendizagem de máquina (ML), porque essas tecnologias são essenciais para nossa discussão sobre o metaverso.

Visão geral

Começamos nossa investigação com os *pontos de extremidade*, que são definidos como dispositivos que fornecem serviços de entrada/saída aos usuários, sejam eles consumidores ou processos de negócios. Alguns exemplos de pontos de extremidade são smartphones, laptops, computadores desktop e Internet das Coisas (IoT). Também incluímos realidade aumentada (AR), realidade virtual (VR), realidade mista (MR) e realidade estendida (XR) nesse conjunto, porque essas tecnologias são necessárias para o funcionamento do metaverso. Para empresas, entre os pontos de extremidade estão robôs, dispositivos IoT industriais, IoT médica e outros dispositivos inteligentes orientados para negócios.

Os consumidores e as empresas usam pontos de extremidade para colocar a computação e, mais adiante, o metaverso, para trabalhar. É o que eles veem e como experimentam os computadores, os mundos virtuais, os jogos e o metaverso. Todos esses dispositivos são conectados, de uma forma ou outra, a sistemas centrais que armazenam dados e hospedam aplicativos.

Unimos servidores e seus bancos de dados associados (na nuvem ou não) a sistemas centrais. Esses dispositivos e bancos de dados no back end são totalmente invisíveis e geralmente desconhecidos para os usuários. Apesar do nome, os sistemas centrais podem ser descentralizados (como no caso de blockchains e NFTs). Estamos simplesmente diferenciando o back-end dos pontos de extremidade por motivos de clareza. Os sistemas centrais executam grande parte do trabalho, armazenam grandes quantidades de dados e geralmente hospedam aplicativos.

Uma vasta teia de redes conecta tudo. Nas residências dos consumidores ou nas empresas, roteadores com ou sem fio permitem que os pontos de extremidade se conectem à internet. Esses roteadores entendem e ocultam da mesma forma que uma solicitação do usuário (ou aplicativo) envia e recebe informações para outros sistemas na nuvem, em salas de servidores ou, no caso de sistemas e aplicativos descentralizados, para todos os locais onde os dados e os recursos podem ser encontrados.

Pontos de extremidade, sistemas centrais, bancos de dados e tudo o mais na internet e dentro do metaverso, jogos e outros mundos virtuais requerem softwares e aplicativos. Olhando mais de perto, seu smartphone executa aplicativos que se conectam por uma rede para chegar a sistemas centrais que executam aplicativos que realizam cálculos e manipulam dados em bancos de dados. Os aplicativos são executados nos pontos de extremidade (smartphones, óculos inteligentes, robôs de manufatura em fábricas), em roteadores (para rotear suas solicitações para os lugares certos) e nos sistemas centrais (para tratar dados e devolvê-los a você de alguma forma).

Por fim, a IA e a ML são componentes essenciais para adicionar inteligência (ou a aparência de inteligência) a pontos de extremidade, sistemas centrais e aplicativos. A IA e a ML permitem que personagens não jogáveis pareçam mais realistas e ajam como pessoas reais. Isso é essencial também para que AR e VR se tornem realistas e interajam com as pessoas e os objetos. Sem IA/ML, simplesmente não há metaverso.

Após essa breve visão geral, vamos começar a discutir pontos de extremidade e como eles são aplicados ao metaverso.

Pontos de extremidade

Nos primórdios da computação, os computadores ocupavam salas inteiras, cheias de máquinas do tamanho de geladeiras e máquinas de lavar que vibravam de forma feroz. Essas máquinas, que tinham a memória medida em kilobytes (não em megabytes), precisavam ser mantidas em ambientes de temperatura controlada por grandes aparelhos de ar-condicionado porque geravam muito calor.

"Hoje é muito mais fácil", explicou o diretor de operações de computador de um grande varejista. "No início da década de 1980, trabalhei com uma máquina da Digital Equipment Corporation conhecida como PDP-11/34. Toda manhã tínhamos que inicializar a máquina digitando vinte instruções no nível do computador no painel de botões frontal. Isso fazia que ele inicializasse a partir de fitas de papel para obter o código de inicialização para a unidade de disco. Acessávamos o PDP-11/34 por teletipos, que funcionavam a algumas dezenas de caracteres por segundo, e enormes telas de televisão. No entanto, essa máquina, que possuía apenas 128 kilobytes de memória e 10 megabytes de espaço em disco, executava mais de 100 trabalhos simultaneamente para uma empresa de contabilidade".

A entrada e a saída desses computadores iniciais não tinham nenhuma inteligência. Eles eram conectados a um sistema de computador por cabos grossos, e os dados viajavam apenas em uma direção: do dispositivo de entrada, como um teletipo ou teclado, para um dispositivo de saída, como uma impressora ou uma televisão.

Não havia smartphones; telefones celulares de qualquer tipo ainda não existiam. A internet e a Rede Mundial de Computadores ainda não existiam, e as moedas cibernéticas não apareciam nem nos romances de ficção científica. Gráficos, quanto mais gráficos 3D, ainda eram um sonho. Até mesmo computadores pessoais e consoles de jogos não haviam sido inventados. No que diz respeito à tecnologia, era um mundo diferente.

A tecnologia passou por muitas iterações, e a evolução dos pontos de extremidade é a mais profunda no que diz respeito aos usuários. Antes dos computadores pessoais e dos consoles de videogame entrarem em cena, na década de 1980, os usuários de computadores eram pessoas em empresas, universidades, governo e outras organizações. Os usuários domésticos ainda não existiam (nem haviam sido imaginados por ninguém).

Tudo isso mudou com o surgimento dos computadores pessoais, como o TRS-80 e, posteriormente, o Windows 95, junto da crescente popularidade dos consoles de videogame. As pessoas queriam seus sistemas de computador e vídeo, com aplicativos e jogos associados. Embora a internet e a web ainda não existissem, esses primeiros usuários se conectavam a novos serviços on-line, conhecidos como quadros de avisos, como AOL, CompuServe e Prodigy, usando telefones de disco. Essas conexões eram dolorosamente lentas, mas melhores do que nada.

O progresso continuou. A internet e a web se espalharam e substituíram todas aquelas conexões discadas entediantes. Nesse momento, os computadores pessoais e os consoles de videogame começaram a aproveitar o potencial da internet de estar sempre conectada para enviar mensagens, receber atualizações e baixar imagens.

Nos anos 2000, veio a explosão dos telefones celulares, que começaram a surgir no bolso de praticamente todo mundo. A invenção do iPhone, do Android e de outros telefones levou a comunicação instantânea para todo o planeta. Acrescente a isso DSL, banda larga, fibra e redes de satélite (abordadas na seção de rede deste capítulo), velocidade de conexão e até mesmo a possibilidade de conexão, que se tornou algo comum para a maioria das pessoas.

No momento em que este livro é escrito, as gigantes das telecomunicações estão investindo bilhões de dólares na implementação da infraestrutura necessária para sustentar a tecnologia de telefonia celular 5G. Esse padrão permitirá um pico de 20 gigabits por segundo e mais de 100 megabits por taxas médias de dados de conexão. Em menos de uma década, o 6G deve começar a ser implantado, com a promessa de oferecer velocidades de 800 gigabits por segundo.

Essas velocidades de comunicação incrivelmente rápidas das várias redes (fibra, DSL, banda larga, satélite, 5G, 6G e outras) permitem o desenvolvimento e o uso de pontos de extremidade melhores e mais inteligentes, bem como dão suporte a eles. Sem uma rede rápida (que abordaremos com mais detalhes posteriormente neste capítulo), os pontos de extremidade têm valor limitado para usuários, empresas e indústria.

O que é um ponto de extremidade?

Pontos de extremidade são qualquer dispositivo que esteja fisicamente localizado na ponta de uma rede. Alguns exemplos são smartphones, tablets, laptops, computadores pessoais, consoles de videogame, assistentes pessoais (como Alexa e Google Home), dispositivos IoT, dispositivos IoT médicos e dispositivos IoT de manufatura (entre muitos outros). Alto-falantes, capacetes de realidade virtual, dispositivos hápticos, óculos/lentes de contato AR e dispositivos XR também contam como pontos de extremidade. Neste capítulo, examinamos os servidores na seção de Sistemas Centrais, embora eles também se qualifiquem como tipos de pontos de extremidade.

Um ponto de extremidade, ou dispositivo de computação, comunica-se por meio de uma rede (com ou sem fio). Por exemplo, quando uma pessoa joga em um Xbox 360, o ponto de extremidade é o console Xbox 360. Quando duas pessoas conversam por smartphones, cada telefone é considerado um ponto de extremidade.

O hardware do ponto de extremidade do consumidor se torna mais avançado e mais poderoso a cada ano. Os modelos mais recentes são feitos com baterias aprimoradas capazes de durar mais e manter uma carga considerável por períodos prolongados. Os sensores têm cada vez mais capacidade, tornaram-se menores e demandam menos consumo de energia; a qualidade das câmeras chegou ao ponto de alguns smartphones tirarem fotos melhores que equipamentos profissionais; com a chegada do

5G (e, no final desta década, do 6G), a largura de banda está rapidamente deixando de ser uma preocupação.

Esses avanços todos fazem com que a qualidade de nossos dispositivos aumente e permitem mais formas de comunicação entre as pessoas do que nunca. Eles estão se tornando tão avançados que poderão dar suporte ao metaverso com todas as suas funcionalidades.

Exemplos de pontos de extremidade

Examinemos os seguintes pontos de extremidade padrão para ver como eles podem ser úteis no metaverso.

Computadores pessoais (PCs). Eles foram alguns dos primeiros dispositivos disponibilizados para usuários domésticos e cresceram em popularidade até que os smartphones e os dispositivos móveis os substituíram, simplesmente porque não são tão móveis. Muitas casas nem possuem mais um PC; as pessoas fazem tudo o que precisam em um tablet ou smartphone. Os PCs são frequentemente usados como consoles de videogame, sendo principalmente montados sob medida com hardware de alta capacidade. Placas gráficas mais poderosas serão excelentes plataformas para o metaverso.

Consoles de videogame. Esses consoles surgiram na mesma época dos computadores pessoais. Seus gráficos embutidos dão suporte à conectividade com a internet, o que torna essas plataformas ideais para o metaverso, especialmente conforme novos modelos mais avançados forem lançados nos próximos anos.

Smartphones. Esses computadores de bolso agora dão suporte a tudo, desde chamadas telefônicas e mensagens de texto até videogames complexos e aplicativos de controle financeiro. Os smartphones são equipados com uma variedade de dispositivos sensoriais, incluindo câmeras (pelo menos duas, na maioria dos casos), alto-falantes e microfones. Eles também se conectam à internet por comunicações de alta velocidade, como 4G e 5G, podem usar rede sem fio e são pequenos o suficiente para serem levados no bolso. Para dar suporte ao metaverso, terão de se tornar ainda mais avançados e oferecer suporte para dispositivos VR, AR e XR. Felizmente, a tecnologia está no caminho de se tornar um ponto de extremidade ideal para o metaverso, em especial porque quase todo mundo possui um desses dispositivos, embora seja necessário que haja, no mínimo, conexão 5G para suportar totalmente o metaverso.

Tablets e outros dispositivos móveis. Os tablets são dispositivos móveis como os smartphones, embora maiores. Alguns são especializados em determinadas funções, como o Kindle, para leitura de livros, enquanto outros são de uso geral. Eles tendem a usar *wi-fi*, e não redes de celular (com algumas exceções), e normalmente não têm a variedade de sensores presentes nos smartphones. Dependendo da finalidade e do modelo, e com atualizações de hardware, podem suportar o metaverso.

Assistentes pessoais. A Alexa, da Amazon, e o Google Home são exemplos de assistentes pessoais. Esses dispositivos de assistência virtual usam comandos de voz e alto-falantes, embora modelos mais recentes incluam pequenas telas de vídeo. Eles serão capazes de se conectar ao metaverso, mas, em sua forma atual, não conseguem suportar gráficos 3D, comunicações rápidas e aplicativos necessários para isso.

Dispositivos IoT. Lâmpadas, alarmes e plugues inteligentes são dispositivos IoT ao nível de consumo. Independentemente disso, muitos dispositivos inteligentes, incluindo sensores e detecção de movimento, não são visíveis para os consumidores. Todos eles acessam a nuvem para receber e transmitir informações e comandos. Dispositivos como lâmpadas inteligentes podem ser acessados do metaverso, enquanto sensores inteligentes podem fornecer dados a ele.

Dispositivos IoT médicos. O metaverso proporciona muitas possibilidades para a tecnologia médica. Os mundos virtuais podem ser usados para treinar cirurgiões e outros profissionais da área médica. No futuro, médicos virtuais no metaverso serão capazes de diagnosticar problemas de saúde sem contato físico com os pacientes usando dispositivos IoT vestíveis.

Dispositivos IoT de manufatura. A manufatura não consiste mais em pessoas altamente especializadas debruçadas em uma esteira em movimento, apertando parafusos em rodas. Hoje, essas tarefas são executadas por robôs autônomos e semiautônomos; as fábricas estão se tornando totalmente automatizadas, o que introduz oportunidades para o metaverso testar projetos, experimentar novos tipos de robôs e outros equipamentos, e até controlar fábricas ao vivo.

Cada um desses pontos de extremidade tem uma finalidade valiosa na melhoria do dia a dia das pessoas em jogos, em mundos virtuais e, claro, no metaverso. Além deles, outras tecnologias são necessárias para possibilitar experiências genuinamente imersivas e realidade estendida. Vamos explorar algumas outras tecnologias cruciais (pontos de extremidade) nas seções a seguir.

VR, AR, MR, XR e dispositivos hápticos

Um dos melhores atrativos do metaverso é a opção de participar de experiências parcial ou totalmente imersivas. Tecnologias como realidade aumentada (AR), realidade virtual (VR), realidade mista (MR), realidade estendida (XR) e dispositivos hápticos (aqueles que suportam outros sentidos, como o toque) são pontos de extremidade (ou componentes deles) que dão suporte a experiências parcial ou totalmente imersivas. Esses recursos dão vida aos mundos virtuais e ao metaverso como experiências verdadeiramente imersivas. Nesta seção, descreveremos as tecnologias com mais detalhes.

Para colocar essas tecnologias em perspectiva, comecemos com uma linha reta. Em uma ponta, está a realidade física e, na outra, a realidade virtual totalmente imersiva. Isso é conhecido como espectro da virtualidade, uma escala que começa no totalmente físico e termina no totalmente virtual. A área entre esses dois extremos é chamada de realidade mista. Também é conhecida como o *continuum* realidade-virtualidade.[114]

A realidade aumentada mistura objetos ou informações virtuais no mundo real; em contrapartida, misturar objetos físicos em um mundo virtual é conhecido como virtualidade aumentada (AV). Normalmente, você pode encontrar AV enquanto assiste a uma tela virtual no metaverso, que inclui objetos físicos.[115]

Veja este diagrama:[116]

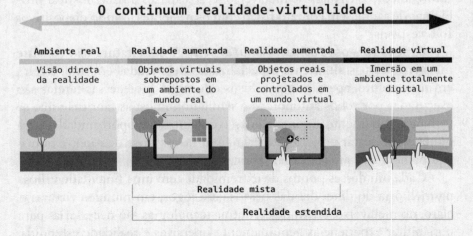

A MR é a fusão de AR e AV, enquanto XR consiste em AR, AV e VR. Falaremos sobre todos esses conceitos adiante.

Realidade aumentada

A realidade aumentada, também conhecida como AR, aprimora os objetos no mundo real sobrepondo-os com informações geradas por computador. A AR acontece em tempo real, é tridimensional e interativa. Ela é mais que apenas imagens; também pode incluir som e sensações hápticas (toque).

A AR surgiu em 1968 com a invenção de um óculos VR por Ivan Sutherland. Posteriormente, a Força Aérea dos Estados Unidos e a NASA usaram AR para aprimorar a navegação. Tom Caudell sugeriu o termo "realidade aumentada" em 1990, e a tecnologia começou a ser usada na internet no início dos anos 2000. A loja de móveis Ikea criou um aplicativo para smartphone que permite que os consumidores sobreponham a mobília em suas casas por meio da tela do aparelho.[117] É claro, AR se tornou um termo conhecido com a introdução de *Pokémon GO* em 2016.

Alguns exemplos de AR são:

Filtros do Snapchat. Esses filtros permitem que os usuários adicionem imagens às suas fotos. Eles podem adicionar tudo, de auxílios de navegação até fantasias a fotos divertidas. Tudo o que precisam é de um smartphone e o aplicativo do Snapchat.

Pokémon GO. Esse aplicativo foi lançado em 2016, rendeu US$ 207 milhões no primeiro mês e foi o mais baixado no mundo.[118] Ele permite que os usuários façam buscas em seu ambiente local por Pokémons, que podem ser encontrados por meio da tela do smartphone.

Monitor de alertas (HUD). São monitores montados em automóveis, aviões e outros meios que exibem informações em janelas para auxiliar na navegação, jogar e executar outras funções.

A AR é baseada em um dispositivo equipado com uma câmera. Esse dispositivo pode ser um smartphone, lente de contato especialmente equipada, óculos inteligentes ou outro dispositivo móvel. Quando um consumidor visualiza objetos através da tela ou da lente, um software complexo usa visão computacional para analisar o fluxo de vídeo e sobrepor imagens geradas por computador conforme apropriado.[119]

Tecnicamente, o software AR é carregado nos dispositivos, incluindo smartphones, óculos ou lentes de contato. Os usuários veem o mundo físico por meio desses dispositivos. Quando um usuário olha para algo, o software AR conectado à nuvem analisa o fluxo de vídeo e insere as informações de imagem apropriadas na visualização do usuário. Este, então, vê uma combinação de imagens naturais e virtuais.

O *Pokémon GO* sobrepunha imagens na tela sem considerar profundidade, distância e outras complexidades. Os filtros do Snapchat e outros casos de uso adicionam desenhos ou imagens animadas a um fluxo de vídeo, reconhecendo os contornos faciais e baseando seus algoritmos nisso. Em um exemplo semelhante, aplicativos AR mais complexos, como os que adicionam um pássaro animado voando pela floresta, devem entender os conceitos de primeiro plano/plano de fundo, profundidade de campo, ângulos de visão e movimento de muitos objetos. As soluções para esses cenários de AR mais complexos requerem inteligência artificial e aprendizagem de máquina.

Entender imagens pode parecer simples, porque o cérebro humano é excepcionalmente bom nisso. Além disso, é importante observar que as imagens não são algo que os computadores são inerentemente programados para fazer. Para um computador, uma imagem é apenas um fluxo de 1 e 0, por isso, compreender os padrões é o problema. Isso é resolvido dividindo-se a imagem em semântica e compreendendo-se suas partes com geometria 3D, que divide ainda mais a imagem em componentes. Digamos que, em uma foto de uma pessoa parada na frente de um prédio segurando uma lanterna, a geometria 3D divida a pessoa, o prédio e a lanterna (e qualquer outra coisa na imagem). A semântica, então, interpreta cada uma das partes para entender seu significado.

Claro, a geometria de uma lanterna é muito diferente da de um edifício, e mesmo isso é diferente de um rosto ou um corpo. Para complicar, os objetos são divididos em subobjetos. A imagem de uma pessoa é composta de rosto, braços e pernas, e ela pode estar usando roupas, joias e possuir tatuagens. O cérebro humano é excelente em quebrar imagens complexas em partes. No entanto, os computadores têm mais dificuldade que nossos cérebros, ao ponto que todo um ramo da ciência da computação, conhecido como visão computacional, é dedicado a esse assunto.

Para adicionar um grau de complexidade maior, a imagem é vista em duas dimensões, e, com base nisso, a terceira dimensão deve ser extrapolada. Novamente, o cérebro humano faz isso rapidamente, mas ele evoluiu ao longo de centenas de milhões de anos.

Adicionar a terceira dimensão é fundamental, porque a AR deve inserir objetos na imagem antes de alcançar o olho humano. Considere a complexidade dessa operação. Uma pessoa usa óculos ou lentes de contato AR para ver o mundo. Duas imagens são recebidas de um momento no tempo desses objetos de visualização, uma da esquerda e uma da direita, da mesma forma que acontece sem AR. Cada uma dessas imagens deve ser interpretada e compreendida, então uma nova imagem das duas originais deve ser inserida em lugares onde faça sentido em menos de um segundo. As novas imagens, que incluem os elementos inseridos, são enviadas ao olho humano.

Esse processo requer algumas tecnologias especializadas:

Câmera com sensor de profundidade. A AR exige uma câmera (ou, no caso de óculos e lentes de contato, duas câmeras) que grave as informações visuais daquela paisagem e então determine a distância e o ângulo até o ponto focal (o local onde o olho humano foca), geralmente um objeto. Ela também precisa fazer o mesmo para outras coisas naquela paisagem.

Ferramentas de registro. Sensores e acelerômetros baseados em hardware ajudam a AR a entender a geometria do espaço para que as imagens dentro da paisagem sejam posicionadas nos lugares certos.

Visão computacional. Como mencionamos, algoritmos complexos de ML e IA são necessários para quebrar as imagens dentro da paisagem e entender seu significado.

Resultado. Naturalmente, a imagem composta deve ser exibida para que seja visualizada. Em óculos e lentes de contato AR, isso ocorre no vidro da lente. Em um smartphone, isso acontece na tela do dispositivo. Em um computador pessoal, em sua tela.

Há diferentes tipos de realidade artificial, cada uma com sua finalidade específica:

AR baseada em marcadores. Essa forma de AR usa marcadores, como QR Codes, logotipos ou artes para entender onde inserir os objetos AR.

AR sem marcação. Outra forma de AR é inserir as imagens na visão. Um exemplo apropriado é o aplicativo do Home Depot, que permite que os consumidores insiram suas mercadorias no cenário de uma sala dentro de casa. Elas são simplesmente sobrepostas na tela. O *Pokémon GO* é outro exemplo desse tipo de AR.

Há também vários tipos de AR sem marcação:

AR baseada em localização. O setor de viagem e turismo usa AR baseada em localização, que utiliza o sistema de operações geográficas (GOS) para sobrepor itens à visão dependendo da localização física. Esse tipo de AR é útil em aplicativos de mapeamento para posicionar imagens apropriadas em um contexto de mapa. Por exemplo, o aplicativo para turistas do Parque Nacional do Grand Canyon poderia inserir setas indicando trilhas ou sinais descrevendo tópicos para excursões.

AR baseada em projeção. Esse tipo de AR é comumente utilizado em aplicativos de treinamento. Ele permite que as pessoas movam objetos livremente para vê-los de todos os lados.

AR baseada em sobreposição. Essa forma de AR faz uma substituição parcial ou total de um ou mais objetos na visão por outras entidades. Ela é usada por filtros de mídias sociais, como Facebook e Instagram.

AR de contorno. Esse tipo de AR é comumente utilizado em sistemas de navegação de carros para fazer um contorno das áreas de visão, a fim de facilitar a visão noturna, proporcionando uma melhor visualização ao observador.

Além das telas em smartphones, tablets e outros dispositivos, aqui estão mais alguns que dão suporte à realidade aumentada:

Lentes de contato inteligentes. Telas LCD e eletrônicos em miniatura possibilitaram a implementação das lentes de contato AR. Essas lentes adicionam imagens, informações de navegação e outros dados à visão, que ficam disponíveis apenas a quem as utiliza. A Mojo Lens desenvolveu a tecnologia de lentes de contato.[120]

Óculos. Óculos inteligentes adicionam imagens, vídeos e informações à visão da lente. Eles enviam e recebem as informações por meio de computadores pessoais ou smartphones conectados.

Capuzes. Esses capuzes cobrem toda a cabeça do usuário. A tecnologia AR é usada para exibir imagens, vídeos e informações na janela do capuz. Eles têm muitos usos em manufatura e negócios.

Há muitos usos para AR, tanto dentro como fora do metaverso. De igual importância, para uma verdadeira experiência imersiva, é uma avaliação da realidade virtual (VR).

Realidade virtual

Enquanto a AR sobrepõe imagens e informações na realidade física, a realidade virtual (VR) imerge uma pessoa em um mundo virtual. A VR cria ambientes simulados em que os sentidos do usuário estão envolvidos no mundo virtual. Se você assistiu aos filmes *Jogador nº 1* ou *Free Guy – assumindo o controle*, viu um exemplo de VR. A maioria dos videogames usa VR para criar mundos pelos quais os jogadores andam resolvendo quebra-cabeças, caçando monstros e comprando itens no jogo.

O conceito de VR teve início em 1935 com uma história escrita por Stanley Weinbaum, chamada *Pygmalion's Spectacles* [Os óculos de

Pigmalião]. Nessa história de ficção científica, um personagem usa um par de óculos para entrar em um mundo fictício. Esses óculos davam ao usuário uma experiência totalmente imersiva.

O primeiro dispositivo VR "real" foi patenteado em 1962. Ele foi criado por Morton Heilig e chamado de *Sensorama*. Consistia em uma grande cabine que podia comportar até quatro pessoas e simulava várias sensações, incluindo visão 3D, som, vibrações, cheiros e até vento.

O primeiro simulador de voo foi criado por um engenheiro militar chamado Thomas Furness, em 1966. Em 1969, Myron Krueger começou a criar experiências de AR usando computadores conectados a sistemas de vídeo. Posteriormente, em 1975, ele criou uma plataforma de VR interativa chamada *Videoplace*, que usava um quarto escuro e grandes telas de vídeo cercando o espectador.

Em 1980, uma empresa chamada StereoGraphics criou óculos de visão estereográfica. Em 1985, Jaron Lanier e Thomas Zimmerman fundaram a VPL Research Inc. para vender óculos e luvas VR. Em 1989, a Crystal River Engineering, fundada por Scott Foster, desenvolveu um treinamento em VR para astronautas que, além de imagens, incluía áudio 3D. Em outro uso para exploração espacial, um cientista da NASA chamado Antonio Medina criou o Computer Simulated Teleoperation, um aplicativo VR destinado a auxiliar a condução dos rovers em Marte a partir da Terra.

Avancemos para 2010, com o desenvolvimento de um protótipo (o primeiro) do headset Oculus Rift. Ele foi criado por Palmer Luckey e possuía um novo recurso que permitia um campo de visão de 90 graus. Mais tarde, ele arrecadou US$2,4 milhões por meio de uma campanha no Kickstarter para implementar a tecnologia. Em 2014, o Facebook comprou a empresa resultante, Oculus VR, por US$2 bilhões.

Em 2016, o setor de empresas que desenvolviam produtos VR ficou lotado, com mais de uma centena desenvolvendo produtos, entre elas, Google, Apple, Amazon, Microsoft e muitas outras.

Em 2019, foi reportado que o número de headsets VR conectados ao Steam tinha ultrapassado 1 milhão pela primeira vez. Por fim, em 2020, o Oculus Quest 2 foi lançado, e milhões de unidades foram vendidas desde então.[121]

A VR apareceu em muitos filmes, incluindo *Jogador nº 1* e *Free Guy – assumindo o controle*. Eles são exemplos notáveis de como as experiências imersivas e a realidade virtual funcionarão no futuro.

Há três tipos de realidade virtual:[122]

Não imersiva. A maioria da VR atualmente é não imersiva, já que o ambiente virtual é exibido em uma tela. O usuário não está imerso na cena. Em vez disso, é como se estivesse assistindo a um filme.

Semi-imersiva. Os simuladores de voo e programas de treinamento para desastres muitas vezes usam tecnologias semi-imersivas. Projetores e telas de visualização podem cercar o usuário. Dispositivos físicos podem simular o movimento, como os que elevam um lado do simulador para parecer que o avião está inclinado, ou um passeio em uma atração de parque temático em que a parte frontal da atração é levantada para dar a sensação de subida.

Totalmente imersiva. Esse tipo de VR é frequentemente retratado em filmes, como *Matrix, Free Guy – assumindo o controle* e *Jogador nº 1*. O usuário está totalmente imerso e sente como se estivesse no mundo virtual. Luvas hápticas e vestimentas de corpo inteiro simulam o toque, e os óculos e os fones de ouvido simulam visão e som. Avanços futuros podem até permitir que outras sensações, como paladar, olfato e movimento, sejam simulados até determinado ponto.

Como a VR funciona?

Então, como a VR funciona? Como ela coloca uma pessoa em um mundo virtual imaginário que parece real em maior ou menor grau? Headsets VR (óculos), fones de ouvido, rastreadores de mãos, esteiras e outros dispositivos podem fazer o cérebro pensar que o mundo imaginário é real. Quanto mais sentidos podem ser imitados, mais a ilusão parece real.

Para proporcionar experiências totalmente imersivas e realmente parecidas com o mundo real para seus usuários, a VR precisa ser crível, interativa e imersiva. Os usuários também devem poder explorar e experimentar mundos virtuais. Tudo isso é feito mediante utilização de gráficos 3D gerados por computador em tempo real, som de alta qualidade e simulações de tantos outros sentidos quanto possível.

Entre os componentes de uma boa experiência de VR estão:[123]

Som. Sem som de alta qualidade, a VR simplesmente não funciona. Som mono e até estéreo não são bons o suficiente. Em vez disso, é necessário áudio espacial, ou seja, o som que sincroniza em tempo real com as imagens visuais no mundo virtual, criando-se uma sensação de áudio imersivo.

Rastreamento da cabeça e dos olhos. A VR não seria nada se fosse estática. De muitas maneiras, o rastreamento do movimento da cabeça e dos olhos do usuário é crucial para a criação de uma experiência imersiva. Os usuários se movimentam em um mundo de VR, e ele muda a partir de sua perspectiva, assim como eles. Isso é feito com luzes LED, apontadores a laser e sensores com imagens 3D estereoscópicas. A mesma imagem de uma perspectiva única é exibida para os olhos direito e esquerdo. Isso cria uma percepção de profundidade, que dá ao mundo imaginário uma aparência tridimensional. Em 2022, os headsets VR móveis, como Samsung Gear VR, Oculus Go e Daydream View, podem fazer apenas um rastreamento rotacional, o que significa que respondem aos movimentos da cabeça, mas não do corpo. Avanços futuros considerarão os movimentos corporais completos para criar uma experiência ainda mais imersiva.

Campo de visão. Os humanos normalmente veem o mundo em um arco de 200 a 220 graus em torno da cabeça, com uma sobreposição entre o olho direito e o esquerdo. Atualmente, o desenvolvimento de VR trabalha com esse espaço sobreposto entre os olhos (aproximadamente 114 graus). No futuro, isso deve melhorar para 180 graus e, por fim, para os 220 graus que o corpo humano consegue ver.

Taxa de quadros. Essa taxa é a frequência, em quadros, com que imagens consecutivas são exibidas ou captadas. Os filmes modernos usam 24 quadros por segundo (fps) como padrão, embora PAL exiba a 25 fps e o formato NTSC para televisão utilize 30 fps. *O Hobbit* foi filmado em 48 fps. Para ser realista, a VR deve almejar uma taxa de pelo menos 30 fps, embora algumas pessoas acreditem que uma taxa de 120 fps causará menos efeitos colaterais, como distorção, dores de cabeça e náusea.

Resolução. Esse é o número de pixels que podem ser exibidos. Geralmente, um monitor em orientação de paisagem tem resolução de 1.920 por 1.080 pixels. Pode parecer que menos pixels podem ser usados em uma tela pequena (por exemplo, 3 a 4 polegadas de largura), mas usar uma resolução menor resulta no que se conhece por efeito da porta de tela, em que a imagem parece estar sendo vista através de uma grade.[124]

Headsets

Os headsets VR estão se tornando mais populares e sofisticados. Eles usam sensores, incluindo giroscópios e acelerômetros, para rastrear os movimentos do usuário. Os headsets também incluem sensores de rastreamento de olhos para entender onde os olhos da pessoa estão focados.[125]

Os componentes mais óbvios de um headset VR são as lentes e as telas, uma para cada olho. O headset envia uma imagem através de cada lente e usa o rastreamento de posição para entender onde um usuário está localizado, exibindo, finalmente, os dados corretos para aquela posição.

Muitos headsets incluem controles com dois botões, joysticks e, mais recentemente, controles hápticos que podem ser usados para simular sensibilidade ao toque.

Vários headsets VR estão disponíveis hoje. Entre eles:

- `Google Glass`. O Google começou a vender seu protótipo do Google Glass em abril de 2014, disponibilizando-o ao público no mês seguinte. Em janeiro de 2015, os óculos foram descontinuados e, em 2017, o Google lançou a edição empresarial do Google Glass. A edição empresarial 2 foi lançada em 2019. Eram óculos normais, mas com um monitor de alertas no lugar da lente. Formatos com e sem prescrição foram disponibilizados.
- `Magic Leap`. Esse headset AR imersivo foi criado para empresas. Ele tem um campo de visão de 70 graus e fones de ouvido.[126]
- `Oculus`. Esse headset VR suporta 1.832 × 1.920 pixels por olho e tem fones de ouvido embutidos. Dois controles, um para cada mão, estão incluídos.
- `Samsung Gear VR`. Esse headset inclui um controle que é emparelhado com o aplicativo do Oculus no smartphone de um usuário. O smartphone é inserido no headset para servir como tela e fornecer o áudio.
- `Apple VR`. O headset VR da Apple suporta realidade mista (AR e VR), pode incluir lentes com prescrição e tem uma resolução de tela de 2.160 × 2.160 pixels.

Desafios

Há alguns desafios para os dispositivos de realidade virtual:[127]

- O campo de visão de todos os dispositivos VR é muito menor do que na vida real.
- O número de casos de uso para VR fora do mundo dos jogos é limitado. É difícil para os consumidores justificar o gasto de milhares de dólares por um headset VR, se eles não entendem o valor.
- Os headsets são um tanto pesados e socialmente estranhos.

- O desenvolvimento de novas tecnologias é caro.
- Problemas da cadeia de suprimentos são limitadores e continuarão a determinar quais dispositivos podem ser fabricados e desenvolvidos.

Futuro

Como um exemplo do que a VR imersiva pode ser, um estudo recente publicado pela *Nature Scientific Reports* descreveu uma experiência de VR chamada *Isness-D*. Ela oferece a quatro ou cinco usuários por vez uma sensação de transcendência. Cada membro do grupo experimenta "coalescência energética" ao reunir-se no mesmo espaço em realidade virtual. Isso efetivamente sobrepõe seus corpos virtuais, dando a cada pessoa uma sensação de profunda conexão e atenuação do ego.

Uma experiência autotranscendente dissolve a autodefinição de uma pessoa, que desafia a linha entre mim, os outros e o ambiente, criando-se um sentimento de união com esses outros e com o ambiente. David Glowicki, o criador da *Isness-D*, procurou a mecânica quântica porque é "onde a definição do que é matéria e do que é energia começa a ficar desfocada". O estudo mediu a resposta emocional de 75 participantes e concluiu que a intensidade de suas respostas correspondia à intensidade de quatro métricas usadas em um estudo de pesquisa com psicodélicos, o MEQ30.

Isso nos dá uma indicação inicial do quão imersivas as experiências com VR e AR serão.[128]

Realidade mista

A AR sobrepõe imagens, vídeos e outras informações em telas (óculos, lentes de contato, smartphones) do mundo real. A VR imerge as pessoas em um ambiente simulado. A realidade mista (MR) combina os mundos físico e virtual em um todo harmonioso.

Realidade estendida

VR, MR e AR são subconjuntos de realidade estendida. De fato, alguém usando óculos ou lentes de contato AR está usando a realidade estendida (XR), assim como uma pessoa imersa na VR de um videogame.[129]

Alguns exemplos de dispositivos para realidade estendida são:

Microsoft HoloLens. Esse é um dispositivo holográfico que consiste em óculos que envolvem a cabeça. É ergonômico, não vinculado e autônomo, bem como exibe dados holográficos para o usuário. Ele pode ser utilizado com aplicativos AR de uso pessoal e com aplicativos corporativos. Os humanos veem o mundo a cerca de 210 graus; o HoloLens limita a tela a 52 graus. Essa visão menor restringe a sua utilidade. No futuro, um ângulo mais amplo de cobertura será necessário. Os outros componentes, como os processadores e as baterias, precisam ser menores e mais leves.

Google Project Starline. Essa cabine foi projetada para aprimorar as conversas em vídeo e fazer que parecessem mais realistas. O sistema consiste em duas cabines em diferentes localizações geográficas. Os usuários se sentam em uma delas e conversam com aa(s) pessoa(s) na outra. Todos os participantes sentem que estão na mesma sala conversando em torno de uma mesa. O produto proporciona um realismo excepcional, e utiliza uma tela de campo claro multidimensional de tecido e alto-falantes de áudio espacial.

Omnicanal

Omnicanal é um termo popular entre profissionais de marketing e anunciantes porque permite que os consumidores tenham uma jornada de cliente perfeita. É mais fácil explicar por meio de um exemplo. Suponha que uma consumidora entre em uma loja física e dê uma olhada nas mercadorias. Um vendedor pode procurar informações e ajudá-la. Posteriormente, a cliente pode usar seu smartphone para acessar o site da loja e adicionar os produtos que visualizou na loja a um carrinho de compras. Mais tarde, ela pode acessar seu PC doméstico para finalizar a venda e solicitar o envio para sua casa. Depois que o produto é enviado, ela pode rastrear o seu pacote até chegar a ela e, em seguida, usar seu smartphone para solicitar a devolução.

Em contraste, multicanal descreve uma abordagem de marca que incentiva os consumidores a usar o canal de sua escolha (por exemplo, web, catálogo, e-mail, loja física) para se envolver com a marca. O omnicanal evoluiu em relação ao multicanal no sentido de que funde todos os canais em uma experiência coesa e personalizada para o cliente.[130]

No metaverso, as experiências omnicanal serão possibilitadas pela vasta e complexa infraestrutura (funcionará da mesma forma que a estratégia de marca no mundo físico). Suponha que a mesma consumidora faça compras em uma loja virtual e selecione um novo par de sapatos virtuais. Mais tarde, no mundo físico, ela acessa o site da loja de calçados para adicionar aquele par de sapatos ao carrinho e faz a compra, adicionando uma opção ao NFT para incluir um par de sapatos idêntico ao seu pedido, além dos sapatos virtuais. Agora, ela pode rastrear o envio dos sapatos físicos para sua casa enquanto usa os sapatos virtuais no metaverso.

O omnicanal combina tudo de forma eficaz para que os mundos virtual e físico se misturem como se fossem um só. Ao usar AR, objetos virtuais podem ser "vistos" e "ouvidos" no mundo real. Para demonstrar, um animal de conforto virtual pode ser adquirido e visto pelo proprietário por meio de suas lentes de contato inteligentes. O "cachorro" agiria como um cachorro real, apesar de não ser, e "existiria" no mundo real usando AR e no mundo virtual como um animal virtual.

Tecnologia avançada (emergente)

Examinamos muitos pontos de extremidade que os consumidores e as empresas usam para acessar a internet, como jogos, mundos virtuais e o metaverso. Agora, vejamos algumas tecnologias que ainda estão evoluindo, mas que impulsionarão a adoção do metaverso.

Roupas inteligentes

Se você já viu ficção científica moderna, pode se lembrar de cenas que incluíam roupas ou acessórios que mudavam de cor ou forma. Para ilustrar, em *Ultravioleta*, a personagem principal, Violet, pode mudar a cor do cabelo e da roupa quando quer. A refilmagem de *O vingador do futuro* tem uma recepcionista que muda as cores de suas unhas tocando-as com um dispositivo semelhante a um alfinete. Em *De volta para o futuro*, Marty McFly calça sapatos que se amarram automaticamente.

Esses são exemplos de roupas e sapatos inteligentes que estão se tornando realidade. Em 2021, pesquisadores criaram um material que parece uma cota de malha e endurece sob comando. Em 2016, cientistas criaram roupas autolimpantes. Em 2021, engenheiros do MIT criaram fibras programáveis para dar suporte ao armazenamento de dados em roupas.[131]

Sensores em roupas podem monitorar atividade física, batimentos cardíacos e pressão arterial de uma pessoa enquanto ela dorme. Claro, as roupas também podem ser criadas com sensores adicionais e LEDs. As roupas inteligentes podem ser projetadas para se conectar à internet e, em última instância, ao metaverso.

Dispositivos hápticos

Para possibilitar a sensação de toque em um ambiente virtual, são usados dispositivos hápticos. Luvas podem ser usadas com sensores que permitem que os usuários sintam objetos em suas mãos. Conjuntos permitem que o toque se estenda a cada parte do corpo, o que possibilita que os usuários sintam um soco, um carinho e outras sensações.

Heather Culbertson, cientista de computadores na Universidade do Sul da Califórnia, explicou:

> No passado, hápticos foram bons em fazer as coisas serem notadas, com vibração em seu telefone ou tremores nos controles de videogame. Mas agora houve uma mudança para fazer coisas que pareçam mais naturais e imitem a sensação de materiais e interações naturais.[132]

Os dispositivos hápticos se enquadram em três categorias: agarrar, usar e tocar. Agarrar significa usar um dispositivo háptico para segurar algo, como um joystick ou outro controle. Luvas são usadas para enviar e receber sensações de um mundo virtual. Os sensores hápticos também podem permitir o toque, como telas modernas sensíveis ao toque.

Esses dispositivos permitirão que usuários do metaverso experimentem sensações e usem o toque para fazer com que ações aconteçam no mundo virtual.

Mapeamento facial

Smartphones modernos e outros dispositivos incluem câmeras e sensores competentes. Trabalhando juntas, essas câmeras permitem tecnologias de mapeamento facial que rastreiam dezenas de milhares (ou mais) de pontos precisos no rosto de um usuário (ou jogador), permitindo que o software entenda a forma e os movimentos do rosto de uma pessoa em tempo real. Essas formas e esses movimentos podem ser vinculados a jogos para mostrá-los no avatar de um jogador ou a um software que entenda como traduzir características faciais em emoções.

Isso significa que as pessoas não precisam explicar suas emoções ou usar joysticks ou comandos de teclado para mover suas cabeças e seus rostos, pois os aplicativos de mapeamento facial fazem esse trabalho e, como resultado, o avatar de uma pessoa pode refletir com precisão seu rosto no mundo físico e os movimentos faciais em tempo real.

Apple Object Capture
Por meio do uso de iPhones, o Object Capture da Apple possibilita que as pessoas digitalizem rapidamente objetos físicos para criar representações virtuais deles. Uma vez digitalizados, esses objetos podem ser usados em jogos, mundos virtuais, no metaverso e até mesmo como NFTs.

Os smartphones modernos, como o iPhone 11 e o 12, usam chips de banda ultralarga que emitem meio bilhão de pulsos de radar por segundo, permitindo que os contornos de sua casa, seu escritório, sua rua e tudo o que você desejar sejam mapeados e compreendidos. Essa tecnologia permite que as pessoas criem rapidamente representações virtuais de suas casas e bens em mundos virtuais.

Conclusões

Os pontos de extremidade são necessários para acessar o metaverso; eles são as interfaces que os usuários veem e usarão. É provável que os smartphones e os smartwatches de hoje evoluam para se tornarem os principais pontos de extremidade, embora precisem dos recursos mais rápidos do 5G ou do 6G (consulte a seção sobre Redes, adiante neste capítulo), processadores mais avançados, mais memória, mais espaço de armazenamento e outros avanços para suportar totalmente o metaverso. Um smartphone emparelhado com lentes de contato conectadas ou óculos e luvas hápticas criaria o ponto de extremidade ideal para o metaverso, desde que haja avanços nas tecnologias existentes.

Os pontos de extremidade são inoperáveis sem os serviços fornecidos por sistemas centrais, sejam descentralizados, sejam baseados em nuvem ou não. A seção a seguir detalha esses sistemas centrais.

Sistemas centrais (descentralizados, baseados em nuvem e não baseados em nuvem)

Agora, vamos explorar os conceitos do que chamamos de sistemas centrais. Esses sistemas são definidos como recursos de computação que realizam tarefas no lugar dos pontos de extremidade. Quando uma pessoa participa de um jogo multijogador, o cliente (o console de videogame, computador pessoal ou smartphone) interage com os usuários. O back-end (sistemas centrais) é invisível aos usuários, e suas finalidades são armazenar dados, rotear as comunicações entre os clientes e fornecer recursos a eles. É inteiramente possível que pontos de extremidade sejam usados para esses fins. Essa opção será analisada nesta seção.

História

No início, os computadores eram máquinas grandes e volumosas, cheias de peças móveis e componentes cabeados manualmente. Também eram caros, demandavam inúmeros recursos para serem operados, como salas climatizadas, consumiam níveis extremos de energia e eram isolados de outros computadores.

No final da década de 1970, uma unidade de disco de 10 MB era do tamanho de uma máquina de lavar e pesava mais de 100 kg. As próprias unidades eram barulhentas e exigiam um ambiente livre de impurezas, porque qualquer poeira nos discos poderia causar falhas. Os discos não eram apenas grandes e desajeitados; 128 kb de memória exigiam um gabinete do tamanho de uma geladeira, e a CPU exigia outro gabinete só para ela.

Naquela época, os aplicativos eram executados diretamente em grandes mainframes e minicomputadores, porque computadores menores ainda não haviam sido inventados. Televisores e teletipos eram utilizados como saída, e a entrada era feita por meio de cartões perfurados, fitas de papel, fitas magnéticas e teclados. Ainda faltava quase um século para a chegada de computadores pessoais, consoles de videogame, smartphones e assistentes pessoais, como a Alexa.

À medida que a tecnologia melhorava, com componentes menores e mais robustos, pontos de extremidade mais inteligentes (os quais relacionamos anteriormente neste capítulo) foram lançados. O mais revolucionário deles foi o computador pessoal (e, mais tarde, o console de videogame), e não apenas porque permitiu que os usuários domésticos usufruíssem do poder da computação, mas também porque o front-end (as partes visíveis aos usuários) transferiu-se para o cliente (ou seja, o computador pessoal), com o trabalho principal do aplicativo permanecendo no servidor. Assim, um novo modelo de computação foi criado: o modelo cliente/servidor.

Como os servidores são usados

Os servidores foram se dividindo em alguns diferentes modelos de uso:
Autônomo. O cliente executa todas as tarefas sem a necessidade de servidor. Os outros modelos podem se tornar autônomos se forem codificados corretamente e se a rede ficar indisponível.
Cliente gordo. Neste caso, o aplicativo é executado inteiramente no computador pessoal (o cliente). Os aplicativos podem se comunicar com um ou mais servidores, bem como enviar e receber dados.
Cliente magro. Os aplicativos que operam em navegadores da web são os principais exemplos de aplicativos de cliente magro. O cliente no navegador contém código suficiente apenas para interagir com o principal aplicativo em execução no servidor. O Google Apps é um exemplo desse tipo.
Software como um Serviço (SaaS). Esse é um subconjunto do modelo de cliente magro. O aplicativo (software) é executado em um navegador, mas todo o trabalho é feito nos servidores. O SaaS é útil para aplicativos corporativos.
Distribuído. Em um modelo puramente distribuído, os clientes contêm tudo de que precisam para executar suas tarefas e apenas se comunicam com um ou mais servidores para obter informações.
Misto. Aplicativos como o Microsoft Office são mistos e executados tanto como clientes gordos quanto magros. As pessoas podem usar o Word inteiramente na web por meio do navegador, por exemplo. Também podem editar documentos usando um cliente baixado no computador.
Descentralizado. Nesse modelo, recursos como tempo de computação são distribuídos para vários clientes na rede. Por fim, um aplicativo pode enviar uma solicitação de computação para um servidor de jogos, uma segunda solicitação para um computador pessoal e ainda outra para um computador pessoal diferente em outro estado. Esse modelo permite que os aplicativos usem rapidamente mais recursos, conforme o necessário, mas a latência (o tempo que se leva para enviar e receber dados pela rede) pode retardar o processo. No modelo de operações descentralizadas, os pontos de extremidade podem ser usados para armazenar dados, realizar cálculos e executar várias outras tarefas como se fossem servidores.

Claro, os aplicativos podem misturar e combinar esses modelos de acordo com a necessidade. O mesmo aplicativo pode ser descentralizado e, então, mudar para ser um cliente gordo apenas de um servidor de jogos, caso isso seja tudo que está disponível.

Os aplicativos instalados em smartphones, laptops, tablets, assistentes pessoais e outros pontos de extremidade usam desses modelos operacionais ou uma combinação deles. O metaverso pode aproveitar, e aproveitará, todos ou uma combinação desses modelos.

Bancos de dados

A base da internet, da web e do metaverso são os dados (informações). Sem eles, essas tecnologias não seriam úteis ou talvez nem mesmo existissem. Todo mundo usa dados durante a vida, mesmo antes da internet e dos computadores. Seu aniversário, a hora do dia ou coordenadas em um mapa são tipos de dados. Esses dados individuais não precisam de computadores ou de tecnologia, mas os computadores e a internet (e, posteriormente, o metaverso) permitem que sejam usados de maneiras mais criativas e complexas, bem como que sejam transmitidos com mais rapidez do que nunca.

Mais importante ainda é que a tecnologia possibilita o discernimento de padrões com base em conjuntos de dados. Esses padrões podem ser interpretados para compreensão do significado dos dados. A inteligência artificial (IA), a aprendizagem de máquina (ML) e a visão computacional examinam dados para descobrir formas de interpretá-los e, em seguida, tomam ações com base nesses padrões.

Os dados são armazenados em bancos de dados, que são coleções guardadas em arquivos de computador. Esses bancos são, normalmente, armazenados em servidores dedicados por motivos de desempenho e segurança. As plataformas de mídias sociais, em geral, armazenam vários petabytes (1 milhão de gigabytes) por dia. Os sistemas de jogos armazenam quantidades equivalentes de informação, e o metaverso guardará ainda mais quando for concluído de vez.

Dois tipos de dados são armazenados em bancos de dados: estruturados e não estruturados. Os dados estruturados são armazenados em um formato padronizado, em conformidade com um modelo de dados e uma ordem conhecida e compreendida, facilitando o acesso a itens individuais dentro de um registro. Os dados não estruturados são o oposto; eles não são armazenados em linhas e colunas arrumadas. Um vídeo, uma imagem ou um videoclipe são exemplos desse tipo de dados. Ambas as formas existem desde o início da era da computação. O conteúdo e o contexto de dados não estruturados são mais difíceis de ser compreendidos pelos computadores que os dos estruturados. É necessário inteligência artificial para discernir e entender os objetos e o contexto de qualquer coisa além de uma simples imagem (uma imagem é um dado não estruturado).

No início de 2020, a quantidade de dados existentes no mundo equivalia a 44 zettabytes (ou um trilhão de *terabytes*). Isso significa que o número de bytes armazenados no mundo inteiro era, em 2020, mais elevado que o número de estrelas observáveis no Universo. Até 2025, prevê-se que 1.200 petabytes serão armazenados a cada dia.[133] Os jogos on-line e o metaverso prometem aumentar essa estatística de forma drástica.

Claro, todos esses dados devem ser gerenciados, analisados e acessados. Os data lakes são repositórios centrais que armazenam dados estruturados e não estruturados. As informações são mantidas como são, sem a necessidade de serem modificadas para se ajustarem a uma estrutura. Esses dados podem ser usados para uma série de finalidades por painéis, sistemas analíticos, IA e ML. Os data lakes são usados em virtude da capacidade que oferecem de se obter valor dos dados armazenados. Eles são idealmente adequados para manter as informações que vêm de dispositivos IoT, mídias sociais e aplicativos da web.

Os bancos de dados podem ser centralizados, o que significa que são atendidos em um servidor (ou um grupo de servidores chamado cluster), ou descentralizados, isto é, os dados são armazenados em vários computadores. Os bancos de dados centralizados tendem a ser mais rápidos e seguros (porque sua infraestrutura é mais isolada e controlada), enquanto os descentralizados são mais expansíveis.

A nuvem

Desde o início dos anos 2000, conforme a velocidade das redes foi melhorando, um novo modelo de computação surgiu, conhecido como nuvem, que se refere a servidores em uma ou mais localizações centrais. Esses servidores são acessados pela internet e hospedam aplicativos e bancos de dados que podem, por sua vez, ser usados por clientes em todo o mundo.

No que diz respeito ao metaverso, uma das principais vantagens da nuvem é que os recursos, como espaço em disco, computação e memória, são alocados "sob demanda". Isso significa que a nuvem aloca recursos de forma dinâmica conforme necessário, em vez de fazê-lo antecipadamente. Por exemplo, durante as horas do dia em que poucas pessoas estão participando de um jogo multijogador ou acessando o metaverso, esses recursos não são utilizados. Devemos reconhecer que, à medida que mais pessoas usam os aplicativos, a nuvem pode alocar mais recursos. As empresas não precisam adquirir poder de computação suficiente para atender à sua carga máxima porque a nuvem se expande e se contrai conforme necessário.

Para suportar o metaverso, é provável que nuvens feitas para finalidades específicas sejam criadas apenas para ele. Ao se especializarem no fornecimento de serviços relacionados ao metaverso, os provedores podem instalar hardware e aplicativos otimizados para as operações desse ambiente, como unidades de processamento gráfico (GPUs) de alta potência.

Computação quântica

Uma tecnologia em rápido crescimento é a *computação quântica*, que usa mecânica quântica para resolver problemas complexos. Os computadores quânticos são, muitas vezes, mais velozes que o computador não quântico mais rápido que existe e, geralmente, oferecem muitas oportunidades empolgantes na evolução do metaverso.[134]

Em virtude de sua natureza, os computadores quânticos são muito adequados para resolver problemas de alta complexidade, como lidar com espaços multidimensionais, algo além das capacidades dos computadores tradicionais. Como o metaverso requer quantidades imensas de computação e simulações, o poder da computação quântica pode ser aproveitado para apoiar essas necessidades.

Ademais, os computadores quânticos dão suporte a um conceito conhecido como aleatoriedade quântica. Nos computadores tradicionais, um número verdadeiramente aleatório é impossível; eles são emulados mediante a utilização de vários algoritmos. De fato, os números aleatórios quânticos são realmente aleatórios; isso ajuda a garantir que as pessoas não possam prever resultados e, assim, usem o sistema de forma inescrupulosa.

Por fim, a ML quântica impulsiona a aprendizagem de máquina a um nível totalmente novo, em razão da natureza da computação quântica. Ao fazer isso, ela expandirá as capacidades da IA para torná-la mais valiosa e inteligente.

Conclusões

Quando falamos em sistemas centrais, referimo-nos à infraestrutura no back-end: os sistemas – descentralizados, hospedados na nuvem ou em servidores de uma instalação de computação. O metaverso aproveitará os três métodos ao mesmo tempo. Algumas estruturas de dados, como blockchain e NFTs, podem ser descentralizadas; outras, como imagens e vídeos, podem ser armazenadas na nuvem; outras ainda, como dados seguros, podem ser armazenadas em servidores nas instalações da empresa. Tudo depende do uso ou da empresa envolvida.

Mas o que conecta tudo? Como os pontos de extremidade usam e se comunicam com os recursos fornecidos por sistemas centrais? Resumiremos o tecido conector e a rede na seção a seguir.

Redes

Os sistemas autônomos podem fazer muitas coisas, mas os computadores devem estar conectados à internet para acessar mídias sociais, jogos on-line, criptomoedas e vídeos do YouTube. Computadores, incluindo desktops, laptops, tablets, smartphones e dispositivos IoT, são muito mais valiosos quando podem se comunicar com outros sistemas de computação. A capacidade de conectar um computador a outro é conhecida como *rede*, um dos fundamentos da computação moderna.

História

Até o final da década de 1960, os computadores não se comunicavam entre si. Acredite ou não, cada computador era autônomo e executava todo o seu processamento e suas tarefas sem enviar ou receber mensagens de outros, exceto pelo uso do que era chamado jocosamente de sneaker net, que significava levar cartões perfurados, fitas de papel e fitas magnéticas de um computador a outro.

Em 1969, a Agência de Projetos de Pesquisa Avançada de Defesa (DARPA) desenvolveu a Rede da Agência para Projetos de Pesquisa Avançada (ARPANET), que implementou o TCP/IP, como mencionado anteriormente. A DARPA desenvolveu essa rede e os protocolos associados para que os sistemas pudessem se comunicar durante a guerra. Mais especificamente, os militares financiaram a ARPANET para uso na durante a Guerra Fria. Ela começou como quatro sistemas na Stanford, na UCLA, na UCSB e na Universidade de Utah, expandindo-se para 40 sistemas (nós) em 1972.

A ARPANET usava linhas telefônicas para comunicação e comutação de pacotes (uma ideia revolucionária na época), a fim de rotear mensagens entre computadores em vez de conectá-los diretamente. As mensagens eram roteadas da origem ao computador de destino, porque o protocolo especificava o endereço de destino.

Em 1973, Bob Metcalfe, da Xerox Parc, desenvolveu a Ethernet e, em 1983, ela foi padronizada como IEEE 802.3. Assim como o TCP/IP, a Ethernet era de código aberto, o que significava que qualquer pessoa poderia adotá-la. Isso, junto à sua alta flexibilidade, foi o ímpeto por trás de seu rápido crescimento. Desde a sua criação, a Ethernet foi implementada em um cabo coaxial (inicialmente) com velocidade de 2,94 mbits/s. Até agora, tem sido usada em pares trançados (CAT 5, 5e, 6, 6a, 7 e 8) ou cabos de fibra ótica. A velocidade aumentou à medida que a qualidade dos cabos melhorou, e agora as taxas máximas estão em torno de 40 gb/s.

Durante esse tempo, vários protocolos concorrentes foram desenvolvidos, como AppleNet, Token Ring, ARCnet e DECnet. O *Fiber Distributed Data Interface* (FDDI) e o *Copper Distributed Interface* (CDDI) também ganharam popularidade na década de 1990. A Ethernet substituiu esses dois protocolos conforme suas velocidades melhoraram, e, atualmente, eles foram substituídos pela Gigabit Ethernet.

A Ethernet é um protocolo, e não um tipo de cabo ou peça de hardware. Por esse motivo, ela pode ser implementada para usar pares trançados (o padrão para a maioria dos usuários domésticos), *Power-Over-Ethernet* (PoE), fibra ótica, *wi-fi* e muitos outros tipos de cabos ou meios.

O que é uma rede?

Uma *rede* é uma conexão entre dois ou mais computadores. As redes são necessárias para o compartilhamento de recursos, mensagens, arquivos, imagens, vídeos e outras coisas. As conexões podem ser cabeadas (com um cabo da parede para o computador) ou via *wi-fi*, satélites e micro-ondas.

Há vários tipos de rede:

Rede de longa distância (WAN). Uma WAN é uma rede em uma área de longa distância, como uma cidade, um estado, um país e até um planeta. As WANs são feitas de WANs menores. A WAN de uma cidade (ou rede de área metropolitana [MAN]) é conectada à WAN de outra cidade no estado. A WAN de um estado (composta de outras WANs menores) é conectada a outros estados. E a WAN de um país está vinculada a outros países (geralmente, por cabos submarinos). Essa é uma visão simplificada das WANs para torná-las mais compreensíveis. Na verdade, elas são muito mais complexas.

A internet é a consolidação de todas as WANs do mundo (com exceção das de alguns poucos países que isolaram suas internets internas).

Rede de área local (LAN). A rede dentro de uma residência ou um prédio de escritórios é chamada de rede de área local. As LANs são as redes mais conhecidas pelos usuários (empresas ou residências). Elas são conectadas a uma WAN por um modem (cabo, DSL ou banda larga), que também a isola da WAN. As conexões à LAN podem ser cabeadas, sem fio (*wi-fi*) ou por satélite (inclusive os novos sistemas de satélite Starlink).

As conexões cabeadas (com um cabo entre o computador e um roteador) são muito mais velozes e estáveis que *wi-fi* ou celular, embora novos padrões como 5G (para celular) e 802.11 (para *wi-fi*) estejam rapidamente se aproximando dos cabos em termos de velocidade e estabilidade.

Rede de longa distância sem fio (WWAN). As WANs são também conhecidas como redes celulares. Os smartphones e outros dispositivos celulares se conectam à internet por meio dessas redes celulares sem fio. Elas pertencem a provedores de telecomunicações e são operadas por eles, como T-Mobile, Sprint, Verizon, AT&T, entre outros. Quando os dispositivos móveis acessam a internet por meio de uma WWAN, eles não se comunicam por meio de uma LAN. Em vez disso, conectam-se diretamente com a WWAN.

Os dispositivos móveis modernos geralmente têm uma opção para se comunicar via *wi-fi*, porque é bem mais barato que uma rede celular.

Os dispositivos móveis se conectam à WWAN do provedor de celular usando uma tecnologia de comunicação móvel, como *Worldwide Interoperability for Microwave Access* (WIMAX), *Universal Mobile Telecom System* (UMTS), *Code Division Multiple Access* (CDMA) 2000, *Global System for Mobile* (GSM), de primeira geração (1G), 2G, 3G, 4G, 5G ou 6G (previsto para 2030).

As velocidades de cada tecnologia estão listadas abaixo:[135,136]

- 1G: 2 Kbps (sem suporte a dados).
- 2G: 14.4 – 4 Kbps (1 Mbps por GSM).
- 3G: 2 Mbps (21,6 Mbps por HSPA).
- 4G: 1 – 50 Mbps.
- 5G: 35,46 Gbps, permite 100 bilhões de dispositivos.

Não há uma única tecnologia 3G ou 4G. Cada rede celular é individualmente desenvolvida (e continua a crescer) usando diferentes interpretações das especificações.

Em um ambiente doméstico ou corporativo, os computadores se conectam a roteadores. O trabalho de um roteador é enviar as comunicações de um lugar para outro. O roteador se comunica com um modem DSL, de banda larga ou via satélite, que, então, envia a comunicação para um ou mais servidores ou outros roteadores, que, por sua vez, roteiam a comunicação adiante. Quando a transmissão chega ao destino, ela passa por outro roteador para um ou mais servidores (que discutimos anteriormente). No caso de bancos de dados ou computação descentralizados, a comunicação pode ser roteada para outro ponto de extremidade.

A internet e a web

A internet é a rede global que viabiliza comunicações entre bilhões de sistemas, dispositivos IoT e outros computadores. Protocolos como o TCP/IP permitem que os computadores se conectem. Eles são executados com base em padrões de nível mais baixo que oferecem suporte a *wi-fi*, Ethernet e comunicações via satélite. No que diz respeito ao TCP/IP, não importa qual padrão é usado para a comunicação, pois ele funciona da mesma forma para *wi-fi*, celular ou satélite.

A Rede Mundial de Computadores (ou sua versão mais curta: web) consiste em bilhões de sites que são acessíveis usando-se a internet. Os protocolos http e https (http com segurança) são executados com base no TCP/IP, o que significa que não precisam lidar com a mecânica de encontrar os sites, pois essa é uma tarefa do TCP/IP. As Web 1, Web 2 e Web 3 se comunicam da mesma maneira nesse nível.

Pense nesses conceitos como uma cebola: cada camada da cebola depende da que está abaixo dela. Crucialmente, o hardware está localizado no centro da cebola, e trabalhamos para dentro começando pela camada superior da web.

O metaverso (assim como jogos on-line, plataformas de mídias sociais e outros conceitos virtuais) são executados nessa camada mais acima. Algumas pessoas argumentam que o software do metaverso não precisa lidar com a conexão do computador doméstico ou do smartphone, que trabalham em um nível mais abaixo.

DSL, banda larga e outras tecnologias

No passado, as pessoas usavam linhas telefônicas para se comunicar com a internet (antes da invenção da web). Essas conexões eram terrivelmente lentas, e muitas vezes, medidas em bytes por segundo. Na verdade, eram tão lentas que métodos de compressão de imagens e vídeos tiveram de ser inventados.

Conforme o tempo foi passando, novas tecnologias foram criadas para superar essas limitações de velocidade (e de estabilidade). A Rede Digital de Serviços Integrados (ISDN) possibilita a transmissão de voz e dados por linhas de telefone, e a velocidade dos dados chega a cerca de 128 Kbps.

Posteriormente, os provedores de telecomunicações ofereceram a Linha Digital de Assinante (DSL), que se conecta a uma linha padrão de telefone por meio de um modem DSL e a divide entre voz e dados (quando a voz não é necessária). A DSL oferece velocidades de até 500 Mbps, adequadas para jogos on-line, streaming e videoconferência. A DSL é menos que o ideal para muitos usuários, porque todos devem passar pela mesma linha.

Banda larga é o termo guarda-chuva que significa simplesmente que a conexão suporta uma velocidade de download mínima de 25 Mbps e 3 Mbps de upload. Ela pode ser sem fio ou oferecida por cabos de fibra ótica, cabos de cobre, DSL e satélite.

Largura de banda, taxa de transferência e latência

Muitas pessoas usam o termo *largura de banda* para se referir à velocidade ou à conexão da linha. A largura de banda mede a capacidade da linha. A taxa de transferência mede a quantidade de dados transmitidos e recebidos durante um período específico. A latência mede a velocidade dos dados.

Se aplicarmos esses termos a uma mangueira, a largura de banda é a largura da mangueira, a taxa de transferência é a quantidade de água que passa por ela e a latência é o tempo necessário para a água atingir a ponta.

A taxa de transferência da rede é medida em bits por segundo. Um bit é um binário 1 ou 0, a menor unidade de dados armazenada em um computador (os computadores quânticos mantêm os dados em 1, 0 ou ambos simultaneamente). Um byte geralmente tem 8 bits e representa um único caractere. Por exemplo, se uma linha telefônica transmite 8 bits por segundo, envia um caractere por segundo (embora isso não seja exatamente verdade, pois há alguma sobrecarga envolvida que usa mais bits).

Esses termos de medição são usados para descrever a taxa de transferência:

- Kbps = Kilo (milhares) de bits por segundo.
- Mbps = Mega (milhões) de bits por segundo.
- Gbps = Giga (bilhões) de bits por segundo.
- Tbps = Tera (trilhões) de bits por segundo.

Largura de banda, taxa de transferência e latência determinam quanto e com que rapidez os dados podem ser transmitidos e recebidos. A evolução do metaverso e da Web 3 requer quantidades substanciais de transferência de dados e presume que seu crescimento e sua aceitação estejam relacionados à rapidez com que empresas e residências podem ser conectadas a redes de alta velocidade.

Hotspots

Um hotspot é simplesmente um ponto de acesso sem fio que possibilita que as pessoas se conectem à internet. Muitos smartphones possuem hotspots embutidos que permitem que outros dispositivos se conectem a eles. Tethering significa fazer uma conexão sem fio de um smartphone para outros dispositivos, como tablets. A vantagem dos hotspots e do tethering é que um smartphone pode se conectar à internet usando um roteador *wi-fi* disponível ou sua rede de serviço celular.

O Helium é um serviço baseado em blockchain, chamado de *The People's Network* [A rede das pessoas], que conecta dispositivos e dados usando uma rede global descentralizada de hotspots, especialmente 5G. A princípio, o Helium destinava-se a conectar dispositivos IoT à internet, mas agora se expandiu para incluir indivíduos para obter suas moedas nativas, conhecidas como Helium Native Tokens (HNTs), que fornecem dispositivos à rede para conectividade. O objetivo é permitir que a infraestrutura sem fio cresça mais rapidamente e se aproveite da largura de banda não utilizada para uso da comunidade. O Helium usa *LongFi*, que combina o protocolo sem fio LoRaWAN com a blockchain Helium.[137]

A rede e o metaverso

O metaverso é uma camada por cima da rede; ele amplia as capacidades da internet e requer um serviço de internet de velocidade altíssima (também conhecida como internet ultrarrápida). O metaverso *não* substitui a internet, mas a aprimora, da mesma maneira que a Web 2 aprimora a Web 1.

Ele é executado em hardware (pontos de extremidade e sistemas centrais) e usa a rede para comunicação. Como analisaremos, é necessário software para fazer o metaverso funcionar (assim como tudo o mais em computação). Entraremos em mais detalhes sobre isso na seção a seguir.

Software

Até agora, neste capítulo, analisamos pontos de extremidade, sistemas centrais e redes. Eles são importantes porque a internet, a web e a computação não existiriam sem esses elementos fundamentais. Independentemente disso, nada pode operar sem software. O hardware, que pode ser um smartphone, um servidor ou um roteador, é construído com a capacidade de executar ações. O software explora o hardware, permitindo que os dispositivos executem essas ações. Em outras palavras, um smartphone é um tijolo inútil sem software, os servidores não podem fazer nada e as redes ficam ociosas.

A história do software

Antes de 1946, o software não existia, exceto como um conceito. Em vez disso, os primeiros dispositivos eletrônicos eram "programados" por meio de alterações no hardware, como a movimentação de fios. As programadoras dos primeiros computadores, conhecidos como *Electronic Numerical Integrator and Computer* (computador integrador numérico eletrônico [ENIAC]), eram mulheres. Suas funções eram examinar as plantas da fiação no ENIAC e determinar como programar a máquina usando painéis de conexão para mover os fios de um terminal para outro. Em 1950, Kathleen Booth criou a linguagem *Assembly* para facilitar a programação dos computadores na Birkbeck College.

A atividade de programação, entre 1948 e 1979, foi dominada primeiro pela linguagem *Assembly*, seguida por outras linguagens primitivas, como *Fortran*, desenvolvida pela IBM, e *Cobol*, criada por Mary K. Hawes e Grace Hopper. Na década de 1960, Jean E. Sammet escreveu um livro influente: *Programming Languages: History and Fundamentals* [Linguagens de programação: história e fundamentos].

As missões lunares Apollo são dignas de nota, porque dependiam de um software para programar os módulos de pouso na Lua. O software da Apollo não seria reconhecível hoje, uma vez que consistia em fios que passavam por núcleos magnéticos. Os engenheiros escreveram esse código em cartões perfurados que, mais tarde, eram executados em um mainframe da Honeywell. Isso simulava o software e, quando os programadores ficavam satisfeitos, o código era incluído em núcleos magnéticos.

Nas décadas de 1970 e 1980, computadores pessoais começaram a chegar ao mercado, e as pessoas queriam que essas máquinas inovadoras fizessem algo útil. A indústria de computadores respondeu com aplicativos como VisiCalc (um software de planilhas), AutoCAD, Microsoft Word e Excel. Em 1981, a revista *Time* elegeu o computador pessoal como seu Homem do Ano.

O software de código aberto apareceu na década de 1990, junto da internet e da Rede Mundial de Computadores inicial. O Linux foi lançado em 1991, o Java, em 1995, e o código-fonte do Netscape foi publicado em 1998.

Os telefones celulares começaram a aparecer em 1973 e, em 1993, a IBM lançou o primeiro smartphone disponível ao público. Outros telefones vieram logo em seguida, com o do Blackberry em 1999 e o do Palm OS em 1996. A Apple mudou a indústria da telefonia móvel em 2007 com o lançamento do iPhone. Os dispositivos móveis usam linguagens de computador como *Swift* e *Java*.

Na era moderna, o software pode ser encontrado por toda parte. Ele é executado em dispositivos dos consumidores, como lâmpadas e alarmes inteligentes, opera smartphones e seus aplicativos, além dos computadores desktop, e permite que empresas de todos os tamanhos funcionem com eficiência.

Agora que apresentamos uma breve história do software, vamos examinar sua finalidade. O que é e o que faz?

O que é software?

O termo software designa as instruções que operam computadores, hardware e aplicativos. Assim como acontece com as redes, o software está em uma camada acima do hardware, e no fundo está o firmware. Acima dele está o sistema operacional, que usa o firmware para executar suas funções. Os aplicativos estão acima dos sistemas operacionais para permitir que pessoas e máquinas façam algo. Vamos dividi-los para mais detalhes:

Firmware. Esse software especializado opera o próprio hardware. Unidades de disco, CPUs, memória, robôs e outros dispositivos de computação são usados por programas de firmware pequenos ou grandes. Cada componente (com poucas exceções) precisa do firmware para habilitar um dispositivo e se comunicar com um sistema operacional ou com o mundo real.

Sistema operacional. Um sistema operacional consiste em código especializado que "opera" ou executa o hardware, aplicativos, rede e tudo o mais. Pense nele como o controlador ou o cérebro do dispositivo. Sem um sistema operacional, telefones celulares, computadores desktop, tablets e supercomputadores são conjuntos de componentes inertes e inúteis.

Aplicativos. A maioria das pessoas que usa smartphones, dispositivos móveis e computadores desktop conhece os aplicativos. Eles permitem que os usuários e as empresas realizem tarefas que incluem controle contábil, operação de jogos eletrônicos e envio de e-mails para os amigos.

Middleware. Essas ferramentas de programação ficam entre os aplicativos e o software do sistema (o sistema operacional), e geralmente traduzem dados entre aplicativos. Com esse fim, o middleware é usado para enviar dados em um formulário de um site e salvá-los em um banco de dados.

Unidades. As unidades consistem em software que operam os dispositivos em computadores. Elas permitem a comunicação entre o sistema operacional e o firmware.

Gráficos bidimensionais

A maioria dos jogos de computador e mundos virtuais é exibida em duas dimensões em uma tela plana, como um dispositivo móvel, PC desktop ou tablet, o que limita a sensação imersiva do jogo ou do mundo virtual, porque não está em três dimensões. Os gráficos bidimensionais marcam objetos nos eixos X e Y.

Para ver uma simulação de um mundo bidimensional, assista ao filme *Flatworld*. Essa animação encantadora demonstra como seria viver em um mundo de apenas duas dimensões.

Gráficos tridimensionais

Para criar uma experiência verdadeiramente imersiva, o metaverso precisa de gráficos tridimensionais em que os objetos são marcados nas coordenadas X, Y e Z. Os objetos representados em três dimensões podem ser distorcidos, virados, rotacionados e transformados de várias maneiras. Isso é necessário para o realismo, porque os humanos veem o mundo em três dimensões.

Persistência

Para jogos on-line e mundos virtuais (e o metaverso), a persistência é o conceito de que o mundo virtual ou o jogo continua a existir e a experimentar a passagem do tempo quando um jogador ou usuário está ausente (até mesmo se todos estiverem ausentes).

O mundo real e físico em que vivemos é persistente. O tempo continua a passar quando as pessoas estão dormindo, inconscientes e quando morrem. O mundo não para enquanto aguarda que as pessoas despertem de seus sonhos.

O primeiro jogo persistente foi escrito em 1978, por Rob Trubshaw e Richard Bartle, na Universidade de Essex, no Reino Unido. O jogo era executado em incrementos de 105 minutos e reiniciado após cada um deles. Durante esses incrementos, ele persistia, independentemente da presença de jogadores.[138]

O primeiro jogo verdadeiramente persistente foi apresentado em 1989. Seu nome era *Avalon: The Legend Lives*. Ele continuava a operar ao longo de todas as horas do dia, todos os dias da semana, independentemente da presença de jogadores.

O conceito de persistência é essencial para o metaverso, porque muitas pessoas chegarão e sairão, cumprirão suas tarefas ou seus objetivos e deixarão o mundo real. O metaverso deve ser projetado para continuar a operar em tempo real a todo momento.

Tempo real

Muitos jogos permitem que os jogadores vão e voltem, cada um tendo sua vez para realizar algumas ações. O jogo para enquanto eles consideram o que fazer e somente continua quando concluíram sua vez ou quando o cronômetro zera. Isso é ótimo para jogos como xadrez, damas e pôquer, além de alguns games de aventura e RPG.

Nos jogos em tempo real, um segundo equivale a um segundo do mundo real. O tempo real é particularmente crucial para jogos orientados para aventura ou ação porque permitem que os jogadores exibam suas habilidades como se fossem aquele personagem (seu avatar).

Os mundos virtuais e o metaverso operam em tempo real. O metaverso poderia até simular o clima local e a posição do Sol ou da Lua. Portanto, se é meia-noite na área local do usuário, ele poderia ver seus arredores como se fosse noite. Isso será uma opção que os usuários poderão definir se desejarem.

Combinar a persistência e o tempo real será essencial para o metaverso. O mundo real não para só porque um usuário está dormindo, então por que o metaverso deveria? Vejamos algumas plataformas que dão suporte a experiências persistentes e de tempo real no metaverso.

NVIDIA Omniverse

A NVIDIA Omniverse é uma plataforma que possibilita a colaboração de design 3D. Ela dá suporte a CPUs escaláveis, opera em tempo real e contém simulações realistas. Ela acelera os fluxos de trabalho 3D e dá às pessoas as ferramentas para visualizar, simular e programar esses mundos e seu conteúdo. Ela integra muitas tecnologias em ferramentas abrangentes que são compatíveis com ray tracing, IA e computação em pipelines 3D e gêmeos digitais de pessoas e objetos complexos. A plataforma é aberta, interoperável, escalável e acessível a todo mundo.

Universal Scene Description (USD)

O USD é um *framework* que dá suporte a informações de gráficos de computadores 3D. Possibilita a colaboração, a edição e várias visualizações. Inicialmente desenvolvido pela Pixar, foi lançado como software de código aberto em 2016.

Como e por que o poder da computação limita o que pode ser feito

O universo físico impõe restrições ao uso de energia e o quanto pode ser colocado em espaços. Isso limita a redução do tamanho de computadores tradicionais e seus componentes. Na realidade, os componentes elétricos se tornaram tão pequenos que os desenvolvedores às vezes devem considerar o tunelamento quântico, que acontece quando as barreiras internas nos transistores se tornam menores que um nanômetro. Os elétrons devem então passar estreitamente pelas barreiras, o que leva a um excesso de corrente.

Esses limites podem ser superados (ou pelo menos minimizados) de várias formas, entre elas:

- Executar muitos computadores simultaneamente.
- Descentralizar as funções do computador.
- Usar novas tecnologias como computação quântica.

Como a blockchain e os NFTs se adequam a esse cenário

Blockchain e NFTs são estruturas de dados implementadas em software especializado. Atualmente, há várias implementações de blockchain, entre elas Ethereum e bitcoin, e elas têm diferentes vantagens e desvantagens. A maioria dos software de blockchain é de código aberto (pelo menos até agora), embora nada impeça uma empresa de desenvolver sua versão proprietária.

Metaverso como um serviço

O software como um serviço (SaaS) evoluiu para liberar as empresas da necessidade de executar seus aplicativos. No geral, em vez de comprar servidores ou usar a nuvem e depois comprar licenças de software para um aplicativo, uma empresa precisava simplesmente se conectar a um sistema SaaS para acessar o software. Em particular, usando SaaS, uma empresa paga pelo número de usuários necessários, em vez de comprar um sistema de folha de pagamento e servidores, bem como contratar pessoal para mantê-lo. Os usuários então se conectam ao sistema SaaS usando um navegador da web ou um cliente local.

O metaverso como um serviço (MaaS) opera da mesma forma. Ele permite que as empresas implementem rapidamente uma solução de mundo virtual 3D que viabiliza colaboração, funções de negócios e criptomoeda. Ao usar o MaaS, uma empresa pode configurar um mundo virtual de forma rápida e eficiente, sem a necessidade de grandes investimentos em hardware, licenciamento e pessoal.

Conclusões

O metaverso, como tudo na computação, requer software para operar. Sem ele, os computadores são apenas tijolos sofisticados de metal e elementos raros. É o software que dá aos computadores a capacidade de realizar tarefas valiosas. Esse software está na forma de firmware para controlar dispositivos, sistemas operacionais para gerenciar os componentes internos de um computador, aplicativos para fornecer funções aos usuários, middleware para fornecer serviços adicionais de conectividade para aplicativos e unidades para executar o hardware.

Agora que analisamos o software, vejamos o papel da inteligência artificial (IA) e da aprendizagem de máquina (ML) na computação e no metaverso.

Inteligência artificial e aprendizagem de máquina

A IA e a ML são os tipos finais de tecnologia necessários para dar suporte ao metaverso. Já vimos os pontos de extremidade, sistemas centrais, rede e software. Esta seção apresenta uma visão geral de IA/ML e se concentra em como elas alimentarão a funcionalidade do metaverso.

É possível obter informações mais detalhadas sobre IA em meu outro livro, *Superhuman Innovation: Transforming Business with Artificial Intelligence* [Inovação super-humana: transformando os negócios com inteligência artificial].

História

Acredite ou não, um conceito de ficção científica de IA, *The Grim Game*, foi lançado em 1919, apresentando ao público um robô de IA chamado Q que tinha aparência humana. Outros filmes, como *O mágico de Oz* (com o Homem de Lata) e *Metrópolis* (que inclui um robô parecido com um humano personificando Maria), continuaram a tendência. Na década de 1950, os livros e os filmes de ficção científica incluíam robôs e máquinas de IA. O filme *Planeta proibido*, lançado em 1956, apresentava um vasto complexo de computadores alienígenas inteligentes que quase destruiu a nave da Terra.

Na década de 1950, Alan Turing explorou o conceito usando a matemática da possibilidade de IA. Ele sentia que, como os humanos usam informações e raciocínio para resolver programas, deveria ser possível construir máquinas que fizessem a mesma coisa. Ele criou o Teste de Turing para determinar se um computador pode pensar como um ser humano. No teste, uma pessoa faz perguntas a um computador enquanto outra, a interrogadora, determina qual é o humano e qual é o computador. O questionamento é repetido e, ao final do teste, considera-se que o computador possui IA se o interrogador acertar a resposta em 50% das vezes ou menos. Os computadores daquela época (e até hoje) não tinham o poder e os recursos para suportar essas possibilidades e, portanto, falhavam no teste.

De 1957 a 1974, os computadores tornaram-se mais rápidos e capazes. Os casos de sucesso, como a demonstração do ELIZA, de Joseph Weizenbaum, mostraram resultados promissores. Usando esse e outros recursos, os pesquisadores convenceram a DARPA a fornecer financiamento para IA em algumas instituições. Os participantes estavam otimistas de que teriam uma máquina tão inteligente quanto os humanos dentro de 3 a 8 anos. Infelizmente, não havia hardware e software de computador que pudessem sustentar esta tese.

Na década de 1980, o financiamento para IA aumentou, e os conjuntos de ferramentas algorítmicas foram expandidos. Essas duas tendências permitiram que os especialistas realizassem pesquisas sobre IA geral (IA que não é explicitamente feita para um único propósito). Os japoneses financiaram o desenvolvimento da IA de 1982 a 1990 com um investimento de cerca de US$ 400 milhões; infelizmente, esse e outros projetos semelhantes não conseguiram atingir seus objetivos de criar um sistema de IA utilizável. Como resultado, o financiamento foi reduzido, e a pesquisa em IA definhou.

Nas décadas de 1990 e 2000, os esforços se concentraram no desenvolvimento de uma forma de IA com foco mais restrito, chamada, apropriadamente, de IA estreita. Em vez de tentar criar IA que pudesse simular ou superar o cérebro humano, a IA estreita se concentra na criação de IA para uma finalidade específica, como analisar padrões de fala ou jogar xadrez. Essa abordagem estreita foi notavelmente eficaz e resultou em vários avanços.

Além disso, os computadores tornaram-se mais capazes, com hardware mais rápido, menor e mais barato, além de software mais apto. As velocidades de disco e taxa de transferência aumentaram, a memória tornou-se barata e rápida, e o desempenho da CPU aumentou em várias ordens de magnitude. Em 1997, o programa de xadrez *Deep Blue*, da IBM, derrotou o campeão mundial de xadrez da época, Gary Kasparov. Nos anos 2000, a IA tornou-se cada vez mais integrada a dispositivos inteligentes, incluindo carros, sistemas de alarme e robôs industriais.

Aprendizagem supervisionada e não supervisionada

A ML e a IA modernas são treinadas para executar tarefas específicas e bem definidas. Há vários métodos de treinamento:

- A aprendizagem supervisionada usa conjuntos de dados rotulados para treinar algoritmos de IA. Há muitos algoritmos diferentes, mas os dados de entrada são marcados ou identificados para que a IA entenda o seu significado.
- A aprendizagem não supervisionada ocorre quando os dados são inseridos em algoritmos, sem identificação ou instruções. O algoritmo fica incumbido de determinar a estrutura e o significado dos dados.
- Um modelo unificado usa um modelo único para um processo ou um produto. Nele, os dados são reunidos em uma única matriz, o que reduz a quantidade de execuções de uma série para apenas uma.

Como a IA e a ML são aplicadas no metaverso

O poder da IA e da ML é a cola que junta todos os componentes do metaverso para torná-lo imersivo, pessoal e responsivo. A IA processará as transações, conduzirá as atividades, gerenciará os chatbots, compreenderá as mídias (textos, imagens, vídeos e áudios) e responderá aos usuários. Além disso, gerará e conduzirá animações 3D, criará imagens, formulará respostas e gerenciará o ambiente e as interações conforme as pessoas se movem de um mundo para o outro.

Pode-se afirmar que um metaverso em pleno funcionamento não pode existir sem IA e ML. Essas tecnologias serão sustentadas por enormes conjuntos (petabytes ou mais) de dados estruturados e não estruturados. Esses conjuntos serão centralizados e descentralizados, dependendo de sua função, sua finalidade e seu mundo virtual.

Modelos de mundo

O treinamento de IA e ML é uma das dificuldades enfrentadas por implementadores e designers, porque ele geralmente requer intervenção humana para configuração de parâmetros e dados. Os modelos de mundos são uma abordagem que permite que a IA seja treinada em um ambiente simulado. Uma maneira de ver isso é que a IA usa mundos virtuais como "sonhos" e os utiliza para fins de treinamento. Ao adotar essa abordagem, o tempo de implementação é reduzido, e a qualidade, melhorada.[139]

IA generativa

As pessoas experimentarão o metaverso em tempo real, e suas ações e necessidades não são totalmente previsíveis. A IA generativa cria o ambiente e os objetos necessários à medida que as pessoas se espalham e exploram o metaverso. Sem ela, tudo no metaverso, das imagens de fundo às pessoas digitais, precisaria ser criado manualmente. É impossível projetar manualmente os cômodos de uma casa digital enquanto uma pessoa a explora. Em vez disso, a IA se envolverá em projetar e criar os espaços completos com os objetos apropriados, como móveis, à medida que forem encontrados.

Outra área de importância para a IA generativa é a geração de imagens com base em descrições textuais. Usando essa tecnologia, tudo, de mundos inteiros a simples objetos, podem ser criados com base em texto. Considere a recriação no metaverso do mundo apresentado em um romance, usando apenas o texto deste livro como entrada. O DALL-E 2 é um aplicativo que gera imagens com base em pares de texto e imagem; ele cria uma imagem do zero, usando um fluxo de dados de até 1.280 tokens.[140]

Nas universidades de Copenhague e Helsinque, pesquisadores descobriram como fazer com que computadores detectem pensamentos e aceitam comandos com base neles. Eles usavam essa tecnologia para possibilitar que as pessoas editem imagens com seus pensamentos. O professor associado Tuukka Ruotsalo, do Departamento de Ciência da Computação da Universidade de Copenhague, explicou:

> "Podemos fazer um computador editar imagens totalmente com base em pensamentos gerados por humanos. O computador não tem informações prévias sobre que características deve editar nem como. Ninguém conseguiu isso antes".[141]

Áudio virtual

Além das imagens e das animações 3D, a tecnologia de IA e ML do metaverso precisará gerar e manipular áudio, porque o som é vital para uma experiência totalmente imersiva. Por exemplo, em um shopping center virtual, a IA precisará gerar os sons de fundo adequados: passos e conversas, entre outros. Isso é IA generativa de áudio; os sons são gerados conforme o necessário para proporcionar uma experiência personalizada e imersiva. Sem esses sons de fundo, o mundo pareceria monótono e sem vida.

A IA deve gerar respostas das pessoas digitais aos estímulos em seu entorno. Nesse sentido, se um usuário pedir informações a um policial digital, por exemplo, a IA deve entender a pergunta, interpretar o significado, compreender qual informação foi solicitada e, em seguida, dar uma resposta.

Outras coisas a serem levadas em consideração são o cômodo, a posição do ouvinte e o tipo de equipamento de áudio no mundo físico. Sons que não são apresentados de forma adequada para o ambiente físico podem arruinar uma experiência imersiva que poderia ser excelente.

Rob Godman, perito em música da Universidade de Hertfordshire e especialista em espaços acústicos, resumiu:

> Temos de pensar sobre como os humanos percebem o som em seu ambiente. Os seres humanos querem saber de onde o som se origina e o quão grande ou pequeno é um espaço. Ao ouvir um som sendo criado, escutamos várias coisas diferentes. Uma é a sua origem, mas você também escuta o que acontece com o som quando combinado com o cômodo: a acústica.[142]

IA conversacional

Os transformadores de linguagem natural permitem que a língua falada seja transformada e processada por um computador. Isso possibilita que humanos conversem com computadores, vocalizando comandos e informações em vez de digitá-los. Atualmente, essa tecnologia faz com que chatbots aparentem ser mais realistas e forneçam melhores resultados a perguntas.

O maior e mais avançado modelo de linguagem generativa do mundo, criado por uma colaboração entre a NVIDIA e a Microsoft,[143] é treinado com 540 bilhões de parâmetros e mostra uma precisão incrível em tarefas de linguagem natural. Essa é uma solução poderosa para viabilizar a IA conversacional no metaverso.

O reconhecimento de entidades nomeadas está proximamente relacionado porque detecta entidades no texto para identificar as que são necessárias para concluir uma tarefa. Essa tecnologia detecta aspectos como termos médicos, pessoas, lugares e empresas, e as repassa para que possam ser usados para as finalidades desejadas.[144]

A IA conversacional é essencial para o metaverso, pois permite que as pessoas falem e interpretem de forma adequada e entendam suas palavras faladas.

Experiências personalizadas

A *personalização* é um dos recursos mais importantes da internet e da experiência na web atualmente. Uma experiência personalizada pode fazer a diferença entre o sucesso ou o fracasso de um site de comércio eletrônico na internet.

O metaverso fará essa tendência avançar muito mais. A experiência de cada usuário envolvido com o mundo virtual deve ser exclusiva a ele. Tudo, do avatar e do que ele vê no mundo virtual às interações com outros indivíduos e pessoas digitais, será visto e vivenciado apenas por ele.

As pessoas não serão atraídas ao metaverso se suas experiências forem as mesmas para todo mundo. Em vez disso, elas demandarão experiências responsivas e personalizadas. Em particular, também precisam interagir com outras pessoas no mundo digital, cada uma envolvida com sua própria visão personalizada. Dois amigos participando de um show virtual esperam ver o mesmo evento de seu próprio ponto de vista exclusivo.

A IA é necessária para administrar essas experiências personalizadas e as interações entre avatares personalizados e pessoas reais.

Segurança cibernética

Agentes mal-intencionados atualizam constantemente as ferramentas que usam para atacar as infraestruturas dos computadores. Em resposta, as pessoas que se defendem devem atualizar as suas também. A guerra quase literal entre entidades mal-intencionadas e defensores passa por esse ciclo repetidas vezes, e, em cada uma dessas vezes, uma das partes obtém uma curta vantagem sobre a outra.

A dupla IA/ML é uma faca de dois gumes no mundo da segurança cibernética. Por um lado, as ferramentas de segurança cibernética habilitadas por IA podem ser extremamente eficazes para repelir ataques. Contudo, por outro, o malware também habilitado por IA apresenta um potencial extremamente alto de quebrar as defesas dos computadores.

A segurança do metaverso é de suma importância. Ele deve ser projetado e implementado com a segurança como prioridade; isso não pode ser uma reflexão tardia. A IA e a ML serão essenciais não apenas para proteger o metaverso de agentes mal-intencionados, mas para evitar que os ataques aconteçam, em primeiro lugar.

A materialização da robótica

Uma das oportunidades mais promissoras para as empresas aproveitarem o metaverso é a interface potencial entre ele e os negócios. Cada vez mais, novas fábricas ou produtos podem ser totalmente projetados e testados no mundo virtual e depois implementados no mundo físico. Esse recurso viabilizará a realização de testes e a construção de protótipos completos antes do dispêndio de dinheiro e dos recursos necessários para se construir o produto final.

O metaverso pode interagir diretamente com produtos do mundo real com o uso de sensores e dispositivos IoT. Além disso, uma pessoa poderia instalar luzes, alarmes e geladeiras inteligentes em sua casa. Ela pode entrar no metaverso para programar esses dispositivos no mundo virtual. Os técnicos de uma fábrica inteligente poderiam estar em um escritório virtual, olhando para telas virtuais que mostram o status de cada dispositivo, robô ou processo no chão da fábrica. Nesse caso, sensores IoT físicos alimentam diretamente o mundo virtual para habilitar esses recursos.

Conclusões

O metaverso precisa do suporte de IA e ML avançadas. Historicamente, a IA é necessária para dividir uma imagem em partes e entender o significado e o uso de cada uma delas. Quando um ser humano olha para a foto de uma fazenda, ele vê vacas, celeiros, grama, tratores, entre outras coisas. Um computador "vê" um fluxo de 0 e 1. Para ter utilidade, as vacas, os celeiros, os tratores e a grama devem ser reconhecidos e rotulados, e só então usados.

A IA será necessária para gerar um mundo virtual conforme é encontrado pelos usuários, de modo a se povoar esse mundo com pessoas, objetos e planos de fundo digitais e, em seguida, animá-lo para parecer real. Isso ajuda a criar uma experiência imersiva em tempo real para os usuários.

A IA e a ML são necessárias para implementar o metaverso por muitas razões. Neste capítulo, examinamos tanto essas duas tecnologias como muitas outras que permitem experiências imersivas, persistentes e em tempo real.

Simplificando, o metaverso não pode existir sem uma infraestrutura que consiste em pontos de extremidade, sistemas centrais, rede, software e IA.

Parte três
Decodificando o imperativo_

11 >Ética, privacidade, segurança e padrões_

A tecnologia digital é essencial para o sucesso da civilização moderna em inúmeros níveis. As pessoas dependem de seus computadores, sejam eles desktops, laptops ou smartphones, para trabalhar em casa, adquirir passagens aéreas, fazer compras no mercado e realizar muitas outras tarefas. Os computadores são igualmente cruciais para empresas, organizações militares e entidades médicas. As empresas dependem da confiabilidade da web e da internet, da nuvem e de seus aplicativos e equipamentos para pagar funcionários, processar faturas e fabricar e transportar mercadorias. Sem computadores confiáveis, as empresas parariam muito rapidamente.

O metaverso traz um nível inteiramente novo de possibilidades e usos. Empresas, governos e pessoas serão ainda mais capacitados à medida que ele se expande pelo mundo.

A expansão da internet resultou em muitas mudanças sociais que afetam as pessoas diariamente. Assim como ocorre com ela, existem e existirão questões éticas sobre o impacto do metaverso nos indivíduos e na sociedade. Ele deve ser projetado para melhorar a colaboração, unir as pessoas e enriquecer vidas.

As considerações sociais também abrangem tecnologias de suporte, como inteligência artificial (IA), internet das coisas (IoT) e Big Data. Como essas tecnologias disruptivas serão implementadas de forma positiva para melhorar a vida das pessoas e da sociedade?

O uso ideal do metaverso decorrerá de abraçarmos seu potencial para melhorar a sociedade e incrementar as liberdades individuais (considerando limites bem definidos). Em outras palavras, a tecnologia deve estar alinhada a valores e princípios que mais beneficiam a sociedade.

Muitas questões devem ser examinadas e resolvidas conforme o metaverso é projetado e implementado. Entre elas estão:

- Como a tecnologia do metaverso deve ser implementada?
- Como o metaverso deve ser usado?

- Como o metaverso deve ser regulado?
- Como as crianças devem ser protegidas no metaverso?
- Deve haver limitações à liberdade de expressão no metaverso?
- Qual é a melhor ou a mais correta abordagem para a governança no metaverso?
- Como a segurança e a privacidade devem ser impostas no metaverso?
- Como o metaverso pode ser democratizado para que não seja controlado apenas pelos poderosos e pela elite?
- Quem tem a propriedade dos dados do metaverso (por exemplo, pessoas, governos, corporações)?
- O governo tem direitos no metaverso?
  - Ele tem o direito a intimações?
  - Ele tem direito de fazer cumprir a lei?
- Como as pessoas e as organizações devem ser protegidas contra criminosos?

Além das considerações éticas, o direito fundamental à privacidade precisa ser incorporado aos fundamentos da Web3 e do metaverso. As pessoas devem saber que podem usar o metaverso como se fosse a "vida real", sem se preocupar demais com a privacidade de suas informações pessoais. A segurança está na base da privacidade porque, sem um ambiente seguro, ela não pode existir.

Por fim, assim como há apenas uma internet e uma web, haverá apenas um metaverso. Certamente, as pessoas encontrarão mundos, jogos e plataformas únicos dentro dele. Fazer que esses mundos se interconectem e trabalhem juntos como um todo integrado sem interrupções requer governança, padrões e regulamentações. O metaverso deve permitir que as pessoas se movam de um mundo para outro à vontade, sem restrições, e que transportem itens virtuais de um lugar para outro.

As respostas às questões de ética, segurança, privacidade e governança determinarão como a tecnologia é usada, como o risco é definido e mitigado e o que o metaverso significa para a humanidade. Ao longo deste capítulo, vamos examinar ética, privacidade, segurança e padrões em relação ao metaverso. Essas questões essenciais devem ser abordadas à medida que a tecnologia do metaverso é desenvolvida e as pessoas começam a aproveitar seus novos recursos.

Ética

A história demonstra que a razão pela qual os humanos conseguem trabalhar juntos em sociedade e colaborar para atingir objetivos comuns se baseia na ética. Com uma estrutura ética sólida, a sociedade prospera. De forma mais óbvia, como discutimos anteriormente, as pessoas confiam que o dinheiro que recebem eletronicamente em sua conta bancária pode ser usado em troca de bens e serviços. Elas têm a confiança de que o banco não fugirá com seu dinheiro, que seu empregador depositará o salário em dia e que seus cartões de débito funcionarão no supermercado. Basicamente, a ética se traduz em confiança porque a confiança afeta todos os aspectos das relações entre os seres humanos, sejam elas pessoais, comerciais, governamentais, médicas ou sociais.

O mundo moderno é enriquecido pela tecnologia; o metaverso aumentará a dependência da sociedade por soluções técnicas. Em outras palavras, a tecnologia possibilita a era moderna, aumentando produções agrícolas, melhorando o transporte e fornecendo comunicações instantâneas e ambientes utilizáveis para trabalho em casa. A sociedade entraria em colapso sem smartphones, nuvem, fibra ótica, cabos submarinos e outras maravilhas técnicas.

Por causa dessa dependência, cabe a todos nós colaborar de forma positiva, ter um diálogo aberto e honesto sobre nossos valores éticos e chegar a um entendimento maior sobre como esses novos paradigmas e dispositivos afetarão as pessoas e a sociedade em curto e longo prazos.

Eudaimonia, um termo que remonta ao tempo de Aristóteles, significa felicidade, bem-estar e prosperidade no nível individual e social. Ao mirar na conquista da maior felicidade (ou bem-estar) para os membros da sociedade e ir atrás desses objetivos, podemos, como um grupo, aprender a criar padrões éticos realistas.[145]

Muitas práticas éticas, cada uma com uma perspectiva e uma filosofia únicas, podem nos ajudar a entender as considerações em relação à ética e ter conversas inteligentes e responsáveis. Independentemente de nossa formação ética, o metaverso e seus sistemas inteligentes subjacentes (autônomos ou não) devem ser projetados para respeitar a dignidade e os direitos humanos, ajudar as pessoas a prosperar e sustentar o meio ambiente.

Princípios éticos gerais

O conceito de ética tem sido um tema de interesse por milênios. A *ética* é o estudo de valores, princípios e regras de moralidade. É um ramo da filosofia que compreende conceitos de certo e errado, cria sistemas para eles e recomenda o comportamento resultante. Assim, o objetivo da ética é ajudar a definir:

- bem e mal;
- certo e errado;
- virtude e vício;
- justiça e crime.

Entre as áreas relacionadas, estão a teoria do valor, a filosofia moral e a ética descritiva.

No contexto da ética, aqui estão alguns dos principais termos que ajudarão a alinhar as conversas sobre ética no metaverso:

Valores. Crenças subjetivas que toda pessoa tem.

Virtudes. Características ou qualidades consideradas moralmente boas.

Ética. A filosofia de determinar a diferença entre o certo e o errado.

Norma. Formas padrão de conduta e comportamento.

A ética nos negócios é uma subárea relativamente nova que tenta criar diretrizes para comportamento ético por empresas. Algumas das questões consideradas nela (e que também se aplicam a empresas no metaverso) são:

- Que tipos de produtos e serviços devem ou não ser vendidos?
- Que métodos podem ser usados para vender, anunciar e comercializar esses produtos?
- Qual é a responsabilidade de uma empresa em relação a suas partes interessadas, seus funcionários, seus gestores e outras pessoas?
- É responsabilidade da empresa abordar questões sociais?
- As empresas deveriam se envolver com política?

Essas são apenas algumas das muitas questões a que a ética dos negócios tenta responder.

Para apoiar implementações baseadas em ética e valores do metaverso e suas tecnologias de suporte (como IA, criptomoedas, blockchain e outras), os seguintes princípios éticos gerais devem ser seguidos:

Direitos humanos. O projeto e a implementação do metaverso e de suas partes deve respeitar os direitos humanos reconhecidos internacionalmente.

Bem-estar. O metaverso deve se concentrar em aprimorar o bem-estar dos seres humanos.

Agência sobre os dados. As pessoas devem ter o poder de acessar e compartilhar, de forma segura, seus dados e de estar no controle de sua identidade.

Eficácia. A evidência da eficácia e da adequação deve ser registrada e disponibilizada.

Transparência. Qualquer decisão deve ser detectável.

Responsabilidade. Uma justificativa inequívoca para qualquer decisão deve ser criada e disponibilizada.

Conhecimento sobre mau uso. Os designers e os implementadores devem ser responsáveis pela proteção contra riscos e pontos negativos do metaverso e suas partes durante a operação.

Competência. As pessoas responsáveis pela implementação e pelo projeto devem ter o conhecimento e as competências para executar suas tarefas de forma segura e eficaz.

Vamos dedicar um momento para examinar várias teorias importantes da ética como um ponto de referência para construir um metaverso ético.

Bases éticas

Na tradição ocidental, iniciada por Platão e Aristóteles, a ética se concentrou no indivíduo, na família e na polis (a cidade ou o público). O indivíduo está relacionado a eles e às funções administrativas dentro da família, que depois se expande para o público. Em nossa avaliação sobre as considerações éticas dos sistemas de informação, essas três áreas de foco devem ser consideradas, porque a moralidade individual é frequentemente isolada da economia e da política no mundo moderno. Muitos pensadores exploraram as razões por trás dessa desconexão. Sem dúvida, esse discurso é vital porque ajuda a compreender o tema da ética para o metaverso.

Ética clássica. O design alinhado de forma ética do Instituto de Engenheiros Eletricistas e Eletrônicos (IEEE) acessa mais de 2.500 anos de dados sobre ética e estuda abordagens científicas e religiosas, inclusive filosofia secular, para ajudar a entender a moralidade na era digital. Esse trabalho analisa a autonomia e a ontologia, bem como explora o potencial para sistemas autônomos e como questões morais são aplicadas a sistemas amorais. O trabalho prossegue para explorar as decisões morais feitas por sistemas amorais e suas consequências morais.

Ética da virtude. Como mencionado anteriormente, Aristóteles argumentou que o objetivo das pessoas é a eudaimonia, que significa prosperar. Isso é alcançado equilibrando-se o ambiente social, as coisas materiais, a família, os amigos e o eu por meio da habituação, que é o uso de ações virtuosas para alcançar o "meio-termo", um princípio de racionalidade. Isso requer que os extremos de excesso e deficiência sejam equilibrados. Para o metaverso, isso significa oferecer um modelo de aprendizado iterativo e valores morais, ajustados pelo contato e pela prática, em oposição a um conjunto estático de regras. A ética da virtude também dá às pessoas que projetam e implementam a tecnologia uma estrutura ética que pode ser usada como contraponto à tendência de pender para o excesso.

Ética deontológica. Immanuel Kant, um filósofo do século XVIII, desenvolveu esse sistema de ética baseada em dever. A ética deontológica afirma que as regras que produzem deveres são valiosas e não necessitam de justificativa ao se compará-las com o bem maior. Essas regras são fundamentais porque formam uma base para a autoestima e criam um ambiente no qual as pessoas podem coexistir e interagir. Ela é baseada no imperativo categórico que afirma: "Aja apenas de acordo com a máxima que você pode, ao mesmo tempo, desejar que se torne uma lei universal". Em outras palavras, a regra deve ser desejável, alcançável, valiosa e passível de ser compreendida pelos outros. Portanto, as regras criadas por escolha pessoal não podem ser universais, a menos que sejam mais universalmente aceitas.

Ética utilitarista (consequencialista). Concentra-se nas consequências das decisões e das ações, o que significa que o curso de ação correto é maximizar a utilidade (utilitarismo) ou o prazer (hedonismo) do número mais significativo de pessoas, exceto para utilidades ou prazeres superficiais e de curto prazo. De acordo com essa ética, os desenvolvedores de tecnologia devem considerar os efeitos de longo prazo, incluindo a justiça social (o projeto ajudará ou prejudicará a humanidade, entre outras coisas). Todas as partes interessadas devem entender os benefícios.

Ética do cuidado. Nessa abordagem (geralmente pensada como um ramo da ética feminista), coloca-se ênfase em relacionamentos sujeitos ao contexto, e o cuidado com as outras pessoas é fundamental para os humanos.

De muitas maneiras, as perspectivas e os pontos de vista das pessoas no mundo físico surgem em diálogos sobre o metaverso, incluindo os sistemas econômicos, políticos e sociais ideais para o mundo digital. As abordagens éticas que examinamos anteriormente podem ser usadas para ajudar a abordar essas preocupações e orientar futuros diálogos.

O impacto da ética

A internet onipresente e acessível abre as portas para o metaverso e para a tecnologia relacionada a pessoas que vivem em qualquer lugar do mundo. Ao usar essas tecnologias, as instituições devem realizar mudanças para melhorar a condição humana, incluindo metas como a vida sustentável. Ao usar os fundamentos éticos apresentados anteriormente, as organizações podem guiar o metaverso adiante; as empresas podem contribuir para o avanço da cultura, da arte, da colaboração e da comunicação, além de gerar lucro responsável para as partes interessadas.

Esses são temas e assuntos complexos, mas, se a ética estiver no centro dessas conversas, o metaverso será mais benéfico à sociedade.

Privacidade/segurança

Os designers do início da internet e da web não incluíam segurança e privacidade em suas especificações, pelo menos não em grande medida. A arquitetura e os protocolos subjacentes (TCP/IPv4, HTTP) não foram projetados com conceitos de segurança e privacidade em mente. As senhas costumavam ser armazenadas em texto sem formatação e os roteadores e as contas do sistema permaneciam com as configurações padrão de fábrica. Os sistemas operacionais e os aplicativos eram projetados e implementados sem preocupações de segurança, e até hoje o sistema de nome de domínio sofre com práticas de segurança precárias decorrentes do seu projeto.

No entanto, essa situação não funcionaria na era dos computadores pessoais e dos mainframes conectados à internet. O comércio eletrônico requer um nível mínimo de segurança para proteger as informações dos cartões de crédito e dos consumidores. Agentes mal-intencionados (hackers, grupos de hackers e até países) invadiam redes telefônicas (que, naquela época, eram usadas para a internet), comprometiam roteadores e penetravam sistemas militares, de comércio eletrônico e de infraestrutura.

Embora uma finalidade significativa do TCP/IPv6 fosse resolver o problema das limitações do TCP/IPv4 no número de endereços, ele também introduziu uma camada de segurança muito necessária no protocolo. Sistemas operacionais e aplicativos de computador são corrigidos regularmente para resolver vulnerabilidades de segurança, a criptografia de comunicações e dados tornou-se a norma em vez da exceção e senhas fortes, combinadas com biometria, agora são aplicadas.

Junto da segurança, a privacidade cresceu em importância. Os consumidores confiam suas informações confidenciais a mídias sociais, comércio eletrônico, hospitais e bancos. Agentes mal-intencionados buscam penetrar nas defesas dessas e de outras instituições para obter enormes bancos de dados repletos de informações pessoais confidenciais, que podem ser usadas para fins nefastos ou até ser vendidas pelo lance mais alto. Manter esses agentes afastados é tão importante que muitas empresas estão criando um cargo executivo de nível C responsável pela privacidade.

Muitos outros livros, cursos e programas universitários detalham os assuntos de segurança e privacidade na computação. De forma semelhante, esta seção avaliará os conceitos de segurança e privacidade específicos ao metaverso e pretende abrir um diálogo sobre esses temas.

Segurança do metaverso

A intenção principal do metaverso é criar um ambiente imersivo completo, com economia, sistema de governança, propriedade de itens e conexões sociais. As pessoas precisam se sentir seguras e ter a tranquilidade de que suas informações privadas estão protegidas. A segurança e a privacidade devem ser uma das grandes prioridades do metaverso para garantir que os usuários não fiquem receosos ao visitá-lo, envolver-se com o comércio e engajar-se em interações sociais.

O metaverso será composto de mundos virtuais patrocinados por organizações, empresas, governos e indivíduos. Esses mundos frequentemente serão hospedados na nuvem ou em sistemas locais, o que significa que será responsabilidade do provedor garantir que suas plataformas sejam seguras seguindo as melhores práticas, incluindo as listadas abaixo:

- Educar os membros da equipe sobre práticas, políticas e procedimentos de segurança.
- Adotar senhas complexas e tirar proveito de biometria para logins.

- Proteger a rede, inclusive o *wi-fi*.
- Criar uma política de *backup* sólida e comprovada, que seja cumprida.
- Instalar software antimalware e antivírus.
- Proteger todos os dispositivos físicos.
- Realizar atualizações de segurança com regularidade em seus sistemas operacionais, firmware e aplicativos.
- Criar, publicar e testar um plano de resposta a incidentes.
- Os dados, especialmente os pessoais dos consumidores, devem ser criptografados em todos os pontos da rede.

Realidade aumentada e virtual

A realidade aumentada (AR) e a realidade virtual (VR) são essenciais para proporcionar uma experiência imersiva, envolvente e de qualidade. A AR coleta e recebe dados que são armazenados em bancos de dados centralizados ou descentralizados, dependendo do aplicativo. Esses dados podem ser comprometidos durante a transmissão e o recebimento (em trânsito) ou no banco de dados e no próprio dispositivo AR/VR. Cada um representa uma preocupação de segurança potencial e abre caminho para um ataque.

Algumas questões associadas a esses dispositivos envolvem o seguinte:

- Quais são as preocupações relacionadas à segurança e à privacidade quando um dispositivo AR/VR é comprometido?
- Como os dados serão protegidos em trânsito e nos bancos de dados?
- Como o usuário será protegido contra falsificações?
- Como a identidade será verificada em um ambiente virtual, considerando que os avatares não comprovam a identidade da mesma maneira que uma leitura de impressão digital ou de retina?
- Como os dados serão compartilhados com terceiros? Como os consumidores controlarão esse compartilhamento?
- Como os dispositivos AR/VR receberão atualizações de segurança e firmware?

Engenharia social

No mundo real, a identidade é comprovada por meio do fornecimento de documentos pessoais, como carteira de motorista, cartão de previdência social ou passaporte. A determinação da identidade geralmente se baseia no reconhecimento do rosto de uma pessoa ou de outras características físicas. No mundo virtual, como as pessoas deverão provar sua identidade? Elas podem criar um avatar com os recursos desejados, o que inclui imitar outra identidade. Sem uma solução, entidades mal-intencionadas podem usar a engenharia social para induzir as pessoas a fornecer informações pessoais e praticar golpes.

Marketplaces

Marketplaces são usados para comprar, vender e negociar criptomoedas e NFTs (entre outras coisas). Por sua natureza, esses marketplaces devem armazenar informações financeiras e pessoais (geralmente, na carteira on-line da pessoa). Isso gera preocupações adicionais de segurança associadas aos marketplaces; seus requisitos de segurança são equivalentes aos dos bancos e de outras instituições financeiras.

Segurança da blockchain

Quando foram implementadas pela primeira vez, acreditava-se que as blockchains não podiam ser hackeadas, principalmente porque exigiam pelo menos 51% dos recursos da rede. Então, o pensamento foi: com esse tipo de poder de computação, por que não o usar apenas para minerar novas moedas? Infelizmente, em 2019, um invasor obteve o controle de mais de 50% do poder de computação disponível para a Coinbase e o usou para reescrever o histórico de transações, o que tornou possível usar as criptomoedas mais de uma vez. Os invasores, então, roubaram US$ 1,1 milhão. Outra corretora, a Gate.Io, perdeu cerca de US$ 200 mil para esse invasor.[146]

Portanto, a segurança da blockchain não é inviolável e pode ser hackeada. Outra preocupação é se os métodos de criptografia subjacentes usados para criptografar blockchains podem se tornar vulneráveis. Os hackers já quebraram a criptografia antes, principalmente com protocolos de segurança de rede, como o *Wired Equivalent Privacy* (WEP). A mesma possibilidade existe para a criptografia usada para blocos. Como blockchains inteiras serão atualizadas com criptografia mais recente e segura se forem vulneráveis?

Roubo de identidade

Roubar identidades significa usar vários meios para adquirir os dados pessoais de uma pessoa e, em seguida, usá-los para imitá-la. Muitas vezes, isso é feito ao se obter acesso a informações confidenciais, como números de previdência social. Com essas informações, uma pessoa mal-intencionada pode solicitar crédito em nome de outra sem sua permissão ou seu conhecimento. É necessário incluir proteções no metaverso para evitar ou reduzir isso.

Segurança de dados

O metaverso exigirá uma imensa quantidade de dados, da ordem de dezenas ou centenas de petabytes por dia. Algumas dessas informações serão armazenadas de forma descentralizada, o que significa que serão duplicadas em todos (ou muitos) nós de uma rede. A maioria será mantida em grandes bancos de dados centralizados. Uma preocupação significativa da implementação do metaverso é o modo como esse vasto volume de dados será mantido seguro. Será necessário criptografar todos os dados ou pelo menos as partes que contenham informações de identificação pessoal (PII). Além disso, deverão ser protegidos com as melhores práticas de segurança.

Privacidade no metaverso

À medida que os consumidores se tornam mais dependentes do metaverso em seu dia a dia, eles o usarão para fazer transações bancárias, compras, jogar, investir, ir a shows e um número praticamente infinito de outras coisas. Assim como na internet, eles estarão genuinamente preocupados em manter suas informações pessoais privadas. Da mesma forma, uma violação de segurança que resulte na divulgação de dados pessoais pode prejudicar gravemente a reputação de uma empresa.

> *É vital entender que a segurança é fundamental para a privacidade. Sem boas práticas de segurança, a privacidade não pode ser mantida.*

Informações pessoais (PI), também conhecidas como informações de identificação pessoal (PII), são quaisquer dados que podem ser usados para identificar, localizar ou entrar em contato com alguém. Esses dados são considerados pessoais se puderem ser usados por si sós ou em combinação com outros.[147] Alguns exemplos de dados PII são o nome, o endereço, o endereço de e-mail, as senhas, as IDs de licença e os números de cartão de crédito de uma pessoa. Entre outras PII menos óbvias, estão dados de geolocalização (GPS), um endereço TCP/IP ou um nome de tela. Dados PII são quaisquer dados que possam ser usados para identificar um indivíduo.

Existem vários padrões e regulamentos nos níveis estadual, provincial, nacional ou internacional. A Lei de Privacidade do Consumidor da Califórnia (CCPA) e o Regulamento Geral de Proteção de Dados (GDPR) definem os padrões e as leis para proteger informações pessoais. As organizações devem entender os requisitos de privacidade para sua localização e onde fazem negócios (é fundamental que uma empresa nos EUA esteja em conformidade com o GDPR se fizer negócios na Europa).

Inúmeras técnicas são usadas para proteger dados PII. É comum reduzir a capacidade de identificação dos dados, o que envolve mascará-los (por exemplo, ao se sobrepor uma senha com asteriscos), removê-los (reduzindo-se um nome como Joe Smith para J. Smith) ou agregá-los (8 entre 10 gostaram desse filme).

Algumas das principais áreas de preocupação em relação à privacidade de dados (entre outras) são:

- saúde;
- dados sobre religião;
- informações políticas;
- dados íntimos ou altamente pessoais;
- informações genéticas.

Às vezes, determinar a confidencialidade das informações não é tão simples quanto parece. O contexto da informação deve ser levado em consideração também. Um endereço de e-mail, por si só, pode não ser considerado confidencial, a menos que esteja associado a outra coisa que seja confidencial.

As empresas com acesso a informações pessoais devem determiná-lo e limitá-lo a quem precisa saber e somente quando precisa saber. Por exemplo, o PCS DSS afirma que os números de cartão de crédito devem ser criptografados. Desnecessário dizer que o departamento de fraudes pode ter de examinar esses números ocasionalmente para resolver casos. Nessa situação, apenas os funcionários que precisam conhecer essas informações podem descriptografar e visualizar os números do cartão de crédito.

As organizações devem se preocupar em fazer cumprir práticas de boa segurança e privacidade. É para benefício dos consumidores, dos funcionários, das partes interessadas e da organização. A maneira ideal de fazer isso é garantir que as melhores práticas se espalhem por toda a organização. Todo mundo deve compreender a segurança e a privacidade, bem como praticá-las. Isso envolve todas as pessoas de todos os departamentos, inclusive prestadores de serviço e desenvolvedores.

Os dados passam por um ciclo de vida particular, descrito aqui:

- Os dados são coletados.
- Essas informações são criptografadas e armazenadas. A criptografia pode ocorrer conforme os dados são coletados.
- As informações são usadas conforme necessário.
- Os dados podem ser compartilhados conforme estabelecido na política de privacidade da organização.
- Os dados podem ser arquivados ou destruídos. Observe que os dados descentralizados em blockchains não são normalmente arquivados ou destruídos.

Proteger a privacidade e a integridade dos dados deve ser uma parte integral do projeto de qualquer sistema ou aplicativo do início ao fim. É a melhor maneira de garantir que eles permaneçam privados.

Padrões, governança e regulamentações

Padrões, governança e regulamentos são a base do mundo digital moderno e permitem que os sistemas funcionem em conjunto como um todo harmonioso. Devemos considerar também que o padrão TCP/IP define a maneira como funciona a comunicação na internet, o que significa que as pessoas podem se conectar e fazer seus negócios sem se preocupar em como conectar seus computadores. As Web 1.0, 2.0 e 3.0 funcionam da mesma maneira, permitindo que qualquer pessoa use seu navegador da web e aplicativos para interoperar com servidores e sistemas em todo o planeta. Ninguém precisa se preocupar se um site funcionará em um navegador porque os padrões exigem que todos os navegadores aceitem HTML, JavaScript e outras linguagens baseadas na web.

Para que o metaverso funcione da mesma maneira transparente, é necessário que haja padrões, governança e regulamentações. Com os padrões, as pessoas podem transferir seus pertences virtuais entre mundos à vontade, sem se preocupar com a forma como essa transferência ocorre. Elas poderão viajar para um mundo, depois sair e passar para o próximo da mesma forma que as pessoas atualmente navegam na web, indo de um site para outro.

Alguns exemplos de padrões bem conhecidos são:

Padrões da indústria. Trata-se de padrões usados na indústria para garantir que os equipamentos e o software trabalhem juntos perfeitamente:

- IEC 60038 Voltagens padrão.
- IEC 60228 Condutores de cabos isolados.
- IEC 60269 Fusíveis de energia de baixa voltagem.
- IEC 60320 C13 conectores e C14 entradas.
- IEC 60884 Plugues e tomadas domésticos.
- IEC 61970 APIs para gerenciamento de energia.

Padrões múltiplos. Os padrões de hardware e software trabalham juntos para apoiar uma série de necessidades tecnológicas:

- Bluetooth.
- USB.
- HDMI.
- SCSI.
- Ethernet.
- TCP/IP.
- HTTPS.
- Wi-Fi.
- DisplayPort.

Constelação de padrões

Muitas organizações de padronização vão contribuir (e estão contribuindo) para um metaverso aberto e inclusivo:

- W3C.
- IEEE.
- Web3d.
- Khronos.

Um grupo, o Metaverse Standards Forum, vem ajudando a criar os padrões necessários para esse próximo nível de interoperabilidade da mesma maneira que o W3C define os padrões para a web. Neil Travett, presidente do Khronos Group, explicou:

> O metaverso reunirá diversas tecnologias, exigindo uma constelação de padrões de interoperabilidade, criados e mantidos por muitas organizações. O Metaverse Standards Forum é um local único para a coordenação entre as organizações de padronização e a indústria, com a missão de promover uma padronização pragmática e oportuna essencial para um metaverso aberto e inclusivo.[148]

Em 2022, o Metaverse Standards Forum foi criado para unir empresas, negócios e organizações, a fim de desenvolver os padrões de interoperabilidade necessários para a construção do metaverso aberto. Um dos principais objetivos do grupo é detectar lacunas nos padrões de interoperabilidade que podem eventualmente atrasar o desenvolvimento e a implantação do metaverso. O Fórum é aberto e sem custo para qualquer organização.

Muitos líderes do setor concordam que uma base de padrões abertos é a melhor maneira de garantir que todo o potencial do metaverso seja concretizado. Muitos padrões de interoperabilidade serão necessários e são dirigidos por Organizações de Desenvolvimento de Padrões (SDOs), como The Khronos Group, The World Wide Web Consortium, The Open Geospatial Consortium, The Open AR Cloud, The Spatial Web Foundation e outras.

Por que os padrões são necessários?

A tecnologia e a era digital funcionam graças aos padrões. Uma maneira de pensar sobre isso é ter em mente que as páginas da web seguem padrões específicos. Elas são escritas em uma linguagem de marcação chamada HTML, definida por uma série de padrões. Os navegadores dependem consistentemente de páginas da web que seguem esses padrões para interpretar e exibir bilhões delas. Isso não seria possível sem eles.

As imagens funcionam da mesma maneira. Cada formato de imagem segue um padrão. Sem ele, um arquivo de imagem conteria apenas uma série de caracteres e números aleatórios. Não faria sentido. O padrão explica como esses arquivos devem ser interpretados para produzir imagens e metadados visíveis.

O metaverso envolverá muitos componentes diferentes, de imagens e texto a vídeos, animações 3D, blockchain, NFTs e DAOs. Tudo isso exige padrões, para que os aplicativos entendam como criá-los, modificá-los, exibi-los e protegê-los. Enquanto muitos padrões já estão definidos (imagens, por exemplo), outros estão em desenvolvimento ou ainda não foram criados.

Em outras palavras, os padrões são acordos que definem como algo funciona entre os setores. Quando um padrão é aceito, as empresas podem utilizá-lo para projetar e criar produtos que possam ser interoperáveis com facilidade.

A visão

Empresas e organizações de todos os tamanhos colaboraram para criar os padrões para projetar, implementar e desenvolver o metaverso.

De acordo com o Metaverse Standards Forum, algumas das tecnologias que necessitam de padronização são:[4]

- Realidade visual sintética.
- Ótica de XR prática.
- Digitalização de ambiente em tempo real e interpretação semântica.
- Ferramentas de criação de conteúdo 3D do usuário final.
- Simulações físicas.
- Interações sociais remotas.
- Suporte a milhões de usuários simultâneos.
- Transmissão de grandes conjuntos de dados geoespaciais.
- Ancoragem geográfica persistente do mundo real.
- Gêmeos digitais universais.
- Personas e conexões sociais on-line.
- Avatares realistas.
- Ativos compartilháveis do consumidor.
- Segurança e privacidade.
- Economias e moedas on-line.

É por causa dos padrões que tecnologias comprovadas podem ser implantadas, o que permite às empresas criar oportunidades que beneficiam todos os consumidores.

Padrões abertos

O Fórum incentiva padrões abertos, já que eles levam à consistência entre implementações diferentes, de modo a atender às necessidades de mercados e casos de uso diversos. O código aberto será usado para implementações, ferramentas, amostras e validadores.

Resumo

Uma base sólida para o metaverso é construída com padrões abertos aceitos pelo setor. Eles dão suporte à transferência de itens virtuais entre mundos virtuais, a usabilidade de várias criptomoedas em todos os mundos e a capacidade de manter o mesmo avatar em qualquer lugar. A governança e as regulamentações vão impor esses padrões, para que sejam aceitos e usados em qualquer lugar.

A criação e a aceitação dos padrões abertos levaram à criação e à aceitação da internet, da Rede Mundial de Computadores, de navegadores, de hardwares, de aplicativos e qualquer coisa relacionada à tecnologia. Até mesmo o fato de a eletricidade funcionar da mesma forma em cada casa e cada empresa é resultado da criação de padrões.

Com a ética, a segurança e os padrões em vigor, podemos nos concentrar agora na definição dos princípios de um metaverso projetado para conectar e unir as pessoas de todos os níveis da sociedade, a fim de que colaborem, prosperem e levem vidas melhores.

12 >Conexão, unidade e comunidade_

Que condições são necessárias para que uma pessoa tenha uma vida feliz e saudável? Há um padrão comum entre as pessoas que são felizes e que esteja ausente naquelas que não são?

Você se lembra de *A felicidade não se compra*? Nesse filme natalino, George Bailey (James Stewart) acredita que sua vida não tem jeito. Um anjo da guarda intercede e lhe mostra como a cidade e seus habitantes seriam se ele não estivesse por lá. George percebe que a vida é mais que dinheiro ou posses; a felicidade se trata de relacionamentos com a família e os amigos.

Divertida mente, um filme da Pixar lançado em 2015, segue as aventuras da jovem Riley e suas cinco emoções animadas: Alegria, Tristeza, Raiva, Medo e Nojinho. Durante o filme, acompanhamos os sentimentos enquanto eles tentam ajudar Riley a se orientar por uma série de perigos pessoais. Ela aprende que cada emoção tem uma finalidade e, por ser capaz de experimentar todas elas, aprende a ser feliz. Uma sugestão não explícita do filme é de que o valor da amizade e da família é uma importante adição à qualidade da vida de Riley.

Mudança de hábito é outro filme sobre a experiência humana. Deloris, interpretada por Whoopi Goldberg, é colocada em um convento pelo serviço de proteção à testemunha. Ela lidera o coral e agita o mundo das freiras com sua personalidade escandalosa. No final do filme, Deloris aprende o valor da amizade e se dá conta de que é uma pessoa amável e carinhosa.

Esses filmes buscam ilustrar histórias de felicidade e realização pessoal por meio de narrativas criativas. George Bailey, Riley e Deloris superam desafios e aprendem que suas vidas parecem mais completas por causa de suas conexões sociais, familiares e de amizade. Eles foram capazes de superar obstáculos e encontrar a felicidade com a ajuda de seus amigos e parentes.

Todo mundo conhece pessoas que são felizes a maior parte do tempo. Conversando com elas, parece que quase nada as abala. Elas não sofrem muito com estresse, ansiedade e depressão. Em vez disso, avançam pela vida com a saúde intacta, prosperam em suas carreiras e têm uma vida familiar recompensadora. Do outro lado da moeda, há indivíduos cujas vidas não parecem prosperar, em maior ou menor grau.

À medida que as pessoas avançam na vida, a maioria se concentra em desenvolver as habilidades necessárias para se sustentar financeiramente e talvez criar uma família. Assim tem sido o funcionamento do mundo há séculos. Independentemente dos avanços técnicos experimentados pela humanidade, esse paradigma básico permaneceu inalterado. Muitos poderiam argumentar que a chave para a felicidade é a produtividade. Em outras palavras, quanto mais uma pessoa produz ou ganha, mais feliz ela é. Mas isso é verdade? Ficamos mais felizes quando ganhamos dinheiro e adquirimos coisas materiais?

Um estudo conhecido como Estudo do Desenvolvimento Adulto de Grant e Glueck tentou encontrar uma resposta. O grupo Grant era composto de 268 homens, todos formados em Harvard entre 1939 e 1944. O grupo Glueck consistia em 456 homens, todos homens de baixa renda da cidade de Boston. O estudo acompanhou esses dois grupos distintos de homens por mais de 80 anos. O objetivo era descobrir se algum fator identificável poderia ser usado para prever a saúde e o bem-estar das pessoas à medida que envelhecem.[149]

O poder das conexões

O estudo concluiu que a chave para a felicidade e a realização na vida são os relacionamentos (em outras palavras, conexões), especialmente aqueles de alta qualidade. Em contraste, muitos afirmaram que aspiram ficar ricos, famosos e possuir bens materiais. Um estudo recente relatou que 49% dos millennials queriam ficar ricos, em comparação com 40% dos baby boomers e 55% da geração X.[150] Suas aspirações não são muito diferentes das dos homens no Estudo do Desenvolvimento de Adultos. Normalmente, ao longo do tempo, descobriu-se que aqueles com carreiras e vidas bem-sucedidas estavam profundamente investidos em relacionamentos e conexões com a família, os amigos e a comunidade.

O dr. Robert Waldinger, um psiquiatra, psicanalista e mestre zen, apresentou o estudo e suas conclusões sobre felicidade em um TED Talks em 25 de janeiro de 2016. O dr. Waldinger escreveu artigos científicos e dois livros, e dá aulas a residentes de Psiquiatria e estudantes de Medicina no Hospital Geral de Massachusetts, em Boston.

Em sua palestra, ele aborda o que torna uma vida boa. Faz referência às lições do Estudo do Desenvolvimento de Adultos (o estudo mais abrangente sobre felicidade) e aos comportamentos e às atitudes que resultam em felicidade e saúde em longo prazo. Ele ressalta que nossa criação reforça constantemente que devemos nos concentrar em progredir, ganhar a vida e focar no trabalho; na mente de muitas pessoas, isso leva a uma boa vida.

É claro que ter boa educação, encontrar um emprego adequado e ser competitivo são objetivos razoáveis e devem ser perseguidos, pois ajudarão na criação de uma vida estável, saudável e feliz. Porém, priorizar essas ações em detrimento de uma vida social, da família e dos amigos afasta as pessoas do caminho da felicidade e da realização.

O dr. Waldinger explicou que há três grandes lições a serem compreendidas sobre relacionamentos. Os seres humanos anseiam por conexões sociais, e a falta delas, que leva à solidão, é destruidora. Estar socialmente conectado traz felicidade, saúde e longevidade; ficar sozinho, sem essas conexões, reduz a felicidade, causa problemas de saúde, encurta a vida e até reduz o funcionamento do cérebro.

Ele disse: "Bons relacionamentos mantêm nossos corpos mais saudáveis e nos ajudam a viver por mais tempo".

Todos vivenciamos momentos de solidão em nossas vidas. As pessoas podem estar solitárias no meio de uma multidão de amigos. Às vezes, os momentos mais solitários são vivenciados em relacionamentos não satisfatórios ou até tóxicos. Mesmo aqueles que parecem ser muito sociáveis e bem conectados podem ser mais solitários do que deixam transparecer. A qualidade dos relacionamentos é muito mais crucial que o número de interações ou conexões sociais.

Outra lição é que a saúde mental declina diante do conflito. Amizades tóxicas, casamentos ruins e locais de trabalho insatisfatórios fazem com que as pessoas se sintam infelizes, o que pode levar a problemas de saúde física, declínio nas habilidades cognitivas e infelicidade. Em outras palavras, mesmo que existam conexões, as ruins causam efeitos colaterais infelizes à saúde mental.

O estudo também determinou que relacionamentos saudáveis resultam em cérebros melhores, o que significa que é bom para os seres humanos se conectarem com outra pessoa à medida que envelhecem. Ser capaz de contar com a ajuda de outra pessoa quando as coisas ficam difíceis leva a memórias mais nítidas por mais tempo. Em contrapartida, aqueles que não podem depender de outra pessoa experimentam um declínio mais prematuro na memória. Nesse caso, não é tanto a qualidade do relacionamento que importa, mas o fato de as pessoas envolvidas poderem contar umas com as outras para ajudar quando necessário.

Waldinger explicou:

> Os relacionamentos bons não têm de ser tranquilos o tempo inteiro. Alguns de nossos casais octogenários podiam discutir dia sim, dia não. Mas, se sentiam que podiam contar um com o outro quando a situação ficava difícil, essas discussões não pesavam em suas memórias.[151]

Com a observação, ele concluiu que a principal razão para as pessoas terem vidas longas e felizes é a qualidade de suas conexões. Pessoas felizes vivenciam relacionamentos de qualidade com amigos, familiares, colegas de trabalho e outros. Portanto, o fator mais significativo para experimentar a felicidade é ter conexões sociais.

> O dr. Waldinger disse: Descobrimos que, se você tem bons relacionamentos, provavelmente será mais feliz. Mas não acreditamos, logo no início, nos dados que nos mostravam que os bons relacionamentos mantinham o corpo saudável e nos ajudavam a viver por mais tempo. Então, outros estudos começaram a chegar à mesma conclusão.[152]

Conexões

Jon Levy reflete sobre isso em seu livro *You're Invited: The Art and Science of Connection, Trust, and Belonging* [Você está convidado: a arte e a ciência da conexão, confiança e pertencimento], em que fala sobre a necessidade de confiança, conexão e comunidade.

Ele afirma:

> Reunir as pessoas de uma maneira única produz resultados contagiantes [...] Em última análise, as pessoas ao seu redor são importantes. Quem são aqueles que o cercam e que definem o seu sucesso (o que quer que isso signifique para você pessoalmente) e têm o potencial de mudar a direção de sua vida e da sociedade? [...] A estratégia mais universal para o sucesso é criar conexões significativas com pessoas que causam impacto em você, na sua vida e nas coisas que lhe são importantes. [...] Nada é

mais universal do que a nossa necessidade de nos conectar, é isso que nos tem permitido sobreviver como espécie. Não somos solitários como tigres e tartarugas-marinhas.[153]

Dado que conexões significativas são uma das chaves para uma vida feliz, saudável e com propósito, como o metaverso pode desempenhar um papel na construção e no incentivo de conexões? A internet certamente mudou a sociedade para melhor de várias maneiras, inclusive ao permitir que os funcionários trabalhem em casa e se comuniquem com smartphones, e possibilitou a aquisição de produtos de todo o mundo.

Consequências não intencionais da internet

Considere as consequências não intencionais associadas à internet e aos avanços tecnológicos que afetaram profundamente indivíduos, empresas, sociedades, governos e até o mundo. Uma consequência não intencional acontece por causa de uma ação imprevista. A Lei das Consequências Não Intencionais é frequentemente citada por economistas e cientistas sociais, e não diferencia entre consequências boas e más; significa que as consequências, boas ou más, não foram previstas ou planejadas.

Como sociedade, devemos estar preparados para falar sobre essas questões com honestidade, o que nos permite encontrar melhores soluções. A visão geral das consequências não intencionais a seguir é uma tentativa de reformular o futuro de uma maneira benéfica, eficiente e eficaz para criar um metaverso positivo que apoie um superorganismo que se alimenta da inspiração de todos. Vejamos algumas das consequências não intencionais associadas à internet e à tecnologia.

A internet polariza as pessoas?

De acordo com a *Scientific American*, as plataformas digitais não necessariamente polarizam as pessoas. Pesquisadores concluíram que o oposto era verdadeiro. Em um contraste um tanto óbvio, eles chegaram a uma conclusão diferente: as plataformas digitais amplificam os influenciadores, que usam seu poder sobre milhões para radicalizar ou polarizar grandes grupos. Grupos igualitários (em que as ideias podem vir de qualquer pessoa do grupo) fazem avançar ideias com base na qualidade; grupos centralizados (que são administrados por uma pessoa ou um pequeno grupo de influenciadores) podem amplificar o viés em razão da influência dos administradores sobre os seguidores.[154]

Em uma combinação de fatores, a internet aumentou a velocidade e o volume de dados que indivíduos e grupos visualizam. As mensagens podem se espalhar para milhões de pessoas em segundos e ser compartilhadas inúmeras vezes. Como consequência, dados falsos ou imprecisos criados por um influenciador (ou por um grupo de influenciadores) podem se espalhar rapidamente e ser aceitos por um grupo considerável sem verificação de sua veracidade.

Jolynna Sinanan, da Universidade de Sydney, sugeriu uma visão alternativa: "Todos os tipos de extremos que vimos neste ano [nos Estados Unidos] têm a ver com a externalização do 'Eu importo como um indivíduo'".[155]

Assim, uma consequência imprevista da internet é que ela permite que as pessoas sejam mais determinadas sobre sua identidade e suas crenças, porque dá a elas um canal para se comunicar de forma rápida, fácil, e geralmente, sem consequências.

A internet cria câmaras de eco?

Uma *câmara de eco* é criada quando as pessoas em um grupo recebem constantemente as mesmas opiniões. Essencialmente, suas próprias opiniões são repetidas para elas, o que as reforça, criando um sistema de crenças e isolando-as de opiniões contrárias ou conflitantes. O efeito é o reforço do viés de confirmação, o que significa que as pessoas do grupo veem consistentemente suas opiniões refletidas para si, e isso confirma, em suas mentes, que estão corretas.

As câmaras de eco são um subproduto de plataformas digitais, mecanismos de busca e grupos sociais on-line. Como as plataformas digitais permitem às pessoas encontrar e socializar com outras que têm as mesmas opiniões e crenças, há a tendência de formação dessas câmaras de eco. Isso é reforçado pelos algoritmos de mecanismos de busca e das plataformas digitais.

Basicamente, a natureza da comunicação rápida e a habilidade de formar grupos com pessoas que pensam igual, combinadas com os algoritmos de mecanismos de busca e de plataformas digitais, tende a criar e reforçar as câmaras de eco. Esse efeito certamente não foi previsto quando a internet foi criada.

A internet amplifica postagens ou informações emocionais, raivosas ou falsas?

A internet permitiu que a humanidade se comunicasse com outras pessoas em todo o planeta, individualmente e em grupos. Isso, por sua vez, permitiu que as pessoas compartilhassem facilmente suas ideias, seus sentimentos e seus pensamentos à vontade. Estudos concluíram que as postagens on-line pendem para o que é conhecido como *viés de positividade*, o que significa que a maioria das postagens tem conteúdo positivo.[156] Igualmente importante, de acordo com um estudo de 2016 da FiveThirtyEight.com, os comentaristas, em geral, sentem-se especialistas em um assunto e, possivelmente, suas respostas tendem a ser apaixonadas, emocionais e hostis. Isso, combinado com o anonimato da internet e a natureza provocativa das manchetes nesse espaço, leva a postagens raivosas.[157]

A internet e as plataformas digitais, portanto, tendem a amplificar emoções como raiva e a causar a disseminação de informações falsas. Isso não foi previsto quando a internet foi projetada e implementada.

A internet aumenta a possibilidade de violência?

Segundo um relatório produzido pelo CDC,[158] a agressão eletrônica é um problema emergente de saúde pública. Ele cita dados que indicam que o assédio na internet está se tornando mais comum. Em 2000, 6% dos internautas na faixa etária de 10 a 17 anos afirmaram ter sido vítimas de assédio on-line; em 2005, esse número aumentou para 9%. A pesquisa sobre agressões e violências que ocorrem ou são facilitadas por plataformas digitais e internet está em seus estágios iniciais, portanto, os dados são incompletos. Não obstante, os primeiros resultados sustentam a premissa de que o assédio e a violência aumentaram por causa da internet. Esse aumento não foi previsto pelos criadores da web e da internet.

A internet ajuda governos estrangeiros a semear a discórdia?

Um estudo apoiado pela Organização das Nações Unidas (ONU) concluiu: "Em vez de serem iniciadoras ou causadoras de comportamentos violentos, a internet e as plataformas digitais podem ser facilitadoras em processos mais amplos de radicalização violenta".[159] Os pesquisadores também descobriram que as plataformas digitais são usadas para gerar medo e polarizar as sociedades. Eles recomendaram que a mídia:

abstenha-se de espalhar medo, de estereotipar, de divulgar vieses de confirmação, de veicular notícias falsas e de criar 'pânicos midiáticos', e que busque reafirmar a importância da ética da mídia diante da radicalização dos jovens por extremismo violento.

Além disso, um artigo da RAND, chamado Combating Foreign Disinformation on Social Media[160] [Combatendo a desinformação estrangeira em mídias sociais], afirma que vários governos estrangeiros financiaram campanhas de desinformação em plataformas digitais. Vinton Cerf, coinventor do protocolo da internet, resumiu: "Não nos concentramos em como alguém poderia arruinar esse sistema intencionalmente".

Considerando que os protocolos e os padrões projetados para a internet inicial não incluíram muitos recursos de segurança, pode-se concluir que usar a internet para semear a discórdia não foi algo antecipado.

A internet reduz a confiança entre as pessoas?
A internet não foi projetada com a confiança ou a segurança em mente. As plataformas digitais e a habilidade de se comunicar rapidamente resultaram em um dilema sobre a confiança nas pessoas, ainda que possam ser estranhas.

Vinton Cerf, vice-presidente e evangelista-chefe de internet no Google, coinventor do protocolo da internet e membro do Internet Hall of Fame, afirmou:

> A confiança está rapidamente se esvaindo do ambiente da internet. A menos que haja um fortalecimento da habilidade dos provedores de conteúdo e serviços de proteger os usuários e suas informações, a confiança continuará a ser erodida. Uma autenticação forte para enfrentar o sequestro de contas é vital.[161]

Como a internet e as plataformas digitais não foram projetadas com questões de segurança como prioridade, é verdade que a redução na confiança, como resultado, não foi prevista.

A internet resulta em movimentos populistas mais fortes?
Segundo a Biblioteca Nacional de Medicina, as plataformas digitais e a internet agem como forças multiplicadoras que permitem que indivíduos

ou grupos disseminem informações para outros rapidamente. As plataformas digitais dão aos populistas e a outros movimentos um método para alcançar audiências em massa com muito mais rapidez e eficiência que antes. Os designers da internet não previram isso.

Como isso se aplica ao metaverso?
O metaverso será um método de comunicação onipresente e rápido para as populações das nações e do mundo. Os efeitos disso nas pessoas, nos grupos e na sociedade devem ser considerados conforme a tecnologia por trás do metaverso é projetada e implementada. Caso contrário, esses mesmos problemas podem continuar no metaverso. Com o desenvolvimento de boas segurança, privacidade e confiança, o metaverso será um lugar seguro para empresas e pessoas divertirem-se, informarem-se e envolverem-se em negócios.

Conexões: a solução

Agora, vamos examinar sete áreas de foco selecionadas para ajudar a garantir que teremos um metaverso produtivo, inclusivo e benéfico para o mundo.

Autenticação de usuários

Atualmente, a autenticação de usuários envolve a criação de uma conta com um endereço de e-mail associado, uma senha e um código de dois fatores ou biométrico. As plataformas geralmente exigem que os usuários insiram sua idade e outros dados, mas isso não é validado. Depois que uma conta é criada, um usuário pode ler, postar, editar e conectar-se a outros participantes na plataforma.

Para fortalecer a autenticação, pode-se exigir que os usuários provem sua identidade por meio de um terceiro não associado à plataforma. Aqui estão os níveis de autenticação:

1. Nenhuma autenticação. Esse é o método atual. Qualquer pessoa pode criar contas, falsas ou não.

2. Adicionar um captcha que os usuários devem acertar para provar que são humanos e não bots. O método evita bots, mas não impede que usuários criem milhares de contas de spam manualmente.
3. Autenticar a identidade exclusiva do usuário uma vez sem armazenar as informações. Os usuários devem provar sua identidade por meio de um terceiro não associado à plataforma. Essa etapa é realizada apenas na criação da conta. Ademais, eles poderiam criar apenas uma conta.
4. Autenticar para um terceiro que armazene as informações.
5. Autenticar todo mundo e exigir que postem com o nome verdadeiro.

Seria importante que houvesse considerações especiais para dissidentes e delatores em países repressivos, de modo que sua identidade possa ser protegida.

Restrições de idade e design adequado à idade

As pessoas geralmente podem postar o que quiserem nas plataformas digitais (e, por extensão, no metaverso). Algumas mídias digitais restringem determinados assuntos (como pornografia e informações falsas sobre Covid-19 e vacinas). No entanto, é difícil, além de demandar muitos recursos, examinar imagens e vídeos (e outras mídias) para garantir a conformidade com essas restrições.

Atualmente, a maioria das plataformas digitais (e sites) perguntam ao usuário sua idade, sem verificação. Um método deve ser criado para validá-la, a fim de que conteúdo sensível não seja exibido para menores. Isso exigiria a autenticação de usuários por meio de terceiros (opções 3, 4 e 5).

Responsabilidade e transparência das plataformas

Como as plataformas digitais se tornaram parte integrante da vida das pessoas no mundo inteiro, é essencial que sejam transparentes quanto às suas práticas e que sejam responsabilizadas,

- A lei de responsabilidade e transparência das plataformas (*Platform Accountability and Transparency Act*) possibilita que pesquisadores

independentes proponham acesso a informações das plataformas fazendo uma solicitação à NSF.
- A lei de responsabilidade algorítmica (*Algorithmic Accountability Act*) de 2022 destina-se a aumentar os poderes da Federal Trade Commission (FTC) para supervisionar e orientar o setor privado quanto ao impacto dos algoritmos.

Alterações na arquitetura para reduzir a viralização

Todo influenciador digital deseja que seu conteúdo viralize, o que significa que sua postagem será vista por milhares ou até milhões de pessoas em pouco tempo. Também podemos observar que há uma desvantagem, pois propaganda, mensagens mal-intencionadas e outros conteúdos indesejados podem atingir muitas pessoas em um tempo notavelmente curto. Isso pode ser aliviado caso se limite o número de indivíduos que podem ingressar em um grupo em determinado período de tempo ou se modifique o recurso de compartilhamento para limitar ou desacelerar a rapidez com que as postagens podem ser compartilhadas.

Alteração dos incentivos para reduzir o assédio por trolls e o comportamento antissocial

Os trolls – pessoas que assediam outras ao provocar respostas emocionais – têm sido um problema desde o início da internet e dos quadros de mensagens. A exigência de uma autenticação de usuários como descrita nas opções 3, 4 e 5 em "Autenticação de usuários" poderia reduzir o número e o alcance dos trolls.

Alteração dos parâmetros para reduzir a relação sinal-ruído

Por sinal, designamos informações verdadeiras e que apoiam o processo democrático; por ruído, desinformação, propaganda e outros conteúdos falsos que prejudicam o discurso positivo. Uma alta proporção de sinal para ruído significa que o conteúdo verdadeiro e preciso é prevalente. Em contrapartida uma proporção baixa indica que o conteúdo falso supera o verdadeiro. Uma proporção maior de sinal para ruído é o estado mais desejável.[162]

As plataformas precisam incluir, como parte de seu design, a capacidade de detectar e combater conteúdo falso, mal-intencionado e fraudulento de maneira que não prejudique a liberdade de expressão. Os Estados Unidos são particularmente relutantes em limitar a liberdade de expressão e tendem a permitir que o "mercado" regule o ruído. Em geral, espera-se que a verdade supere as mentiras e as informações falsas.

As pessoas podem ser manipuladas e compartilhar informações mal-intencionadas ou falsas se não souberem quem está se comunicando com elas. Elas não têm como saber se a mensagem foi postada por um agente estrangeiro com más intenções tentando influenciar uma eleição ou por uma pessoa inocente expondo as suas opiniões. Aumentar a transparência da autoria (que pressupõe uma melhor autenticação de usuários) é um método para atenuar esse problema. Algumas leis propostas nesse sentido incluem:

- A lei de divulgação e responsabilidade de bots (*Bot Disclosure and Accountability Act*) evitaria que candidatos, suas campanhas e grupos políticos usassem bots em anúncios políticos.
- A lei de anúncios honestos (*Honest Ads Act*) propõe que se mantenha uma lista de todos os anunciantes políticos que gastem mais que US$ 500 em anúncios patrocinados.
- A lei de divulgação da Califórnia (*California Disclose Act*) exige que os anunciantes de campanhas políticas listem os três principais contribuidores.
- A lei de proteção da democracia do estado de Nova York (*New York State Democracy Protection Act*) preconiza que as informações que identificam a origem do anúncio estejam disponíveis.

Outras leis e diretrizes estão sendo propostas para tornar mais evidente que um bot foi usado para postagem.

Deepfakes são um método para criar vídeos, imagens e áudios falsos (mas realistas) que deturpam a verdade. A lei de responsabilidade por deepfake (*Deepfake Accountability Act*) exigiria a adição de uma marca d'água irremovível a qualquer deepfake.

O ruído algorítmico é outro problema. Como Julie Cohen descreveu em *Law for the Platform Economy*:

> A mediação algorítmica de fluxos de informação destinados a direcionar material controverso para audiências receptivas [...], resistência a fatos que contradizem narrativas de preferência e encorajamento à demonização e ao abuso [...], novas técnicas de coleta de dados projetadas para detectar humores e emoções dos usuários [...] exacerbam esses problemas; cada vez mais, os fluxos de informação em rede de hoje são otimizados para o apelo subconsciente e afetivo.[163]

Os reguladores e o setor tecnológico deverão coproduzir e desenvolver padrões e regulamentações para combater essas tendências.

A necessidade de regulação federal e sua legitimidade

Com grandes poderes vêm grandes responsabilidades. As plataformas digitais impactam bilhões de pessoas pelo mundo. Os indivíduos e as empresas dependem delas para estabelecer conexões sociais, manter sua saúde física e mental, fazer comércio eletrônico e obter informações. Sua importância sobre o bem-estar de tantas pessoas e empresas precisa de mais supervisão regulatória?[164]

Os reguladores precisam reconhecer a importância das plataformas digitais para a economia e o bem-estar social da população. Assim, usando as regulamentações de Dodd-Frank como modelo, deveriam afirmar quais empresas são de importância sistêmica. Eles também devem estabelecer um fórum ou um conselho para discutir riscos tecnológicos.[165]

De muitas maneiras, o objetivo é reduzir as práticas manipulativas para chamar a atenção e fornecer mais liberdade de ação a bilhões de usuários. Embora muitas plataformas sejam de uso gratuito, elas podem produzir uma resposta de dopamina, fazendo que os usuários permaneçam on-line por períodos prolongados. O estadunidense médio gasta 40% (60% entre os adolescentes) do tempo que está acordado on-line. Por causa disso, as plataformas digitais precisam ser tratadas como plataformas sistemicamente importantes. Isso significa que elas serão legalmente obrigadas a se abrir para middleware, que visa permitir que os usuários façam uma curadoria de sua experiência.[17]

Por fim, o que acontece com os dados dos usuários se uma empresa de big data for à falência ou fechar? Estruturas de governança atuais não abordam essa contingência. É necessário que se defina um plano para que pesquisas e a criação de políticas levem essas possibilidades em consideração.[166]

Unidade: inteligência de enxame

As pessoas são mais poderosas em grupo que sozinhas. Você pode observar essa unidade na natureza. Os cientistas observaram como insetos e animais trabalham em conjunto, formando enxames para obter mais chances de sobrevivência para o grupo. Assim como as conexões impactam positivamente os indivíduos, esse conceito de unidade pode ser aproveitado para melhorar as oportunidades de negócios, a eficiência e os resultados.

Como observado pela *Harvard Business Review*, a Southwest Airlines notou que os voos de carga em alguns aeroportos não conseguiam agendar o carregamento, apesar de um avião médio usar apenas 7% do espaço de carga em toda a frota. Isso apresentou um enigma: por que esse problema estava acontecendo e como poderia ser resolvido?

A Southwest se voltou para a natureza em busca de respostas para a questão. Insetos como abelhas e formigas buscam comida de forma eficiente para alimentar a colmeia ou a colônia. Como esses insetos encontram as rotas mais eficientes até o alimento? Olhando os exemplos da natureza, a Southwest aplicou as lições ao seu problema. De forma contraintuitiva, a empresa percebeu que seria melhor deixar a carga nos aviões, mesmo que parecesse melhor descarregá-la imediatamente. Às vezes, isso significava deixar a carga a bordo e viajando na direção errada. Depois de aplicar essa abordagem ao problema, suas taxas de transferência de carga caíram em até 80% e foram reduzidas em cerca de US$ 10 milhões por ano.[167]

Isso nos leva ao assunto da inteligência de enxame. *Inteligência de enxame* é o comportamento coletivo de um sistema descentralizado ou auto-organizado. Esses sistemas consistem em inúmeros indivíduos com inteligência limitada interagindo entre si com base em princípios simples.[168]

Abordagens baseadas em modelos matemáticos descrevem como insetos sociais se comportam. Essas abordagens se moveram da teoria para a prática e podem ser aplicadas diretamente a questões e problemas de negócios.

No artigo da *Harvard Business Review*, os autores afirmam que os insetos usam a inteligência de enxame para ter êxito usando três características:

1. As colônias são flexíveis para que possam se adaptar às mudanças do ambiente.
2. O grupo pode continuar a realizar suas tarefas, mesmo se os indivíduos fracassarem.
3. Os indivíduos se auto-organizam sem controle central ou supervisão local.

Essa abordagem ajuda a resolver muitos problemas diferentes que as empresas enfrentam todos os dias. Por exemplo, várias grandes empresas de telecomunicações (France Télécom, British Telecom e MCI WorldCom) incluíram os conceitos de inteligência de enxame em suas soluções para a tarefa extraordinariamente complexa de rotear o tráfego da internet. Elas acreditam que seus algoritmos superarão todos os métodos existentes usados para rotear o tráfego simulando essa técnica.

A inteligência de enxame possibilita comportamentos complexos com base em indivíduos seguindo regras simples. A evolução trabalhou para criar padrões sociais baseados em insetos que servem como regras que otimizam eficiência, flexibilidade e robustez. Esses conceitos podem ser utilizados para resolver problemas de negócios, substituindo-se hierarquias organizacionais e suas estruturas de comando associadas pela inteligência de enxame?

Os autores do artigo da *Harvard Business Review* afirmaram:

> Acreditamos que essas descobertas tenham implicações para as empresas porque o tamanho de uma organização, as características de um mercado e o ambiente competitivo estão igualmente interligados no mundo dos negócios. Quando os mercados são voláteis e de curta duração, mas suficientemente grandes, e quando a concorrência pode surgir de qualquer lugar, sugerimos que a empresa ideal seja de tamanho médio (uma unidade de negócios dentro de um conglomerado maior). Mais importante, acreditamos, a organização se beneficiaria de possuir fortes mecanismos internos capacitadores, se não encorajadores.[19]

Aproveitar o conceito da inteligência de enxame se aplica diretamente a ajudar as empresas a terem sucesso e prosperarem no metaverso. Se construído corretamente, o metaverso conectará e unirá as pessoas, garantindo-lhes benefícios individuais e empresariais para formar comunidades para a melhoria da sociedade.

Comunidade

Nos capítulos anteriores, já mostramos a ideia de que muitos participantes vão a eventos sociais virtuais e jogam games virtuais por amizade e um sentimento de pertencimento a um grupo ou comunidade social (sentimento de companheirismo). Socializar com os amigos é o motivador mais poderoso para se envolver com o mundo virtual e o metaverso.

Se você já usou alguma mídia social, sabe que as conexões são de importância primordial. Sem conexões (ou amigos, como costumam ser chamados), a experiência não é tão significativa. Você pode postar fotos, vídeos e mensagens, mas ninguém vai vê-los, curti-los, compartilhá-los ou comentá-los. Isso é um exercício de futilidade na maioria dos casos. Os membros ingressam nas mídias sociais para se conectar com amigos e outras pessoas que conhecem.

Isso é verdade até mesmo para jogos ou eventos sociais. No mundo físico, a maioria dos jogos envolve um ou mais jogadores (exceto no caso do jogo de paciência). Jogar Banco Imobiliário, batalha-naval ou xadrez sozinho é um tanto inútil e insatisfatório. Isso se transfere para o mundo dos videogames. Jogar com amigos on-line ou offline é muito mais envolvente e interessante por causa das conexões que já existem ou se formam no mundo virtual.

Um componente significativo da socialização é conectar-se e unir-se a amigos e pessoas em grupos sociais, resultando em um sentimento de comunidade. A maioria das plataformas de mídia social dá suporte ao conceito de grupos, que servem para unir as pessoas em comunidades. Nos primeiros dias da internet, os quadros de mensagens serviam a esse propósito. O sentimento de unidade ou pertencimento pode se tornar muito profundo. É comum que moderadores e membros se tornem muito protetores de seu grupo, assim como os espectadores de um jogo de futebol têm um intenso senso de pertencimento e defendem seus times. As comunidades do metaverso se tornarão ainda mais imersivas, envolventes e significativas.

Resumo

Estabelecemos que as conexões trazem enormes benefícios para a saúde e o bem-estar pessoal. Para que o metaverso seja um multiplicador máximo de sucesso, as conexões devem estar no centro da proposição de valor principal dele. A segunda proposição do metaverso pode ser vista como a unidade em nível de negócios e organizacional. Por exemplo, o poder da unidade é representado na natureza por meio de um fenômeno conhecido como inteligência de enxame, também descrito como inteligência coletiva. A terceira proposição é a comunidade, resultando em experiências imersivas compartilhadas.

O metaverso, quando composto de conexões, unidade e comunidade, gera empoderamento. Essa equação dará início a um novo mundo de expansão dos negócios e avanços sociais.

13 >Conclusão: mundo de empoderamento_

De acordo com o analista geopolítico Peter Zeihan, o mundo está passando por mudanças imprevisíveis. As cadeias de suprimentos estão quebrando, a demografia está em colapso, a preocupação com mudanças climáticas, guerras recentes, inflação e outros problemas econômicos está aumentando. Ele resume: "Assim como a geopolítica nos diz que a era do livre-comércio está com os dias contados, a demografia nos diz que a era do crescimento impulsionado pelo consumo, que foi a norma econômica por setenta anos, está chegando a um fim incerimonioso".[169]

Esses desafios tornam a visibilidade voltada para o futuro incrivelmente desafiadora, o que dificulta – talvez impossibilite – a produção de soluções viáveis por meio das ferramentas econômicas atuais. O mundo precisa de uma maneira inteiramente nova de abordar o problema.

Jamie Damion, presidente do conselho e CEO da JPMorgan Chase & Company, enfatizou os desafios atuais no mundo:

> Tensão geopolítica, inflação alta, declínio da confiança do consumidor, incerteza sobre como as taxas elevadas devem ser encaradas e o aperto quantitativo nunca visto e seus efeitos na liquidez global, combinados com a guerra na Ucrânia e seu efeito prejudicial nos preços de energia e alimentos no mundo, devem muito provavelmente ter consequências negativas na economia global em algum momento.[170]

Ainda assim, de várias maneiras, esse é um conto de dois mundos. Segundo Scott Galloway, de um ponto de vista macro, o mundo está muito mais rico, usufrui de mais liberdade e é mais bem-educado do que nunca.

- Em 1980, 40% das pessoas no mundo viviam em situação de pobreza extrema; em 2022, esse número foi inferior a 20%.
- Em 1980, 44% das pessoas não detinham direitos democráticos; em 2022, esse número foi reduzido para 25%.

- A expectativa de vida das crianças nascidas em 1980 era de 63 anos; agora, aumentou em uma década.
- Em 1980, 30% das pessoas com mais de 15 anos não tinham educação formal; hoje, esse número caiu 50%.

O aspecto inegável do mundo é que ele é cada vez mais dinâmico. Eis uma oportunidade para empresas investirem no metaverso aplicando a utilidade persistente, uma metodologia e uma mentalidade estratégicas para oferecer um ciclo contínuo de serviços para três públicos:

1. desenvolvedores do metaverso;
2. consumidores que se beneficiam do metaverso;
3. empresas em expansão.

Charles Darwin apontou que não é o mais forte da espécie que sobrevive, tampouco o mais inteligente, mas aquele mais adaptável à mudança. Essa filosofia se aplica aos negócios, à medida que eles se ajustam à disrupção atual do mercado e aceleram sua transformação no metaverso (adoção do metaverso em seus modelos de negócios).

Mark Read, CEO da WPP, enfatizou:

> Penso que o crescimento é a coisa mais importante para as empresas e para as pessoas. Estamos vivendo para nosso propósito da melhor maneira possível e deixando algum legado do qual podemos nos orgulhar?.[171]

O metaverso tem o potencial de aumentar os resultados por uma ordem de magnitude, impactando o retorno sobre investimentos sociais (SROI) e outros modelos de capital, incluindo modelos de práticas ambientais, sociais e de governança (ESG).

Valor econômico e social

Conforme exposto ao longo do livro, o metaverso é um ambiente persistente e interconectado com resultados sociais e econômicos, que espelha a realidade e cria uma interseção entre os mundos físico e virtual.

Para enfatizar a importância do metaverso, o Fórum Econômico Mundial está trabalhando em uma estratégia para ele:

[...] juntas, as principais vozes do setor privado, a sociedade civil, o mundo acadêmico e a política estão se reunindo para definir os parâmetros de um metaverso economicamente viável, interoperável, seguro e inclusivo, que se concentra em duas áreas principais: governança e criação de valor econômico e social.[172]

O metaverso será um estímulo para oferecer às empresas e à sociedade o comando para gerar crescimento e, no processo, atingir os 17 principais objetivos de desenvolvimento sustentável descritos pela Organização das Nações Unidas:

1. Erradicação da pobreza.
2. Fome zero e agricultura sustentável.
3. Saúde e bem-estar.
4. Educação de qualidade.
5. Igualdade de gênero.
6. Água potável e saneamento.
7. Energia limpa e acessível.
8. Trabalho decente e crescimento econômico.
9. Indústria, inovação e infraestrutura.
10. Redução das desigualdades.
11. Cidades e comunidades sustentáveis.
12. Consumo e produção responsáveis.
13. Ação contra a mudança global do clima.
14. Vida aquática.
15. Vida terrestre.
16. Paz, justiça e instituições eficazes.
17. Parcerias e meios de implementação.

Crescimento dos negócios

De acordo com a pesquisa global mais recente da McKinsey,[173] 55% das empresas colocam o crescimento e a expansão de novos negócios como uma das três maiores prioridades. É quase o dobro de alguns anos atrás. A McKinsey descobriu que um dos principais fatores para a expansão de uma empresa é ir para onde o crescimento de receita se origina. O metaverso é uma fonte de crescimento de receita para o futuro próximo.

Um modelo de negócios diferente será necessário para desbloquear essas áreas de crescimento.

O Citigroup Investment Bank afirmou, em um relatório divulgado no início de 2022,[174] que o mercado total direcionável para a economia do metaverso situa-se entre US$ 8 trilhões e US$ 13 trilhões. A Goldman Sachs estima US$ 12,5 trilhões nesse espaço, presumindo que um terço da economia digital mude para mundos virtuais e depois se expanda em 25%.[175] Para colocar isso em contexto, o PIB global total em 2021 foi de US$ 96,2 trilhões.

Essas perspectivas são um grito de guerra para profissionais, pesquisadores, artistas e outros para criar dinamismo socioeconômico e cultural. Novos modelos de negócios serão necessários para atender às expectativas dos consumidores mais evoluídos sobre a utilidade persistente.

Criatividade e inovação

O metaverso gera um tipo de economia não linear inteiramente novo. Empresas em todo o mundo estão se preparando para um metaverso em que as pessoas podem jogar, fazer compras, socializar, divertir-se e trabalhar. Muitas delas passarão partes cada vez mais consideráveis de suas vidas no metaverso. Elas se juntarão a comunidades cada vez maiores, preenchendo-as com o conteúdo que geram. Esse espaço virtual será descentralizado e unirá os ecossistemas isolados atualmente díspares.

A economia sob demanda do metaverso cria uma nova dinâmica e um modelo econômico que exigirá uma mentalidade de liderança que coloca o cliente em primeiro lugar com a utilidade no centro. Isso dará início a uma nova era, na qual a criatividade alimenta a prosperidade econômica. As pessoas expandirão suas habilidades por causa dessa nova abordagem de metaverso.

Scott Belsky enfatizou:

> Se há algo que aprendemos ao sair do ciclo de crescimento e entrar em um de restrições e inovação (versus otimização da avaliação): dinheiro demais/ muito fácil retarda a meritocracia entre produtos e é uma distração do desenvolvimento pelos motivos certos.[176]

O metaverso é um novo modelo de engajamento por meio de comunidades virtuais para aumentar a expansão dos negócios e o valor dos consumidores, forjando uma nova era de necessidade de habilidades criativas, técnicas e pessoais.

Há ainda muita incerteza em relação ao metaverso, mas como Adam Grant, psicólogo organizacional na Wharton, identificou, precisamos desenvolver mentalidades de crescimento: "Eu ainda não sei o que estou fazendo. É apenas uma questão de tempo até descobrir. A maior forma de autoconfiança é acreditar na sua habilidade de aprender".[177]

Estratégia

A implementação do metaverso não é uma mera questão de inverter o roteiro. Em vez disso, é a criação de uma economia e de um modelo econômico totalmente novos para unir pessoas, empresas e sociedade. O metaverso serve como um multiplicador econômico.

A teoria da criatividade de Joseph Schumpeter afirma: a destruição criativa é o "processo de mutação industrial que incessantemente revoluciona a estrutura econômica de dentro, constantemente destruindo a antiga".[178] Isso sugere que regular a tecnologia existente pode atrapalhar a inovação futura, então é essencial ter muito cuidado na abordagem de regulamentação do metaverso.

Podemos ter certeza de que o metaverso será uma evolução que consistirá em várias tecnologias cuja missão é priorizar a utilidade humana.

Mundo de empoderamento

À medida que passamos da era da informação para a era da criatividade no metaverso, nossas decisões moldarão nosso futuro. Assumindo essa suposição, se cedermos nossas decisões a outros, abriremos mão de nossa capacidade de projetar a vida que queremos viver.

Se projetado cuidadosamente, o metaverso viabilizará um mundo de empoderamento inclusivo que envolverá empoderamento de gênero, social, educacional, econômico, político, psicológico, físico e individual.

O metaverso colocará os indivíduos no controle de seu destino e agirá como uma chamada à ação para as empresas ao lembrá-las de que não se trata de marcas no centro do Universo, mas, sim, das pessoas. Segundo Jim Kennedy, vice-presidente sênior para estratégia da Associated Press:

> Pode ser mais útil e certamente mais empolgante pensar no metaverso não como uma realidade virtual, mas como uma nova realidade em si. As coisas criadas nele e as que optarmos por fazer lá serão, em essência, reais. Nesse contexto, ele pode se tornar um domínio tanto para trabalho quanto para diversão.[179]

O Led Zeppelin parece ter profetizado o metaverso em um trecho de sua música *Kashmir*: "Sou um viajante no tempo e no espaço".

À medida que o metaverso se torna uma realidade, todos seremos viajantes empoderados nessa nova dimensão.

Nos vemos no metaverso!

Notas

Capítulo 1

1. LEE, G. Welcome to Cloud Networking. *Science Direct*, 2014. Disponível em: www.sciencedirect.com/topics/computer-science/networking-stack. Acesso em: 9 maio 2023.
2. VISUAL GRAPHIC. *The Cost of Data Storage Through the Years*, maio 2016. Disponível em: https://visual.ly/community/Infographics/technology/cost-data-storage-throughout-years-infographic. Acesso em: 9 maio 2023.
3. THREAT, L. How Brain-Computer-Technology Will Facilitate Human Integration in the Metaverse. *Peacock Plume*, 15 dez. 2021. Disponível em: peacockplume.fr/opinion/future-metaverse. Acesso em: 9 maio 2023.
4. NICK, G. How Many IoT Devices Are There in 2022? [All You Need to Know]. *Tech Jury*, 14 mar. 2022. Disponível em: techjury.net/blog/how-many-iot-devices-are-there/. Acesso em: 9 maio 2023.
5. HISTORY of the Web: Sir Tim Berners-Lee. *World Wide Web Foundation*, [20–]. Disponível em: webfoundation.org/about/vision/history-of-the-web/. Acesso em: 24 abr. 2023.
6. DINUCCI, D. *Fragmented Future*, jan. 1999. Disponível em: darcyd.com/fragmented_future.pdf. Acesso em: 9 maio 2023.
7. GROSSMAN, L. You, yes, you, are TIME's Person of the Year. *Time Magazine*, 25 dez. 2006.
8. 7 KEY Features of Web 2.0. *WebAppRater*, 29 jun. 2010. Disponível em: webapprater.com/general/7-key-features-of-web-2-0.html. Acesso em: 9 maio 2023.
9. CLARK, S. How Is Web3 Decentralized? *CMS Wire*, 2 fev. 2022. Disponível em: https://www.cmswire.com/information-management/how-is-web3-decentralized/. Acesso em: 24 abr. 2023.
10. FAGAN, S. *Why Web3 and Web 3.0 Are Not the Same. Reworked*, 24 mar. 2022. Disponível em: www.reworked.co/information-management/why-web3-and-web-30-are-not-the-same/. Acesso em: 9 maio 2023.

11. BUTERIN, V. *DAOs, DACs, DAs and More: An Incomplete Terminology Guide*, 6 maio 2014. Disponível em: https://blog.ethereum.org/2014/05/06/daos-dacs-das-and-more-an-incomplete-terminology-guide. Acesso em: 9 maio 2023.
12. MARR, B. The Important Difference between Web3 and the Metaverse. *Forbes*, 22 fev. 2022. Disponível em: www.forbes.com/sites/bernardmarr/2022/02/22/the-important-difference-between-web3-and-the-metaverse/?sh=9d8a26a5af33. Acesso em: 9 maio 2023.

Capítulo 2

13. MINEVICH, M. The Metaverse And Web3 Creating Value In The Future Digital Economy. *Forbes*, 17 jun. 2022. Disponível em: www.forbes.com/sites/markminevich/2022/06/17/the-metaverse-and-web3-creating-value-in-the-future-digital-economy/. Acesso em: 9 maio 2023.

Capítulo 3

14. MOUGAYAR, W. *Blockchain para os negócios*. Rio de Janeiro: Alta Books, 2016.
15. MO, J.; BECKETT, R. *Engineering and Operations of System of Systems*. Londres: CRC Press Taylor & Francis Group, 2019.
16. NAKAMOTO, S. *Bitcoin*: A Peer-to-Peer Electronic Cash System, 2008. Disponível em: bitcoin.org/bitcoin.pdf. Acesso em: 9 maio 2023.
17. HERTIG, A. Bitcoin and Blockchain: the tangled History of two tech buzzwords. *Coin Desk*, 13 set. 2021. Disponível em: www.coindesk.com/markets/2019/05/19/bitcoin-and-blockchain-the-tangled-history-of-two-tech-buzzwords/. Acesso em: 9 maio 2023.
18. HOW Do Blockchain Platforms Work. *Liquid*, [20–]. Disponível em: blog.liquid.com/how-do-blockchain-platforms-work. Acesso em: 9 maio 2023.
19. HYPERLEDGER FOUNDATION. Disponível em: www.hyperledger.org/. Acesso em: 9 maio 2023.

Capítulo 4

20. QUIROZ-GUTIERREZ, M. Bored Apes and CryptoPunks Help Jolt NFT Market to Over 21,000% Growth and $17.6 Billion in Sales Last Year. *Fortune*, 10 mar. 2022. Disponível em: https://fortune.com/2022/03/10/bored-apes-cryptopunks-jolt-nft-market-to-billions-in-sales/. Acesso em: 9 maio 2023.
21. SUNDARARAJAN, A. How Your Brand Should Use NFTs. *Harvard Business Review*, 28 fev. 2022. Disponível em: hbr.org/2022/02/how-your-brand-should-use-nfts. Acesso em: 9 maio 2023.
22. SMITH, C. ERC-721 Non-Fungible Token Standard. *Ethereum*, 7 abr. 2023. Disponível em: https://ethereum.org/en/developers/docs/standards/tokens/erc-721/. Acesso em: 9 maio 2023.
23. WHITE, M. *Abuse and Harassment on the Blockchain*, 22 jan. 2022. Disponível em: blog.mollywhite.net/abuse-and-harassment-on-the-blockchain/. Acesso em: 9 maio 2023.
24. DELOITTE. *New Layer to Crypto Policy Emerges with Digital Assets Executive Order*, 2022. Disponível em: https://www2.deloitte.com/content/dam/Deloitte/us/Documents/risk/us-advisory-digital-asset-regulatory.pdf?nc=42. Acesso em: 9 maio 2023.

Capítulo 5

25. ROSENBERG, A. Microsoft Can Rescue a Historic Trove of Lost Games from Activision's Vault. *Mashable*, 22 jan. 2022. Disponível em: https://mashable.com/article/microsoft-activision-acquisition-save-infocom. Acesso em: 9 maio 2023.
26. WHAT Makes Games So Addictive: The Psychology Behind Gaming. *Medium*, 13 jun. 2019. Disponível em: https://f1pme.medium.com/what-makes-games-so-addictive-psychology-behind-gaming-e6ea6928586. Acesso em: 9 maio 2023.
27. WALLACH, O. 50 Years of Gaming History, by Revenue Stream (1970-2020). *Visual Capitalist*, 23 nov. 2020. Disponível em: https://www.visualcapitalist.com/50-years-gaming-history-revenue-stream/. Acesso em: 9 maio 2023
28. VIDEO Game Industry Statistics, Trends and Data in 2022. *WePC*, 18 jan. 2022. Disponível em: https://www.wepc.com/news/video-game-statistics/. Acesso em: 9 maio 2023.
29. NORTON, D. Real-Time vs. Turn-Based Mechanics in Learning Games. *Filament Games*, 20 abr. 2017. Disponível em: https://www.filamentgames.com/blog/real-time-vs-turn-based-mechanics-learning-games. Acesso em: 9 maio 2023.

30. PIERCE, S. "Stickiness" in Games, or: Why You Can't Beat WoW. *Game Developer*, 30 jan. 2010. Disponível em: https://www.gamedeveloper.com/design/-quot-stickiness-quot-in-games-or-why-you-can-t-beat-wow. Acesso em: 9 maio 2023.
31. WHAT Is Game Economy Design. Machinations, 11 ago. 2021. Disponível em: https://machinations.io/articles/what-is-game-economy-design/. Acesso em: 9 maio 2023.
32. RADOFF, J. Game Economics, Part 1: The Attention Economy. *Medium*, 3 mar. 2021. Disponível em: https://medium.com/building-the-metaverse/game-economics-part-1-the-attention-economy-efb64312ad6b. Acesso em: 9 maio 2023.
33. MICROSOFT to Acquire Activision Blizzard to Bring the Joy and Community of Gaming to Everyone, Across Every Device. *Microsoft*, 18 jan. 2022. Disponível em: https://news.microsoft.com/2022/01/18/microsoft-to-acquire-activision-blizzard-to-bring-the-joy-and-community-of-gaming-to-everyone-across-every-device/. Acesso em: 9 maio 2023.
34. EPIC Games Is Strengthening Its Metaverse Ambition. *Veredict*, 28 abr. 2022. Disponível em: https://www.verdict.co.uk/epic-games-metaverse/. Acesso em: 9 maio 2023.
35. KETCHUM III, W. Fortnite's Travis Scott Concert Was Historic. But He's Not the only Artist Getting Creative. *NBC News*, 30 abr. 2020. Disponível em: https://www.nbcnews.com/think/opinion/fortnite-s-travis-scott-concert-was-historic-he-s-not-ncna1195686. Acesso em: 9 maio 2023.
36. HENRY, Z. The Brilliant Business Model Behind Kim Kardashian's $150 Million App. *Inc.*, 2 jun. 2016. Disponível em: https://www.inc.com/zoe-henry/kim-kardashian-hollywood-app-157-million-sales-strategy.html. Acesso em: 9 maio 2023.
37. MULLA, M. What's the Difference Between Play-To-Own and Play-To-Earn. *Coinpedia*, 1 mar. 2022. Disponível em: https://coinpedia.org/news/whats-the-difference-between-play-to-own-and-play-to-earn/. Acesso em: 9 maio 2023.
38. BELSKY, S. Adobe Acquires Allegorithmic, the Leader in 3D Editing and Authoring for Gaming and Entertainment. *Adobe Blog*, 23 jan. 2019. Disponível em: https://blog.adobe.com/en/publish/2019/01/23/adobe-acquires-allegorithmic-substance-3d-gaming. Acesso em: 9 maio 2023.
39. SUCCESS WITH SAHIL. *Microsoft's Activision Deal May Bring "Metaverse" to Enterprise Tech*, 18 jan. 2022. Disponível em: https://www.wsj.com/articles/microsofts-activision-deal-may-bring-metaverse-to-enterprise-tech-11642554025. Acesso em: 24 abr. 2023.

40. A SALESFORCE completou a aquisição do Slack. *Slack*, 21 jul. 2021. Disponível em: slack.com/blog/news/salesforce-completes-acquisition-of-slack. Acesso em: 9 maio 2023.
41. LOTEN, A. Microsoft's Activision Deal May Bring "Metaverse" to Enterprise Tech. *The Wall Street Journal*, 18 jan. 2022. Disponível em: www.wsj.com/articles/microsofts-activision-deal-may-bring-metaverse-to-enterprise-tech-11642554025. Acesso em: 9 maio 2023.
42. MICROSOFT Mesh. Disponível em: www.microsoft.com/en-us/mesh. Acesso em: 9 maio 2023..
43. SHARMA, S. 7 Ways the Metaverse Will Change the Enterprise. In.: *VentureBeat*. Publicado em: 26 jan. 2022. Disponível em: venturebeat.com/2022/01/26/7-ways-the-metaverse-will-change-the-enterprise/. Acesso em: 9 maio 2023.

Capítulo 6

44. FIRST Commercial Movie Screened. *History*, [20-]. Disponível em: https://www.history.com/this-day-in-history/first-commercial-movie-screened. Acesso em: 11 maio 2023.
45. HUR, J. History of the Television. *BeBusinessed*, [20–]. Disponível em: https://bebusinessed.com/history/history-of-the-television/. Acesso em: 11 maio 2023.
46. GLOBAL connected TV devices streaming market share by platform. *Skatista*, [20–]. Disponível em: https://www.statista.com/statistics/1171132/global-connected-tv-devices-streaming-market-share-by-platform/. Acesso em: 11 maio 2023.
47. MAGLIO, T. From Disney to Peacock: Here's What the Top 7 Streamers Will Spend on Content in 2022. *IndieWire*, 8 maio 2022. Disponível em: https://www.indiewire.com/2022/03/streaming-wars-content-spend-disney-netflix-hbo-paramount-1234703867/. Acesso em: 11 maio 2023.
48. AUSICK, P. What's Up with Apple: Spending on Streaming Content, Trouble in Korea, and More. *247wallst*, 30 dez. 2021. Disponível em: https://247wallst.com/technology-3/2021/12/30/whats-up-with-apple-spending-on-streaming-content-trouble-in-korea-and-more/. Acesso em: 11 maio 2023.
49. MAGLIO, T. Who Is Winning the Streaming Wars? Subscribers by the Numbers. *IndieWire*, 16 mar. 2022. Disponível em: https://www.indiewire.com/2022/03/how-many-subscribers-netflix-disney-plus-peacock-amazon-prime-video-1234705515/. Acesso em: 11 maio 2023.

50. TIME Spent Playing Video Games Continues to Rise. *MarketingCharts*, 26 out. 2021. Disponível em: https://www.marketingcharts.com/cross-media-and-traditional/video-games-traditional-and-cross-channel-118663. Acesso em: 11 maio 2023.

51. MICROSOFT to Acquire Activision Blizzard to Bring the Joy and Community of Gaming to Everyone, Across Every Device. *Microsoft*, 18 jan. 2022. Disponível em: https://news.microsoft.com/2022/01/18/microsoft-to-acquire-activision-blizzard-to-bring-the-joy-and-community-of-gaming-to-everyone-across-every-device/. Acesso em: 11 maio 2023.

52. LIAO, S. Amid losses, Netflix Bets on a Bold Strategy around Video Games. *The Washington Post*, 22 abr. 2022. Disponível em: https://www.washingtonpost.com/video-games/2022/04/22/netflix-video-games/. Acesso em: 11 maio 2023.

53. SHERMAN, A. Netflix and Microsoft Show That Video Gaming Has Become Too Big for Tech Giants to Ignore. *CNBC*, 21 jan. 2022. Disponível em: https://www.cnbc.com/2022/01/21/netflix-and-microsoft-show-video-gaming-has-become-too-big-to-ignore.html. Acesso em: 11 maio 2023.

54. BREWER, C. Global Gaming Company Entain Looks to Compete in Metaverse, immersive Entertainment. *CNBC*, 30 jan. 2022. Disponível em: https://www.cnbc.com/2022/01/30/entain-looks-to-compete-in-gambling-in-metaverse-immersive-gambling.html. Acesso em: 11 maio 2023.

55. HATMAKER, T. After Buying Bungie, Sony Goes All in on Live Service Games. *TechCrunch*, 26 maio 2022. Disponível em: https://techcrunch.com/2022/05/26/sony-live-service-bungie-destiny/. Acesso em: 11 maio 2023.

56. RASMUSSEN, M. Touring the Musical Metaverse: Virtual Concerts Are Here to Stay. *Virtual Humans*, 7 set. 2021. Disponível em: https://www.virtualhumans.org/article/touring-the-musical-metaverse-virtual-concerts-are-here-to-stay. Acesso em: 11 maio 2023.

57. WONG, Q. Shopping in the Metaverse Could Be More Fun Than You Think. *CNET*, 23 mar. 2022. Disponível em: https://www.cnet.com/tech/computing/features/shopping-in-the-metaverse-could-be-more-fun-than-you-think/. Acesso em: 11 maio 2023.

58. WESTCOTT, K.; ARBANAS, J. Can Streaming Video Survive the Metaverse? *Fortune*, 29 mar. 2022. Disponível em: https://fortune.com/2022/03/29/streaming-tv-movies-metaverse-entertainment-industry/. Acesso em: 11 maio 2023.

59. E-DAO Spearheads Media & Entertainment Web3 Revolution: Hungama Entertainment and Hindustan Talkies become anchor partners. *Global Newswire*, 23 fev. 2022. Disponível em: https://www.globenewswire.com/en/news-release/2022/02/23/2390726/0/en/e-DAO-Spearheads-Media-Entertainment-Web3-Revolution-Hungama-Entertainment-and-Hindustan-Talkies-become-anchor-partners.html. Acesso em: 11 maio 2023.
60. SBEGLIA NIN, C. Qualcomm Announces $100 Million Metaverse Fund. *RCRWireless News*, 22 mar. 2022. Disponível em: https://www.wsj.com/articles/qualcomm-launches-100-million-venture-fund-to-invest-in-the-metaverse-11647899831. Acesso em: 24 abr. 2023.
61. OVERACTIVE Media Enters the Metaverse with a Multi-Year Zilliqa Partnership. *Overactive Media*, 2 mar. 2022. Disponível em: https://overactive-media-group.prezly.com/overactive-media-enters-the-metaverse-with-a-multi-year-zilliqa-partnership. Acesso em: 11 maio 2023.
62. GAMEON Partners with Tetavi to Launch Innovative NFT Music Discovery Game. *Global Newswire*, 24 mar. 2022. Disponível em: https://www.globenewswire.com/news-release/2022/03/24/2409250/0/en/GameOn-Partners-With-Tetavi-to-Launch-Innovative-NFT-Music-Discovery-Game.html. Acesso em: 11 maio 2023.
63. STEWART, T. Delivering Entertainment in the Metaverse. *New Digital Age*, 2022. Disponível em: https://newdigitalage.co/technology/unity-metaverse-virtual-augmented-reality-insomniac-events/. Acesso em: 11 maio 2023.
64. COPANS, V. 3 Ways the Metaverse Is Disrupting the Music Industry. *XLive*, 24 nov. 2021. Disponível em: www.xliveglobal.com/fan-experience/3-ways-metaverse-disrupting-music-industry. Acesso em: 11 maio 2023.
65. McMICHAEL, C. I Went Clubbing in the Metaverse, and It Wasn't What I Expected. *Digital Trends*, 2 maio 2022. Disponível em: www.digitaltrends.com/news/clubbing-festivals-in-metaverse/. Acesso em: 11 maio 2023.
66. ALI, M. 10 Reasons to Get into the Metaverse Entertainment Industry. *ScoopEarth*, 8 abr. 2022. Disponível em: www.scoopearth.com/10-reasons-to-get-into-the-metaverse-entertainment-industry/. Acesso em: 11 maio 2023.
67. METAVERSE in Entertainment Market by End-User and Geography- Forecast and Analysis 2022–2026. *Technavio*, maio 2022. Disponível em: www.technavio.com/report/metaverse-in-entertainment-market-industry-analysis. Acesso em: 11 maio 2023.

68. CAMPA, E. How the Metaverse Could Disrupt the In-Car Experience. *VentureBeat*, 9 abr. 2022. Disponível em: venturebeat.com/2022/04/09/how-the-metaverse-could-disrupt-the-in-car-experience. Acesso em: 11 maio 2023.
69. OI, R. Will the Metaverse Encapsulate the Future of Digital Entertainment? *TechWireAsia*, 20 set. 2021. Disponível em: techwireasia.com/2021/09/the-dawn-of-the-future-of-interaction-the-metaverse/. Acesso em: 11 maio 2023.

Capítulo 7

70. DIGITAL Fashion in the Metaverse. *DISSRUP*, 31 ago. 2022. Disponível em: https://dissrup.com/editorial/digital-fashion-in-the-metaverse. Acesso em: 11 maio 2023.
71. JANA, R. The Metaverse Could Radically Reshape Fashion. *Wired*, 11 abr. 2022. Disponível em: https://www.wired.com/story/extreme-fashion-metaverse/. Acesso em: 11 maio 2023.
72. ALLAIRE, C. Video Games Are Becoming a High-Fashion Playground. *Vogue*, 12 out. 2021. Disponível em: https://www.vogue.com/article/video-game-fashion-designer-collaborations. Acesso em: 11 maio 2023.
73. MOWATT, R. The World's First-Ever Digital Dress Is Sold for $9,500 USD. *Hypebae*, 28 maio 2019. Disponível em: https://hypebae.com/2019/5/first-digital-blockchain-dress-sold-9500-usd-fabricant-dapper-labs-johanna-jaskowska. Acesso em: 11 maio 2023.
74. COURTNEY, M.; ACKERMAN, E. What Is Self-Expression and How to Foster It? (20 Activities + Examples). *Positive Psychology*, 6 ago. 2018. Disponível em: https://positivepsychology.com/self-expression/. Acesso em: 11 maio 2023.
75. GIRMAY, B. The Metaverse Has Arrived—Here's How It's Changing the Way We Dress IRL. *Who What Wear*, 7 mar. 2022. Disponível em: https://www.whowhatwear.com/digital-fashion/slide2. Acesso em: 11 maio 2023..
76. MASONI, D. Metaverse: A $50 Bln Revenue Opportunity for Luxury—MS. *Reuters*, 16 nov. 2021. Disponível em: https://www.reuters.com/technology/metaverse-50-bln-revenue-opportunity-luxury-ms-2021-11-16/. Acesso em: 11 maio 2023.
77. ERDLY, C. Fashion Embraces the Metaverse: Will 15% of Our Wardrobe Become Digital? *Forbes*, 6 mar. 2022. Disponível em: https://www.forbes.com/sites/catherineerdly/2022/03/06/fashion-embraces-the-metaversewill-15-of-our-wardrobe-become-digital/?sh=2cf609a95921. Acesso em: 11 maio 2023.

78. LEWIS, T. Gallery: 3D Scans in Hollywood and Hospitals. *Live Science*, 21 ago. 2014. Disponível em: www.livescience.com/47452-gallery-3d-scans-hollywood.html. Acesso em: 11 maio 2023.
79. WOLFSON, R. Wear-to-Earn NFTs Target the Billion-Dollar Fashion Industry. *Coin Telegraph*, 1 dez. 2021. Disponível em: https://cointelegraph.com/news/wear-to-earn-nfts-target-the-billion-dollar-fashion-industry. Acesso em: 11 maio 2023.
80. WEBSTER, A. Gucci Built a Persistent Town Inside of Roblox. *The Verge*, 27 maio 2022. Disponível em: https://www.theverge.com/2022/5/27/23143404/gucci-town-roblox. Acesso em: 11 maio 2023.
81. BOOM, D. These Nike NFT "Cryptokicks" Sneakers Sold for $130K. *CNET*, 28 abr. 2022. Disponível em: https://www.cnet.com/personal-finance/crypto/these-nike-nft-cryptokicks-sneakers-sold-for-130k/. Acesso em: 11 maio 2023.
82. SAYEJ, N. Metaverse Stylists See a Booming Business in Virtual Clothes. *Business of Business*, 13 mar. 2022. Disponível em: https://www.businessofbusiness.com/articles/metaverse-stylistsvirtual-clothes/. Acesso em: 11 maio 2023.
83. ARTI. Metaverse as a Service Will Take Web3 Motive to Next Level. *Analytics Insight*, 16 maio 2022. Disponível em: https://cointelegraph.com/news/metaverse-as-a-service-will-be-the-basis-of-the-next-internet-era-of-web3. Acesso em: 11 maio 2023.

Capítulo 8

84. NAMBIAMPURATH, R. Blockchain Games: NFTs as an Integral Part of In-Game Tokenomics. *Be in Crypto*, 4 abr. 2021. Disponível em: https://beincrypto.com/blockchain-games-nfts-as-an-integral-part-of-in-game-tokenomics/. Acesso em: 11 maio 2023.
85. STEVENS, R. What Is Tokenomics and Why Is It Important? *CoinDesk*, 11 nov. 2022. Disponível em: https://www.coindesk.com/learn/what-is-tokenomics-and-why-is-it-important/. Acesso em: 11 maio 2023.
86. DECENTRALAND (MANA) Markets. *CoinMarketCap*, [20–]. Disponível em: https://coinmarketcap.com/currencies/decentraland/markets/. Acesso em: 11 maio 2023.
87. THE SANDBOX Whitepaper 2020. *The Sandbox*, 2020. Disponível em: https://installers.sandbox.game/The_Sandbox_Whitepaper_2020.pdf. Acesso em: 24 abr. 2023.

88. THE SANDBOX (SAND) Price, Charts, and News. *CoinBaseMarketCap*, [20–]. Disponível em: https://coinmarketcap.com/currencies/the-sandbox/. Acesso em: 11 maio 2023.
89. GALA Price, Chart, Market Cap, and Info. *CoinBase*, [20–]. Disponível em: https://www.coinbase.com/price/gala. Acesso em: 11 maio 2023.
90. DEFI KINGDOMS. *DeFi Kingdoms*, [20–]. Disponível em: https://game.defikingdoms.com/. Acesso em: 11 maio 2023.
91. LORANCE, Z. Metaverse Weekly: The Expanding Tokenomics of GameFi Protocol DeFi Kingdoms. In.: *GMW3*. Publicado em: 8 abr. 2022. Disponível em: https://www.publish0x.com/gmw3/metaverse-weekly-the-expanding-tokenomics-of-gamefi-protocol-xppwwgo. Acesso em: 11 maio 2023.
92. JANSEN, S. The First Metaverse Designed for Non-Crypto Gamers Releases Theatrical Trailer Ahead of Launch. *CoinTelegraph*, 22 abr. 2022. Disponível em: https://cointelegraph.com/news/the-first-metaverse-designed-for-non-crypto-gamers-releases-theatrical-trailer-ahead-of-launch. Acesso em: 11 maio 2023.
93. THE NEXT Era of Human|Machine Partnerships. *Dell Technologies*, 2017. Disponível em: https://www.dell.com/en-us/perspectives/the-next-era-of-human-machine-partnerships/. Acesso em: 11 maio 2023.
94. JOURNEY to the Metaverse: Tokenomics Lead/NFT Economist. *Cryptocurrency Jobs*, [20–]. Disponível em: https://cryptocurrencyjobs.co/engineering/journey-to-the-metaverse-tokenomics-lead-nft-economist/. Arquivado em: https://perma.cc/8LDW-5UDX. Acesso em: 12 maio 2023.
95. HEIDORN, C. Token Gating: Everything You Need to Know in 2022. *Tokenized*, 2 maio 2023. Disponível em: https://tokenizedhq.com/token-gating/. Acesso em: 12 maio 2023.
96. CHOU, Y. *The Octalysis Framework for Gamification & Behavioral Design*, [20–]. Disponível em: https://yukaichou.com/gamification-examples/octalysis-complete-gamification-framework/. Acesso em: 12 maio 2023.
97. BEERDA, J. Designing the Metaverse: Making the Economy Work. *The Octalysis Group*, [20–]. Disponível em: https://octalysisgroup.com/designing-the-metaverse-making-the-economy-work/. Acesso em: 12 maio 2023.
98. QUANTITY Theory of Money. *Toppr*, [20--]. Disponível em: https://www.toppr.com/guides/fundamentals-of-economics-and-management/money/quantity-theory-of-money/. Acesso em: 12 maio 2023.
99. WAPPIER. Disponível em: https://wappier.com/. Acesso em: 12 maio 2023.

Capítulo 9

100. MISKINIS, C. The History and Creation of the Digital Twin Concept. *Challenge Advisory*, mar. 2019. Disponível em: https://www.challenge.org/insights/digital-twin-history/. Acesso em: 12 maio 2023.
101. CARELESS, J. Digital Twinning: The Latest on Virtual Models. *Aerospace Tech Review*, 29 ago. 2021. Disponível em: https://www.aerospacetechreview.com/digital-twinning-the-latest-on-virtual-models/. Acesso em: 12 maio 2023.
102. NOT Too Abstract, Not Too Realistic, Just Right. *Ferdio*, [20–]. Disponível em: https://www.ferdio.com/notebook/not-too-abstract-not-too-realistic-just-right. Acesso em: 12 maio 2023.
103. OBEN Launches AI Newscaster with 3D "Satoshi" Avatar to Deliver Content via PAI News App. GlobeNewswire, 14 maio 2019. Disponível em: https://www.globenewswire.com/news-release/2019/05/14/1823951/0/en/ObEN-Launches-AI-Newscaster-With-3D-Satoshi-Avatar-to-Deliver-Content-via-PAI-News-App.html. Acesso em: 12 maio 2023.
104. SOUL MACHINES. Disponível em: https://www.soulmachines.com/. Acesso em: 12 maio 2023.
105. DONOVAN, R. Virgil Abloh's Off-White Entering the Metaverse. *Content. Tech*, 13 ago. 2021. Disponível em: https://www.conten.tech/post/virgil-abloh-s-off-white-entering-the-metaverse. Acesso em: 12 maio 2023.
106. BONDARENKO, V. Mark Zuckerberg Wants to Sell You (Meta) Fashion. *The Street*, 18 jun. 2022. Disponível em: https://www.thestreet.com/lifestyle/mark-zuckerberg-wants-to-sell-you-meta-fashion. Acesso em: 12 maio 2023.
107. METZ, R. Why You Can't Have Legs in Virtual Reality (Yet). *CNN*, 15 fev. 2022. Disponível em: https://www.cnn.com/2022/02/15/tech/vr-no-legs-explainer/index.html. Acesso em: 12 maio 2023.
108. ARTEC Shapify Booth. *Artec 3D*, [20--]. Disponível em: https://www.artec3d.com/portable-3d-scanners/shapifybooth. Acesso em: 12 maio 2023.
109. ALCÁNTARA, A-M.; COFFEE, P. Metaverse spending to total $5 trillion in 2030, McKinsey predicts. *The Wall Street Journal*, 14 jun. 2022. Disponível em: https://www.wsj.com/articles/metaverse-spending-to-total-5-trillion-in-2030-mckinsey-predicts-11655254794. Acesso em: 12 maio 2023.
110. SAVITZ, E. J. Adobe moves to track ads in the metaverse. *Barron's*, 14 jun. 2022. Disponível em: https://www.barrons.com/articles/adobe-stock-metaverse-51655218195. Acesso em: 12 maio 2023.
111. FULLY immersive VR learning solutions for training in hazardous and emergency situations. *Flaim Systems*, [20–]. Disponível em: https://flaimsystems.com/. Acesso em: 12 maio 2023.

112. O'DWYER, D. From conversion to retention: industry experts on improving your onboarding. *Intercom*, 7 mar. 2019. Disponível em: https://www.intercom.com/blog/podcasts/expert-advice-improving-user-onboarding/. Acesso em: 12 maio 2023.

113. INTERNATIONAL Business Machines Corporation's (IBM) CEO Arvind Krishna presents at Bernstein 38th annual strategic decisions conference (transcrição). *Seeking Alpha*, 2 jun. 2022. Disponível em: https://seekingalpha.com/article/4516142-international-business-machines-corporations-ibm-ceo-arvind-krishna-presents-bernstein-38th. Acesso em: 12 maio 2023..

Capítulo 10

114. REALITY-virtuality continuum. *Wikipedia*, [20–]. Disponível em: https://en.wikipedia.org/wiki/Reality%E2%80%93virtuality_continuum. Acesso em: 16 maio 2023.

115. SMITH, M.; WHITTON, M. C.; SKARBEZ, R. Revisiting Milgram and Kishino's Reality-Virtuality Continuum. *Frontiers in Virtual Reality*, v. 2, p. 647997, 24 mar. 2021. Disponível em: https://www.frontiersin.org/articles/10.3389/frvir.2021.647997/full. Acesso em: 16 maio 2023.

116. THE VIRTUALITY Spectrum: Understanding AR, MR, VR and XR. *CreatXR*, [20–]. Disponível em: https://creatxr.com/the-virtuality-spectrum-understanding-ar-mr-vr-and-xr/. Acesso em: 16 maio 2023.

117. THE EVOLUTION of Augmented Reality. *PwC Belgium*, [20–]. Disponível em: https://www.pwc.be/en/news-publications/insights/2017/the-evolution-of-augmented-reality.html. Acesso em: 16 maio 2023.

118. LEE, A. The History and Profits of Pokemon Go. *Money Inc.*, 6 out. 2021. Disponível em: https://moneyinc.com/pokemon-go/. Acesso em: 16 maio 2023.

119. PA, M. E.; HEPPELMANN, J. E. How Does Augmented Reality Work? *Harvard Business Review*, v. 95, n. 6, p. 100-107, nov./dez. 2017. Disponível em: https://hbr.org/2017/11/how-does-augmented-reality-work. Acesso em: 16 maio 2023.

120. MOJO Vision High Performance Micro-LED Displays. *Mojo*, [20–]. Disponível em: https://www.mojo.vision/mojo-lens. Acesso em: 16 maio 2023.

121. BARNARD, D. History of VR: Timeline of Events and Tech Development. *VirtualSpeech*, 6 ago. 2019. Disponível em: https://virtualspeech.com/blog/history-of-vr. Acesso em: 16 maio 2023.

122. BARDI, J. What Is Virtual Reality: Definitions, Devices, and Examples. *3D Cloud Marxent*, 26 mar. 2019. Disponível em: https://www.marxentlabs.com/what-is-virtual-reality/. Acesso em: 16 maio 2023.

123. ÇIZMECI, D. *How Does Virtual Reality Work*: The Ultimate 2021 Guide, 15 set. 2021. Disponível em: https://daglar-cizmeci.com/how-does-virtual-reality-work/. Acesso em: 16 maio 2023.

124. HOFFMAN, C. What Is the "Screen Door Effect" in VR? *How-To Geek*, 25 jan. 2022. Disponível em: https://www.howtogeek.com/404491/what-is-the-screen-door-effect-in-vr/. Acesso em: 16 maio 2023.

125. HOW Do Virtual Reality Headsets Work? *XR Today*, 10 mar. 2022. Disponível em: https://www.xrtoday.com/vr/how-do-virtual-reality-headsets-work/. Acesso em: 16 maio 2023.

126. MAGIC LEAP. Disponível em: https://www.magicleap.com/en-us/. Acesso em: 16 maio 2023.

127. LEWIS, A. 6 Major Challenges Preventing Augmented and Virtual Reality Growth. *Swiss Cognitive*, 27 jul. 2021. Disponível em: https://www.swisscognitive.ch/2021/07/27/6-ar-vr-challenges-in-2021/. Acesso em: 16 maio 2023.

128. KIROS, H. VR is as good as psychedelics at helping people reach transcendence. *MIT Technology Review*, 2022. Disponível em: https://www.technologyreview.com/2022/08/06/1056727/vr-virtual-reality-psychedelics-transcendence/. Acesso em: 16 jun. 2023.

129. GERENCER, T. What Is Extended Reality (XR) and How Is it Changing the Future? HP, 3 abr. 2021. Disponível em: https://www.hp.com/us-en/shop/tech-takes/what-is-xr-changing-world. Acesso em: 16 maio 2023.

130. PATEL, S. Omnichannel vs. Multichannel: What Is the Difference? *REVE Chat*, 11 maio 2022. Disponível em: https://www.revechat.com/blog/omnichannel-vs-multichannel/. Acesso em: 16 maio 2023.

131. MULKO, M. What Is Smart Clothing Technology and How Does It Work? *Interesting Engineering*, 16 dez. 2021. Disponível em: https://interestingengineering.com/what-is-smart-clothing-technology-and-how-does-it-work. Acesso em: 16 maio 2023.

132. HUTSON, M. Here's What the Future of Haptic Technology Looks (Or Rather, Feels) Like. *Smithsonian Magazine*, 28 dez. 2018. Disponível em: https://www.smithsonianmag.com/innovation/heres-what-future-haptic-technology-looks-or-rather-feels-180971097/. Acesso em: 16 maio 2023.

133. VULETA, B. How Much Data Is Created Every Day? [27 Staggering Stats]. *Seed Scientific*, 28 out. 2021. Disponível em: https://seedscientific.com/how-much-data-is-created-every-day/. Acesso em: 16 maio 2023.

134. BASU, P. S. Exploring the Metaverse and How Quantum Computing Plays a Role. *Medium*, 25 jan. 2022. Disponível em: https://medium.com/my-metaverse/exploring-the-metaverseand-how-quantum-computing-plays-a-role-a1e227f93d2b. Acesso em: 16 maio 2023.

135. 1G Vs. 2G Vs. 3G Vs. 4G Vs. 5G. *Net-Informations.com*, [20–]. Disponível em: http://net-informations.com/q/diff/generations.html. Acesso em: 16 maio 2023.

136. MOBILE Networks. *HPBN.co*, [20–]. Disponível em: http://hpbn.co/mobile-networks/. Acesso em: 16 maio 2023.

137. HALEEM, A. Helium Network (HNT): Decentralizing Wireless Networks. *Gemini*, 25 out. 2021. Disponível em: https://www.gemini.com/cryptopedia/helium-network-token-map-helium-hotspot-hnt-coin. Acesso em: 16 maio 2023.

138. PERSISTENT World. *Wikipedia*, [20–]. Disponível em: https://en.wikipedia.org/wiki/Persistent_world. Acesso em: 16 maio 2023

139. WORLD Models Explained. Direção: Two Minute Papers. 14 nov. 2018. 1 vídeo (5 min). Disponível em: https://www.youtube.com/watch?v=IZPKohYNri4. Acesso em: 16 maio 2023.

140. DALL·E: Creating Images from Text. *OpenAI*, 5 jan. 2021. Disponível em: https://openai.com/blog/dall-e/. Acesso em: 16 maio 2023.

141. AL TOOL Lets Users Edit Images with Their Thoughts. *Technology Networks*, 24 jun. 2022. Disponível em: https://www.technologynetworks.com/neuroscience/news/ai-tool-lets-users-edits-images-with-their-thoughts-362995. Acesso em: 16 maio 2023.

142. MORRISON, R. Sound of the Metaverse: Meta Creates AI Models to Improve Virtual Audio. *Tech Monitor*, 29 jun. 2022. Disponível em: https://techmonitor.ai/technology/emerging-technology/meta-audio-ai-metaverse. Acesso em: 16 maio 2023.

143. ALVI, A.; KHARYA, P. Using DeepSpeed and Megatron to Train Megatron-Turing NLG 530B, the World's Largest and Most Powerful Generative Language Model. *Microsoft Research Blog*, 11 out. 2021. Disponível em: https://www.microsoft.com/en-us/research/blog/using-deepspeed-and-megatron-to-train-megatron-turing-nlg-530b-the-worlds-largest-and-most-powerful-generative-language-model/. Acesso em: 16 maio 2023.

144. MOONAT, D. Fine-Tune BERT Model for Named Entity Recognition in Google Colab. *Analytics Vidhya*, 8 jun. 2022. Disponível em: https://www.analyticsvidhya.com/blog/2022/06/fine-tune-bert-model-for-named-entity-recognition-in-google-colab/. Acesso em: 16 maio 2023.

Capítulo 11

145. MOORE, C. What Is Eudaimonia? Aristotle and Eudaimonic Wellbeing. *Positive Psychology*, 8 abr. 2019. Disponível em: https://positivepsychology.com/eudaimonia/. Acesso em: 17 maio 2023.
146. ORCUTT, M. O. Once hailed as Unhackable, blockchains are now getting hacked. *MIT Technology Review*, 19 fev. 2019. Disponível em: https://www.technologyreview.com/2019/02/19/239592/once-hailed-as-unhackable-blockchains-are-now-getting-hacked/. Acesso em: 17 maio 2023.
147. PERSONAL information. *Practical Law*, [20–]. Disponível em: https://content.next.westlaw.com/Document/I03f4d9aaeee311e28578f7ccc38dcbee/View/FullText.html. Acesso em: 17 maio 2023.
148. THE METAVERSE Standards Forum. *Metaverse Standards Forum*, [20–]. Disponível em: https://metaverse-standards.org/. Acesso em: 17 maio 2023.

Capítulo 12

149. STUDY of Adult Development. Harvard Study of Adult Development, [20–]. Disponível em: http://www.adultdevelopmentstudy.org/grantandglueckstudy. Acesso em: 17 maio 2023.
150. MILLER, B. Millennial Millionaires Just Want to Get Rich. *NBC News*, 28 mar. 2014. Disponível em: http://www.nbcnews.com/business/business-news/millennial-millionaires-just-want-get-rich-n66286. Acesso em: 17 maio 2023.
151. O'CONNOR, A. The Secrets to a Happy Life, from a Harvard Study. *The New York Times*, 23 mar. 2016. Disponível em: http://archive.nytimes.com/well.blogs.nytimes.com/2016/03/23/the-secrets-to-a-happy-life-from-a-harvard-study/. Acesso em: 17 maio 2023.
152. RAYOME, A. D. How to Be Happier, According to Science. *CNET*, 11 jul. 2022. Disponível em: http://www.cnet.com/culture/how-to-be-happier-according-to-science/. Acesso em: 17 maio 2023.
153. LEVY, J. *You're Invited*: The Art and Science of Connection, Trust, and Belonging. Nova York: Harper Business, 2021.
154. CENTOLA, D. Why Social Media Makes Us More Polarized and How to Fix It. *Scientific American*, 15 out. 2020. Disponível em: http://www.scientificamerican.com/article/why-social-media-makes-us-more-polarized-and-how-to-fix-it/. Acesso em: 17 maio 2023.

155. SONNEMAKER, T. 11 Experts Explain How Our Digital World Is Fueling Polarization. *Business Insider*, 28 dez. 2020. Disponível em: http://www.businessinsider.com/how-internet-social-media-fuel-polarization-america-facebook-twitter-youtube-2020-12. Acesso em: 17 maio 2023.

156. WATERLOO, S. F. *et al*. Norms of online expressions of emotion: Comparing Facebook, Twitter, Instagram, and WhatsApp. *Journal of Social and Personal Relationships*, v. 34, n. 3, pp. 311-331, 23 maio 2017. Disponível em: http://journals.sagepub.com/doi/10.1177/1461444817707349#. Acesso em: 17 maio 2023.

157. STERN, A. P. *The Psychology of Internet Rage*, 17 maio 2018. Disponível em: https://www.health.harvard.edu/blog/the-psychology-of-internet-rage-2018051713852. Acesso em: 17 maio 2023.

158. CENTERS FOR DISEASE CONTROL AND PREVENTION (CDC). *Electronic Media and Youth Violence*: A CDC Issue Brief for Researchers. Atlanta, GA: CDC, 2009. Disponível em: https://www.cdc.gov/violenceprevention/pdf/electronic_aggression_researcher_brief-a.pdf. Acesso em: 17 maio 2023.

159. UNITED NATIONS. 'No clear Evidence' Social Media Leads to More Violent Behavior, UN-Backed Study Reports. *UN News*, 29 dez. 2017. Disponível em: https://news.un.org/en/story/2017/12/640702-no-clear-evidence-social-media-leads-more-violent-behavior-un-backed-study. Acesso em: 17 maio 2023.

160. COHEN, R. S. *et al*. *Combating Foreign Disinformation on Social Media*: Study Overview and Conclusions. Santa Monica, CA: Rand Corporation, 2021. Disponível em: https://www.rand.org/content/dam/rand/pubs/research_reports/RR4300/RR4373z1/RAND_RR4373z1.pdf. Acesso em: 17 maio 2023.

161. RAINIE, L.; ANDERSON, J. The Fate of Online Trust in the Next Decade. *Pew Research Center*, 10 ago. 2017. Disponível em: https://www.pewresearch.org/internet/2017/08/10/the-fate-of-online-trust-in-the-next-decade/. Acesso em: 17 maio 2023.

162. GOODMAN, E. P. Digital Information Fidelity and Friction. *Knigth First Amendment Institute at Columbia University*, 26 fev. 2020. Disponível em: https://knightcolumbia.org/content/digital-fidelity-and-friction. Acesso em: 17 maio 2023.

163. COHEN, J. E. *Law for the Platform Economy*. 2017. Disponível em: https://lawreview.law.ucdavis.edu/issues/51/1/symposium/51-1_Cohen.pdf. Acesso em: 17 maio 2023.

164. JONES, L. S.; SAMPLES, T. On the Systemic Importance of Digital Platforms. *University of Pennsylvania Journal of Business Law*, v. 25, 1 jun. 2022.

Disponível em: https://papers.ssrn.com/sol3/papers.cfm?abstract_id=4040269. Acesso em: 17 maio 2023.
165. GRIFFIN, C. N. Systemically Important Platforms. *107 Cornell Law Review*, v. 445, 19 mar. 2021. Disponível em: https://papers.ssrn.com/sol3/papers.cfm?abstract_id=3807723. Acesso em: 17 maio 2023.
166. ÖHMAN, C.; AGGARWAL, N. What if Facebook Goes Down?: Ethical and legal Considerations for the Demise of Big Tech. *Internet Policy Review*, v. 9, n. 3, 11 ago. 2020. Disponível em: https://policyreview.info/articles/analysis/what-if-facebook-goes-down-ethical-and-legal-considerations-demise-big-tech. Acesso em: 17 maio 2023.
167. BONABEAU, E.; MEYER, C. Swarm Intelligence: A Whole New Way to Think about Business. *Harvard Business Review*, maio 2001. Disponível em: https://hbr.org/2001/05/swarm-intelligence-a-whole-new-way-to-think-about-business. Acesso em: 17 maio 2023.
168. HASSANIEN, A. E.; DARWISH, A. Swarm Intelligence as a Solution for technological Problems Associated with Internet of Things. *Science Direct*, 2020. Disponível em: https://www.sciencedirect.com/topics/engineering/swarm-intelligence. Acesso em: 17 maio 2023.

Capítulo 13

169. ZEIHAN, P. *The Accidental Superpower*: The Next Generation of American Preeminence and the Coming Global Disorder. [S.l.]: Twelve, 2016.
170. SON, H. JPMorgan Chase Earnings Fell 28% After Building Reserves for Bad Loans, Bank Suspends Buybacks. *CNBC*, 14 jul. 2022. Disponível em: www.cnbc.com/2022/07/14/jpmorgan-jpm-2q-2022-earnings.html. Acesso em: 17 maio 2023.
171. READ, M. *LinkedIn*, ago. 2022. [publicação]. Disponível em: www.linkedin.com/posts/michaelwright_361-mark-read-the-pragmatic-leader-activity-6953691693657337856-OiXs. Acesso em: 17 maio 2023.
172. DEFINING and Building the Metaverse. Fórum Econômico Mundial, [20–]. Disponível em: initiatives.weforum.org/defining-and-building-the-metaverse. Acesso em: 17 maio 2023
173. 2021 GLOBAL Report: The State of New-Business Building. *McKinsey & Company*, 6 dez. 2021. Disponível em: www.mckinsey.com/business-functions/mckinsey-digital/our-insights/2021-global-report-the-state-of-new-business-building. Acesso em: 17 maio 2023.

174. METAVERSE and Money. *Citi GPS*, mar. 2022. Disponível em: ir.citi. com/gps/x5%2BFQJT3BoHXVu9MsqVRoMdiws3RhL4yhF6Fr8us8oHaOe-1W9smOy1%2B8aaAgT3SPuQVtwC5B2%2Fc%3D. Acesso em: 17 maio 2023.
175. DENTON, J. Metaverse May Be Worth $13 Trillion, Citi Says. What's Behind the Bullish Take on Web3. *Barron's*, 31 mar. 2022. Disponível em: www.barrons.com/amp/articles/metaverse-web3-internet-virtual-reality-gaming-nvidia-51648744930. Acesso em: 17 maio 2023.
176. BELSKY, S. *LinkedIn*, ago. 2022. [perfil]. Disponível em: www.linkedin.com/in/scottbelsky. Acesso em: 17 maio 2023.
177. GRANT, A. *Twitter*, 25 jul. 2022. [publicação]. Disponível em: twitter.com/AdamMGrant/status/1551584622420672513. Acesso em: 17 maio 2023.
178. KOPP, C. M. Creative Destruction: Out with the Old, In with the New. *Investopedia*, 20 fev. 2023. Disponível em: www.investopedia.com/terms/c/creativedestruction.asp. Acesso em: 17 maio 2023.
179. ANDERSON, J.; RAINIE, L. The Metaverse Will Fully Emerge as Its Advocates Predict. *Pew Research Center*, 30 jun. 2022. Disponível em: www.pewresearch.org/internet/2022/06/30/the-metaverse-will-fully-emerge-as-its-advocates-predict. Acesso em: 17 maio 2023.

LEIA TAMBÉM

LEIA TAMBÉM

Marketing digital é um termo do momento, sendo praticamente impossível pensar em montar um negócio ou mesmo vender seu trabalho na internet sem fazer uso de técnicas que ativem gatilhos mentais no seu público-alvo para que ele seja seduzido por sua mensagem e se torne seu cliente.

Se você se interessou por esse título já deve saber disso (se não souber, não se preocupe, pois o conceito será esmiuçado no livro). Todavia, muito mais do que entender o conceito, o que qualquer um espera é encontrar o caminho das pedras, ou seja, ter o passo a passo de como usar técnicas e ferramentas de marketing para que sua empresa ou serviço não saia da mente do seu público-alvo.

Neste livro, o consultor de marketing digital *Alessandro Gerardi* vai te guiar mostrando como planejar e organizar sua campanha de marketing; como produzir um texto vencedor utilizando as técnicas de *copywriting*; de que maneira explorar todo o potencial das ferramentas de e-mail marketing para chegar ao seu público; como usar de maneira eficiente as redes sociais a fim de promover sua marca, serviço ou produto; como se destacar na página de resultados do Google; como trabalhar de maneira eficiente tanto a divulgação orgânica quanto a paga; como medir os resultados de suas campanhas, entre outros tópicos fundamentais para alcançar o sucesso da sua empresa na nova era digital.

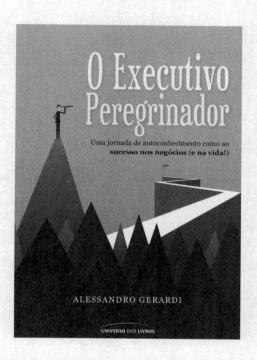

O executivo peregrinador traz as reflexões de um executivo que entendeu desde criança sua vocação para ser um líder, mas aprendeu na prática que a chave para o sucesso profissional nem sempre é a mesma e tão clara para todos — até partir em uma jornada para o Caminho de Santiago em busca de respostas sobre sua vida profissional e pessoal!

Quando se viu diante da pergunta "O que posso fazer para ter mais dinheiro, com mais qualidade de vida?", Alessandro Gerardi se deu conta de que a resposta não viria de modo simples. Era preciso muita reflexão para buscar um novo caminho profissional, e percorrer o Caminho de Santiago surgiu como a decisão perfeita para o momento. Ele só não imaginou que a pergunta seria reformulada ao longo do caminho e que traria uma resposta ainda melhor para o que estava buscando.

Neste livro, o leitor mergulhará no relato de um executivo que se desfez de todas as armadilhas do ego e encontrou em suas caminhadas o maior aprendizado que poderia ter: a transformação que almejamos já reside dentro de nós e a principal capacidade de um líder não é liderar uma equipe, e sim a si mesmo. A partir da história de vida do autor, suas vivências profissionais em liderança e administração de empresas e suas experiências como peregrino, o leitor encontrará lições de vida inspiradoras e ensinamentos valiosos para quem deseja alavancar seus negócios e sua vida pessoal.

E se você pudesse vender qualquer coisa para qualquer um? Ninguém nasce sabendo. Mas a verdade é que você pode aprender a vender mais… MUITO mais… usando as palavras certas.

O objetivo do copywriting é vender. Seja on-line, offline, em vídeo, nas redes sociais ou no palco, copywriting é juntar palavras que fazem as pessoas clicarem, ligarem ou pegarem as carteiras e comprarem.

Seja você um coach, um autor, um vendedor de comércio eletrônico ou um corretor de imóveis, sua capacidade de criar um copy de vendas que leve as pessoas a comprar determina seu salário, seu estilo de vida e o futuro de sua família.

Caso já tenha tentado escrever anúncios, e-mails e postagens nas mídias sociais para o seu negócio e falhado, este livro é para você. Se precisa fazer mais vendas — não importa o que venda ou para quem vende —, este livro é para você.